2023

中国当代艺术年度档案

CHINESE CONTEMPORARY ART
ANNUAL FILES

主编 胡若冰

上海三联书店

年度关键词：**远与近**

博尔赫斯说："时间是一条令我沉迷的河流，但我就是河流"。"我"是时间的尺度，也是时间的容器，我们执意记录时间，执意地寻找"自我"存在的证据，虽然时间如迷，自我也如迷。

而我们所处的世界也在时刻提醒我们，一切如迷。而答案飘在风中，忽远忽近。

我们似乎很少像今天这样，被这种巨大的不确定感包围。远处的喧嚣如迷，近处的沉默亦如迷。就这样一直处在远与近的反复切换中，不断被来自远处的嘈杂与喧嚣所困扰，它们渺远但是也真切，它们远在天边却也近在眼前。我们迫切地需要一个安放身心的处所，它是一个壳，一个隐秘的、自在的、听得见回声的洞穴，但是它也幽深得没有尽头。而深入自我内部的巨大沉默，也成了不能承受的生命之轻。疲惫和虚无来自远处也来自近处，我们无处可逃。

处在如此境况之下的现代人，将如何自处？在被现代性的理性暴力围困之下，在"祛魅"之后清澈的孤独之中，如何进行真挚且有尊严地表达？此刻，艺术或许是最好的方式。

我们把"远与近"作为《2023中国当代艺术年度档案》的编辑关键词。在当下的艺术表达与思考中，"远与近"的辩证与切换以各种不同的形式存在，比如"私人表达与公共价值""有距离的远观和近距离的介入""光晕与肌理"，比如"全球化与在地性""个体精神与文化共识"等等。同时"远与近"可以引申到"轻与重""虚妄和真切""喧嚣和沉默""亲密与疏离"等艺术表述中，这种纠缠和撕扯的辩证和切换让艺术具有了纵深的张力，也有了切实的温度，而不再是轻飘冰冷的样式。也让艺术在一切如迷中，接近那个飘在风中的答案。

诚然，这是一个极其复杂的话题，我们期待那些依然坚持思考、追索以及持续深度表达的艺术家们，给出他们的答案。

图书在版编目（ＣＩＰ）数据

2023 中国当代艺术年度档案 / 胡若冰主编 . -- 上海：
上海三联书店，2024.12. -- ISBN 978-7-5426-8768-5

Ⅰ. K825.7

中国国家版本馆 CIP 数据核字第 20247SF561 号

2023 中国当代艺术年度档案

主　　编　胡若冰

责 任 编 辑　陈马东方月
装 帧 设 计　马　非
监　　制　姚　军
责 任 校 对　王凌霄

出 版 发 行　上海三联书店
　　　　　　（200041）中国上海市静安区威海路 755 号 30 楼
邮　　箱　sdxsanlian@sian.com
联 系 电 话　编辑部：021-22895517
　　　　　　发行部：021-22895559
印　　刷　北京地大彩印有限公司

版　　次　2024 年 12 月第 1 版
印　　次　2024 年 12 月第 1 次印刷
开　　本　889mm×1194mm 1/12
印　　张　32
字　　数　240 千字
书　　号　ISBN 978-7-5426-8768-5/k・812
定　　价　198.00 元

如发现印刷装订质量问题，影响阅读，请与承印厂（010-80483483）联系调换。

目录 | CONTENTS

2023

年度艺术家档案

极目的回响

陈文骥

CHEN WENJI

图片 / 由艺术家提供 编辑 / 雯子

1954 年生于上海，1978 年毕业于中央美术学院版画系。任中央美术学院壁画系教授、基础教研室主任、油画学会理事。现生活和工作于北京、河北燕郊。

二元／灰色的 板上丙烯底料、丙烯色 20cm×30cm 2023

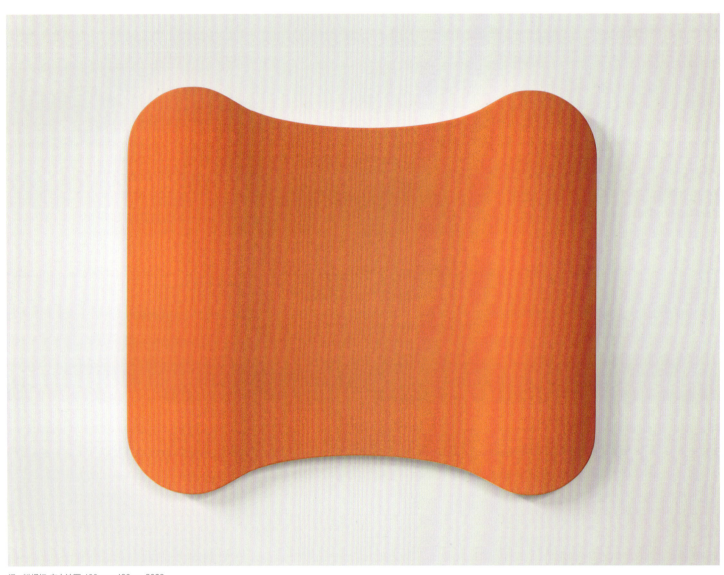

缓·粉橘红 布上油画 100cm×120cm 2022

陈文骥：执迷不悟

采访 – 胡少杰

漫艺术 =M：陈老师，我看到您的新作采用了一些新的材料，比如硫酸纸、石墨等，而您之前一惯常用的材料和工具，其实也都是一些非常规的绘画材料和工具，像铝塑板、喷罐漆这些，那您在选择材料的时候，是如何考量的？

陈文骥 =C：材料和工具当然要和表达相契合，然后形成一种相互完成的关系。当你运用某种材料和工具的时候，说明它和你当时的表达需要是适配的，这肯定是有直接关联的，但是不同的时期也会发生变化，或者心境变了，或者思考变了，或者审美变了，有可能就会重新考量，重新判断。然后随时做出调整。所以在材料的选用上，它不是事先设定的，而是一点点形成的自然选择。

M：那材料本身的自律性和您个人的主观表达之间需要有一个平衡或者取舍吗？

C：其实并不一定要取舍，而是要相互完成。材料的自律性特别重要，因为每一种材料它都会给你一个设定，等于说我在选择材料的时候，其实是给我自己建立了某种边界。然后自己在这个边界里实现自己的表达，借助这个工具获得一种自我满足，自我升华。

所以说艺术家创作的过程其实就是在给自己设限的过程，而不是说让自己可以达到某种无限。艺术当然可以是无限的、自由的，但是艺术家具体的创作肯定是在限制之中进行的。

M：这种限制更多的时候是来自材料本身，还是来自艺术家自身？

C：两者都有。因为你本身就是这样的人，你才会选择这样的材料，有这样的结果。这是互相影响的过程。你既然能选择这种材料，说明你自身的要求跟它是对应的，但是这种对应是很窄的一个范围，是不留余地的，而这种窄就是让你自己变得很独特，让你和别人拉开距离的原因，而且这种窄也会让你走向一种极端。艺术表达需要极端，但是对一个人来说，极端是具有伤害性的，是一种自我折磨，自我消耗。

M：这种限定和消耗，会不会变成一种过度沉溺？您会警惕吗？

C：需要警惕的是把它当成一种范式或者方法。作为一个敏感的艺术家，警惕是必然的，除非你已经迷失或者麻木。对我来说随时随地都是在警惕自己会不会因为某种习惯，某种经验而变得麻木，变得堕落。

可以说，好的艺术家大多数是脆弱的，是患得患失的，他随时在提醒自己，不能保持一个现状，不能重复自己，随时提醒自己要改变。这种状况对于大多数人来说是挺残忍的，但是对某些艺术家来说，这个过程是很过瘾的。如果说，这也算是一种沉溺，那么我觉得对于艺术家来说没有问题。因为艺术本身就是要沉溺，要执迷不悟。

《（　）陈文骥个展》北京 AYE 画廊 2023

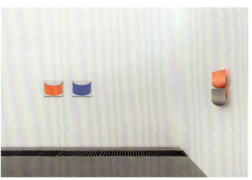

《陈文骥·马树青》北京 亚洲艺术中心 2023

《绘画：触摸时代精神脉搏》深圳 雅昌艺术中心美术馆 2022

那是泛红的边缘 铝塑板上油画、丙烯、喷罐漆 40cm×50cm 2022

C: 应该是非理性的，但是我可以做一个理性的设定。我现在的创作就是这样，我感觉"自我"是混乱的，但是我要给"自我"设定一个特别理性的、规范的秩序，然后在秩序里去完成"自我"。当然这只是一种理想的设定，在具体操作的过程中以及最终的结果可能会不自觉按我自己熟悉的一种很感性的方式去应对。但是那个限定的秩序会一直提醒自己。就是说我需要理性，但是也不回避感性，这样的话可能就不至于被理性绑架，或者被感性蒙蔽。

因为我的艺术创作确实是借助艺术的形式来满足"自我"的需求，这种需求来自心理上也来自生理上。所以说这个过程它虽然有一个理性的设定，但实际上是不可能完全做到真正的理性的。而这个过程也明确了你能不能接受或者承认"自我"就不是一个理性和客观的存在，这个过程变成一个"自我"的实验，也进一步完成了一个结果的认定。

M: 所以说这个过程它不仅仅是一种艺术语言实验，它更多的是一种自我实验？

C: 艺术表达的方式有很多种，有一些人很强调语言性，虽然我也认为语言很重要，但对我来说可能更多的是对我的自我意识和生命状态上的一种辅助或者修正，我的艺术创作就是艺术和我的身体、我的生命达成某种平衡和协调的过程。

当然，建立自己明确的观念和语言逻辑，有助于和外界对话，有助于自己的作品被更广泛认知。但是对于像我这样的艺术家来说，更多的是内求于心，也不太需要向外输出什么，语言只服务于自己就够了。

M: 在艺术创作中，这种"内求"追求的是一种自我实现？还是说要发现什么？

C: 我觉得是要发现，当然实现也是必不可少的内心需求，但是在追求实现的过程中其实是在不断地发现。所以我认为发现比实现更重要。因为发现是一个持续不断的过程，它不会停滞，总有新的东西吸引你去发现。

M: 这个发现的目的或者指向，是"自我"的内部？或者说，就是在借用艺术进行"自我发掘"？

C: 应该是。因为它只关乎我自己，所以这个过程充满了个体的自虐，内卷，消磨。

M: 如果只关乎自己的话，那就充满了不确定性，也注定了这个过程是非理性的？

2 那荧光黄在灰之上 布上油画、丙烯、喷罐漆 24cm×30cm 2023

联合塔（三联画） 布上油画、丙烯 200cm×80cm×15cm 2018–2021

左：叠形 / 绿色上的绿色 板上丙烯底料、丙烯色 23cm×31cm 2023
右：叠形 / 绿色上的蓝色 板上丙烯底料、丙烯色 23cm×31cm 2023

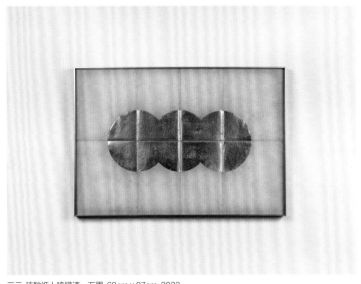

三元 硫酸纸上喷罐漆、石墨 69cm×87cm 2023

M: 您之前提到您比较喜欢的艺术家有阿尔伯斯、河原温、贝歇夫妇等非常理性化的，追求秩序性的，也有奥尔巴赫、贾克梅蒂这种很个人化的、非理性的，甚至是极具破坏性的。这似乎是完全相反的两种类型。

C: 对，他们是两种思维模式，也是两种精神状态的表达。但是他们有一个共同的特点就是都把自己设定在特窄的范围里，我比较着迷这种方式，就是在极限中寻找自我完成的可能性。

M: 但他们完成的方式完全是两个方向。

C: 虽然是两个方向，但是都能触动我，我也完全可以接收到他们艺术中的那个极致的东西，那是我所迷恋的。

M: 其实在您身上集合了这两种方向，您作品里边有那种极度理性化的、零情绪的东西，您对极致近乎偏执的追求，又让您作品里面透露出来一种孤独感、边缘感，甚至是破坏力，当然这种破坏力指的是一种向内的破坏力，所以可以说在您身上这两种方向是共存的。

C: 其实可以说这种所谓的感性和理性，它在一个人的行为过程中都是能共存的，只是说像这几位艺术家，可能用了不同形式的艺术表述。但是我作为接收者，这两者我都理解到了，感受到了。而在我的创作中我会根据不同的情况去选择，去强化。我不希望我在扮演一个什么理性的艺术表述者或者一个感性的艺术表述者。

我们有的时候仅仅只看结果，尤其是那些理性的艺术，我们只看到它近乎完美的结果，但是这个过程对于一个艺术家来说都是一样的，就是孤独和挣扎着进入一种极端化的表达。无论是阿尔伯斯还是奥尔巴赫，他们都是一样的。我比较欣赏他们也是因为这一点，他们并不是说自己构建起一个框架，然后变成一个套路，他们其实是在不断得深度挖掘，只是说是在一个限定的领域里边，而不是往周边扩展。

所以我说哪怕就让我只占有两只脚的领地，我也可以做到让自己不断地向上升华和向下深入。这对于一个艺术家来说，已经足够了。

M: 所以说，您目前选择的这种方式，它只是一个被动的结果？

C: 我没有选择，我是无奈地接受了，我不适合去抢占这个世界，我只能无奈接受现有世界给我剩下的那部分，这个也是我自己的一种局限性造成的，我只适合这么一种表达方式。所以只能是做艺术，也只能是绘画，因为其他事情我根本做不了，也只有目前的这种形式的绘画能够让我获得一定的满足和自我实现，当然，这个过程还是有很多遗憾，还是充满了否定和纠结。因为很无奈，也很被动，但我非常确定，所以别无选择。

M: 您被动地选择了绘画，选择了所谓的抽象的形式，那您创作的结果是符合抽象绘画的语言逻辑的吗？

C: 我不去刻意寻求符合。因为我的出发点和抽象绘画是不同的，所以无所谓抽象不抽象。我只是在不断地修正自己，至于结果是什么样子，那只是一个别无选择的结果。原来我是画具象的，可能是在这种不断修正的过程中，无意中走到了一种比较抽象的视觉表述里面，所以说从逻辑上讲是完全不同的，我本质上还是在做一种视觉转换。我只是给我的表述强加了一种设定，就是尽量地约束和克制，那么这种设定之下最后达到一个视觉结果，免不了就形成了现实中的圆形、方形、三角形这些最基本的图式。因为只有这样才能完全从现实中抽离，从叙事中抽离，进入一种纯视觉思维的状态中。

M: 您在作品中是摒除叙事的，但是您在作品的命名上有时候会保留一些叙事的可能性，或者是直接用符号，但是符号本身也是有文本性的，这背后的思考是什么呢？

C: 我一般都是等画完了才给作品取名，有时候很奇妙，取名的过程和创作的过程完全没关系，就像忽然换了另外一个人，站在那里审视那些作品，然后忽然冒出一个词来，或者某个模棱两可的符号，觉得很有意思，那就变成了作品的名字。所以说取名字的过程和创作是分开的，甚至是两码事，有点像是另一方式下的创作过程。

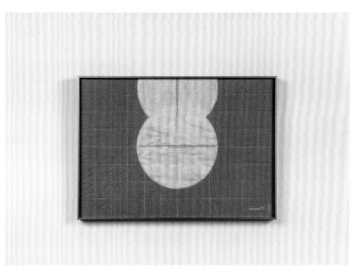

一元半 硫酸纸上喷罐漆、石墨 40cm×59cm 2023

左：那是：白 + 白 木板上底料、丙烯 24cm×30cm 2023

右；那是：灰 + 粉 木板上底料、丙烯 24cm×30cm 2023

M: 那么您在创作完之后经常会进入另外一种状态，去观看和思考您的作品？

C: 对，我就是观看和思考的时间太长了，太消耗了，只要不画的时候就在思考、琢磨，然后纠结、怀疑、焦虑。

M: 您觉得跳出来观看和思考的时候更接近"自我"，还是画的过程更接近"自我"？

C: 这个问题很难谈清楚。我完全投入到创作的时候，是不是我最真实的时候？我也不确定。站在一边很清醒地审视的时候，到底是在用"自我"思考，还是在用掺杂了外在因素的一些标准在判别，很难界定。我觉得应该都是也都不是吧，"自我"本来就是一个说不明白的存在，很难当成一个确定参照。

我其实也想在创作中去寻求一个相对确定的、清晰的"自我"，然后从创作中获得一些明确的东西，但是太多时候是失败的，不过反过来说也需要这种失败，因为只有失败了才会去不断地调整，才会有新的可能。

M: 您所说的失败，是如何界定的？

C: 它很主观，因为它不需要一个共识性的标准，创作本身就是一个个体的问题，很多时候是一种感觉，很偶然，也很难言说。特别是年龄大了以后，这种失败感越来越严重，可能太敏感了。我觉得我就像个盲人，拿着拐杖不断地试探，每一步都胆战心惊的。

M: 如果最终的结局依然是所谓的失败，您接受吗？

C: 接受，但是我不会轻易地停下来。艺术创作本来就是从失败的折磨中挤压出来的，它甚至可以说是人在病态之下的产物。所以某种程度上说，艺术是注定失败的。但是对于艺术家来说，这本身就是我个人在执迷不悟状态下的选择，如果这样看的话，是不是也意味着将是一种成功的开始呢！

左：那是：淡绿 + 荧光淡绿 铝塑板上油画、丙烯 40cm×50cm 2022

中：那是：荧光桃红 + 粉红 铝塑板上油画、丙烯 40cm×50cm 2022

右：那是：粉紫 + 荧光黄 铝塑板上油画、丙烯 40cm×50cm 2022

孟禄丁　MENG LUDING

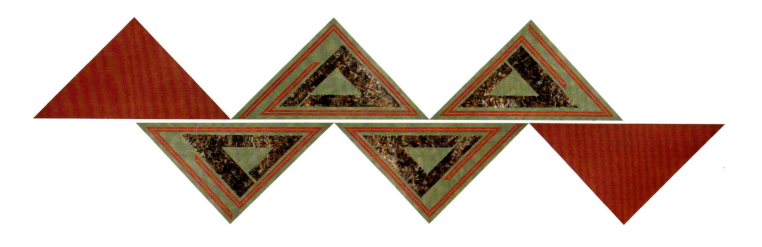

朱砂－山水 布面矿物质颜料 198cm×396cm（组画 ×6） 2023

中国当代抽象艺术重要的代表性艺术家。1962 年生于河北保定市，1987 年毕业于中央美术学院油画系，并留校任教。现为中央美院油画系教授、博士生导师，北京电影学院特聘博士生导师。现生活、工作于北京。

1985年与张群合作的《 在新时代——亚当夏娃的启示 》被认为是"八五新潮美术运动"的开山之作。他在上世纪八十年代所提出的"纯化语言"的主张对中国当代艺术影响深远。1990 年就读于德国卡尔斯鲁厄国立美术学院，1992 年移居美国，2006 年回国后致力于推动国内抽象艺术与"非具象"自由绘画的教育发展。2015 年参与创建中央美院油画系第五工作室。

代表作品有《 红墙 》《 足球 》和"元态"系列、"元速"系列、"朱砂"系列等，作品曾展出于中国美术馆、广东美术馆、北京民生现代美术馆、澳大利亚国家博物馆、德国卡尔舒艺术中心、巴西奥斯卡尼迈耶博物馆等国内外重要的美术馆与艺术机构，作品被国内外广泛收藏。

图片 / 由艺术家提供 编辑 / 雯子

朱砂 布面矿物质颜料 290cm×290cm 2023

孟禄丁：一路走来，我从未被语言束缚过

采访－胡少杰

漫艺术：您一直研究强调绘画的语言问题，那么语言之于绘画它具体指什么？如果从语言学的角度来说，可以理解成维特根斯坦所说的组成"语言游戏"的基本语词，或者就是"能指"本身？那么对应到绘画它是笔触、形式、符号或者材料？

孟禄丁：语言学有它自身的脉络和研究方法，不能粗率地直接拿来和绘画做对比。我没有专门研究过语言学，但是我觉得绘画作为视觉语言应该可以从语言学里借鉴一些东西。语言学家研究词根、词汇，画家研究色彩、线条、笔触、材料等等，但是要说具体怎么对应，我觉得没有必要，因为它本身就是不同的系统，不同的呈现方法。绘画语言更多的是服从于视觉，当然也反映艺术家背后的思考、观念。所以研究绘画语言，主要是为了更新语言，从而适应观念的更新、变化。如果我们还用原来的一套语言，那么就说明我们背后的意识形态和价值观是滞后的，就像古典绘画，它的语言对应的是王公贵族的审美趣味和价值观念，而现代主义的绘画语言对应的是工业革命以后的价值观念，那么现在 AI 出现了，势必会有一套新的语言体系出来，它背后是一套新的世界观、价值观。所以说语言一定要更新，语言的先进性代表着真正的普世的先进性。

漫艺术：那您认为抽象绘画作为一种艺术语言，它在今天还具备先进性吗？

孟禄丁：其实抽象语言在今天更多的是作为一种基础语言存在的，因为现代主义以后，抽象语言已经深入人心，我们可以在各个领域看到抽象语言的应用，它背后是一种现代文明以及现代的思维方式。而一切先进性必然要建立在这个基础之上。

比如我在美术学院的教学，我们的抽象工作室，我觉着抽象是能教的，因为抽象语言已经很成熟了。这 100 年来抽象艺术大师辈出，各种流派层出不穷，那么抽象语言必然已经完成了体系的建构，甚至已经和具象语言一样，成为了一种通用的基础语言。就像英语或者普通话，我们不会说英语或者普通话已经过时了，当然我们也不会认为它有多么先进。

所以说 100 年前的抽象绘画已经成为历史了，但是抽象语言本身没有被历史淹没，新的抽象语言会依托新的思维、新的观念一直进行再造和衍生。

漫艺术：在您个人的创作上呢，您现在依然还是基于抽象语言的线索在创作？

孟禄丁：我个人的创作已经没有必要再去强调所谓的抽象不抽象了。而且我也不会刻意地思考我的语言是不是基于抽象的线索。当然我也不会刻意去规避抽象。我的创作主要是根据我的生命体验，以及我对所处的世界带给我的感受和认知来进行的，我要去表达，至于用什么语言，主要看是否适配，是否准确。

元态 综合材料 120cm×140cm 1988

漫艺术：您在上世纪八十年代末的时候就提出了"纯化语言"的观点，如今三十几年过去了，您怎么看待当时的观点，您认为在今天那些观点还适用吗？

孟禄丁：当时是有一个特殊语境的，因为八五新潮的时候，我们的艺术太过于政治性和社会性。当然，我觉得八十年代早期注重政治和社会性没有问题，因为那时候文革刚结束，整个社会是一种启蒙的状态，大家拿所有的东西作为一个工具去反抗那个集体疯狂的时代，我觉得是正常的，是有意义的，但是不应该老停留在那个阶段。因为我是六零后，成长阶段处在文革后期，我在附中的时候就已经接触了现代主义的东西，所以我直觉上认为绘画语言还是很重要的。艺术如果仅仅是作为一个反抗的工具，那么它和文革时期的艺术就没有本质的区别了，艺术就是个工具，只是对象变了。所以我说艺术要回到本体，回到语言。其实就是一种个人对集体叙事的抵抗，我觉得艺术应该回到个人化的表达，回到语言本身，回到形式本身。

漫艺术：您抵抗的是集体叙事，而不是叙事本身？因为您有一个阶段完全放弃了任何叙事的可能，比如说"元速"系列，但是后来您又开始运用到了符号，符号本身也有它的叙事性，或者说文本性。

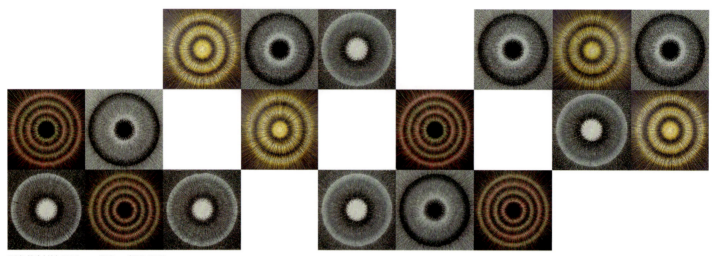

元速 综合材料 1800cm×600cm 组画 2013

孟禄丁：其实每个阶段的创作都有其特殊背景，另外很大程度上也来源于我个人经验的偶然性。你比如说"元速"系列，我当时刚从国外回来，我发现国内所谓的当代艺术太嘈杂了，大家想表达的太多了，包括抽象艺术本身，都会去攀扯一些说法，让自己的艺术看起来不简单。所以我就想做得简洁一些，把语言剥离到极致，甚至把自己都给剥离了，机器形成的抽象依然还是抽象，只不过它回到了极致的自然的抽象。至于后来我又回到了符号和材料上，我觉得也是一个偶然的选择，一开始因为我确实从身边的朋友那里证实朱砂有神秘性，那么我觉得它可以作为打开另外一个维度的空间的钥匙，或者成为某种神秘能量的启示。而那些符号都是相应出现的，比如说"卍"字符，它是佛教里的符号，本身就代表一种神秘的能量场域，我希望我的作品也能够连通那个神秘的能量场域，观众借由我的作品的能量，能够穿行其中。

后来的很多符号和材料都是在这个基础上衍生的，比如我用雄黄画的"丁"字符号。包括在上海展览的时候用到了"SH"的符号，也都是在那个基础上根据它特定的含义衍生的。至于说它是否真的实现了什么神秘的功能，我觉得不重要，它只是一种我个人主观的表达与设定。可能因为岁数大了，你看我原来的作品都是情绪性的，追求极致的张力，但是50岁以后就收敛了，开始思考生命，思考死亡，但是另一个维度的事情我们很难去直接获知，我只能运用自带能量的材料、符号去一遍一遍地呼唤、启示，我觉得可能真的会产生某种价值。

漫艺术：如果每个阶段的创作都是靠生命经验的偶然性去推动的话，那作品之间的脉络性应该也是偶然的，是后置的？

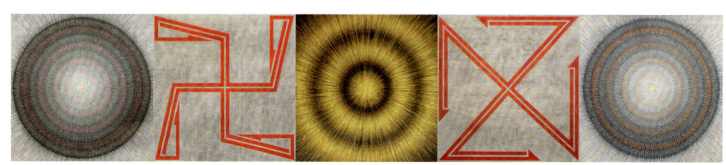

元速朱砂 布面矿物质颜色、丙烯 295cm×1475cm 2013-2018

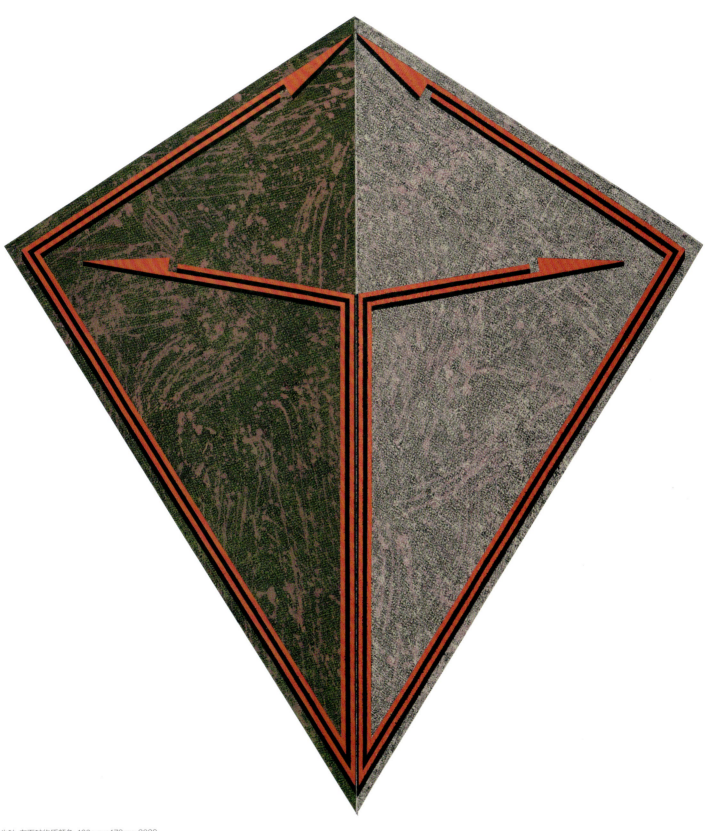

朱砂 布面矿物质颜色 160cm×173cm 2023

脸 布面矿物质颜色 400cm×250cm 2023

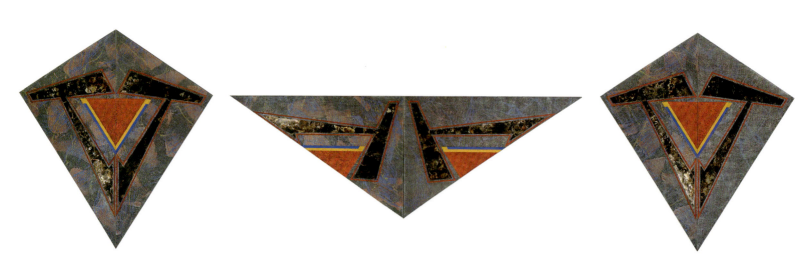

朱砂 布面矿物质颜色 610cm×173cm 2023

24

孟禄丁：我觉得是偶然的，但并不一定是后置的，因为它都内化在真实的生命体验之中了，它应该是并行的。只有这样才真实，而不是为了某种前置的设定，去为了推进而推进。艺术最重要的就是真实，而不是完成设定。因为生命过程本身就是一个艺术家最直观的线索，而生命的逻辑才是最无懈可击的逻辑，真实才是最完美的逻辑。

漫艺术：所以您一开始提到的语言的先进性，主要是指它能够和表达主体鲜活的、实时的生命体验、思考相契合，而不是一种语言的进化论。

孟禄丁：当然，先进的语言一定是开放的，不断变化的。我觉得一个艺术家可以选择任何语言为其所用。也可以在任何时候变换语言。我这一路走来，从来没有被语言束缚过，我有过具象的阶段、表现的阶段，也有过极致的抽象的阶段，包括现在用到符合和材料，至于之后会不会继续变化，都有可能。我不会给自己设限。那现在人工智能开始了，我是不是必须要用 AI 画画？当然不是。语言的先进性，一定不仅仅是工具的进化论，语言的实验最主要的是如何准确地表达最真实的生命体验，以及怎么传达语言背后先进的观念。

漫艺术：所以您并不寻求建立所谓完整的语言体系？

孟禄丁：当然，我从来不觉得需要建立什么完整的语言体系，我不会给自己设定一个结果，也不追求完整，我觉得完整就代表着停滞，所以我不会认为我哪个阶段是完整的，哪张画是不可替代的。我要做的就是一直往前走，真正的体系和线索，就是我个人的这个生命过程，而不是对标那个外在的所谓的普遍的标准。

漫艺术：那您认为艺术存在一个普遍适用的标准吗？或者说艺术有边界吗？

孟禄丁：艺术本身没有标准和边界，但是我个人有我的标准和边界，我知道什么是可以做的，什么是不可以做的。它完全来自于我主观的判定，和普遍性没有关系。我觉得只要每个人把自己的边界守好就够了。

漫艺术：如果艺术表达和普遍性不产生关系，那如何界定它的价值呢？

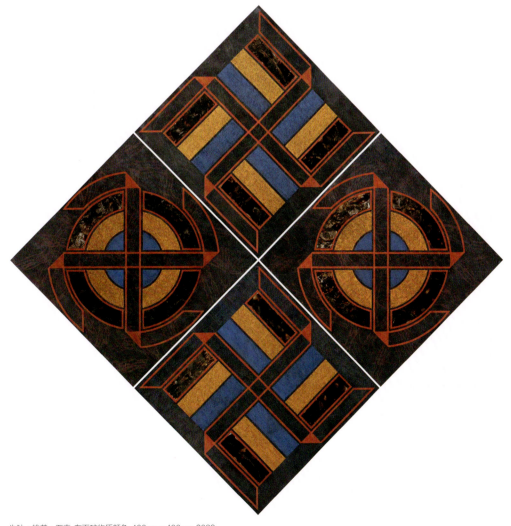

朱砂·雄黄·石青 布面矿物质颜色 400cm×400cm 2023

朱砂·雄黄·石青 布面矿物质颜色 500cm×750cm 2023

"孟禄丁·极目"个展现场装置作品 成都市美术馆 2024

孟禄丁：艺术创作的普遍性价值不是由艺术家决定的，艺术必须是当下的，个人的，但是艺术的价值是被后来人追认的。我觉得艺术家只要完成它个人的线索就够了，但是这种个人的表达当然不能仅仅停留在自我抒发或者私人感受的层面，真正的艺术必然是要和这个当下的世界产生关系的，需要表达其他语言不能表达的那一部分。作为一个艺术家，只要我还在持续地创作，那么我肯定是对这个世界还在积极地做出我的回应，哪怕我对那个终极结局是持悲观态度的，但是我要用积极的态度去回应当下。那么如果从终极的层面去看，一切都没有价值，艺术也一样。

漫艺术：我们这次年度档案的关键词叫"远与近"，那么您说的那个终极的结局应该就是远处，而当下就是近处。

孟禄丁：我四月份在成都美术馆的个展叫作"极目"，似乎也有一种"远与近"的辩证在里面。题目是策展人冯博一起的，他应该有更透彻的解读。到时候会展出一些新作品，也会对老作品做一些梳理和总结，包括我为这次展览专门创作的一件叫《朱砂·祭》的装置作品，到时候会一并展出。所以说我虽然对那个远处的终极的结果不抱希望，但是我就是要折腾，要积极地乐观地工作、生活。因为只有这样，你才不会陷入虚无之中。

漫艺术：但是我们谁也逃脱不了那个远处的、终极的结局？

孟禄丁：对，但是那又怎样呢！所以积极地活在当下，只追求过程，别想结果。

图片 / 由艺术家提供 编辑 / 徐小禾

陈 墙　　CHEN QIANG

1960 年生于中国，1989 年毕业于上海华东师范大学艺术系。
现工作和居住于上海。

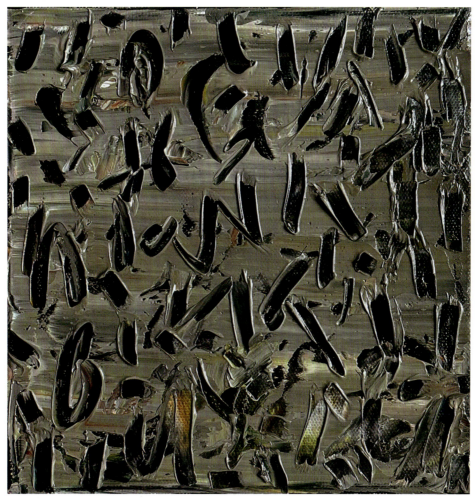

绘画 -22-81 布上油画 20cm×20cm 2022

　　"远"是由"近"的投射而被显现；"近"是由"远"的关照而被深知。远行是为了回归，回归是因为远行。当远就是近，近就是远而被重叠着出现时，我们会得到一个不可思议的状态：我们开始在同一个时间里，既占据了一个深度，又占据了一个广度。

————— 陈墙

绘画－23-19 亚麻布上油画 120cm×160cm 2023

艺术，远在咫尺、近在天涯

文 - 陈墙

在通往艺术的道路上，随着时代的变迁，我们常常会在追逐与抵抗之间陷入两难之境，以至于我们在内心深处还会不停地追问"什么是艺术？"这一悬而未决的古老问题。

据说艺术的灵魂喜欢隐藏在还未发生的事物中，让艺术的含义染上了多重性的色彩，并让艺术时常处在不确定性中。但它指向着未来，也因为"还未发生的事物"与"不确定性"都存在于未来。当未来的事物来到此时，开始走入我们的认知，并在认知中形成了确定状态时，我们才会发现还有更多的可能性正处在未来排队待命，让无数个此时此刻都处在没完没了地流变中。艺术也会像光线、气息和声音一样弥散在这没完没了之中，它没有属于它自己的结束日，只有伴随着人类的终结才能结束。

当艺术借用事物现身时，这个事物就会变成道具、一个艺术的道具。两者谁为主体，谁为客体？或者人类这个感知体才是真正的主体。但通常的情况未必如此。

艺术会像主体的影子无处不在，它的超时空性会对应着主体的想象，活跃在忽远忽近或忽左忽右的任何一处。当它在我们近前闪现时，我们能够感知到远方的它；当它在远方闪现时，我们却又惊奇地发现那个闪现就来自我们的内部。

面对远与近，我们还会有这样的一种感觉，当我们开始面对自己时，那个自己会是最近的，也会是最远的。面对远方也是如此，它是最远的，也会是最近的。

感觉的气息 -21-14 布上丙烯 200cm×200cm 2021

从唯物视角看：是"近"在里面，"远"在外；从唯心视角看：却是"近"在外面，"远"在里。这唯物观与唯心观的关系，其实就是"近到深处，深致远"与"远在眼框，近在天边"的关系。

"远"是由"近"的投射而被显现；"近"是由"远"的关照而被深知。远行是为了回归，回归是因为远行。当远就是近，近就是远而被重叠着出现时，我们会得到一个不可思议的状态：我们开始在同一个时间里，既占据了一个深度，又占据了一个广度。

快乐与痛苦也是如此，深度快乐就是"痛并快乐着"。没有痛苦做底色，快乐的颜色是轻浮的。唯有深度的快乐，才会以痛苦的表情呈现。因为它触及到了生命的根部。只要触到了根，不管是生是死、是痛是乐，我们的基因都会以非常吝啬的方式，仅用一个统一而简单的"痛苦表情"取而代之。这不免让人怀疑，基因在这个问题上向我们隐瞒了什么，或者是在向我们提示了什么？

绘画也是如此，绘画是在用看见的去揭示那看不见的存在，让不可见现形于可见。或者说，是"不可见"在借用"可见"来显现它自身。

绘画更像是基因的叛逆者，或搅局者。基因想隐瞒什么，绘画就想揭示什么。尽管不少绘画看上去似乎都没有揭示出什么，也不管它的态度是极度的还是轻描淡写的，但动力都来自于抵抗。抵抗才是创作的原动力，是创作的基本力。

在创作的合力下，绘画与画家也会形成两股相互缠绕的力量，有时看似画家在画绘画，实则也是绘画在画画家。这两股力也都来自抵抗或者诱惑。

绘画是画家的产物，画家也是绘画的产物。画家的一生都在自己与绘画的迷宫里做找寻对方的游戏。画家在找寻绘画的同时，绘画也在找寻画家。迷宫就是阻隔目标与真相最意味深长的屏障；但也是最为接近目标与接近真相的前奏。只要不迷失在画家与绘画互为目的的循环中，就不排除画家能在这双向互寻的迷宫中重组感知力。因为真相是被感知到，而非被看到。

其实，画家找寻绘画与绘画找寻画家和远的就是近与近的就是远，它们根本上是一回事。你看见的远方，也只是你视网膜的投射；你感知到的内在，也只是宇宙在你心里的显现。在看似完整的"确定性"状态中，你可能只抓住了"片面性"；而在模糊的"不确定"状态中，你或许能够感受到"整体性"。它们也是一回事。

同样，苦是乐的底色，乐是苦的意义，它们是一回事。好的与坏的也是一回事。艺术的本质与人的本质更是一回事。此时的艺术，既在左边也在右边；既远在咫尺，又近在天涯。每当世界的不同形态都被如此趋向一体之时，事物的个性才重新具有了新的意义，此时的艺术又会再次闪现出新的气息。

绘画 -20-35 布上丙烯 120cm×90cm 2020

绘画 –23–24 亚麻布上油画 160cm×240cm 2023

绘画 –23–18 亚麻布上油画 120cm×160cm 2023

绘画 −23-29 亚麻布上油画 200cm×400cm（二联）2023

绘画 −22−34 布上油画 61cm×50cm 2022

绘画 −22−74 布上油画 50cm×40cm 2022

世 界 的 反 面

文—胡少杰

　　这篇文章迟迟没有动笔，一是因为总找不到一个静下来的时机，二是因为对于陈墙老师的这批近作，多少有点"看"不透。我当然可以根据陈墙老师的采访以及创作随笔来"读懂"这些笔触、痕迹、颜色，但是"读懂"对于陈墙的绘画来说从来不是最好的选择。我熟识陈墙老师以往的画作，也大抵了解他在绘画上的所求与所得，那么面对他的近作，我应该如何"观看"？然后做出什么样的反馈？带着这种试图"给出一些不一样的答案"的目的，一直在揣测与徘徊。

　　我想陈墙在北欧的大雪中走走停停时，也在寻找着一些不一样的答案吧。回到温暖的画室中，落在画布上的那些跳跃的颜色和笔触似乎就是答案，但它们飘荡在空中，比问题还来历不明。

　　2022 年被隔绝在北欧的陈墙像一个被困在折叠时空里的人，遥望着远处的疑云密布，近在眼前的画布成了他的"盗梦空间"，绘画成了他"顾左右而言它"的呓语。这些"梦呓"隐秘、破碎、来历不明、不知所踪。作为一个画家，他的远虑与近忧、愤懑与茫然，都会随着笔下的形色聚敛和消散，而这一聚一散间留下的踪迹，就成了答案，成了证据。

　　从陈墙 2022 年以来的作品来看，和以往相比显然有了改变。原本画面中那些游动的细小痕迹，忽然变成了粗硬的笔触，它们强势地占据了主体，旋风般的席卷了画面。笔触作为最基础的绘画语言，作为最清白的"能指"，被彻底地解放出来，它们在画面上缠绕、搅动，在覆盖与刮擦中恣意生长。

这多少让人有些意外，因为我们习惯了在陈墙的画面中看到精致与秩序，哪怕是近些年越来越跳脱，但是却始终是稳定与和谐的，像这样的疏狂与酣畅，却是始料未及。那么如此看来，这可以算是一场突变。

变化突如其来，就像风雪有时也会毫无征兆地降临一样。陈墙把这次突变解释为一次意外，一次一不留神开的小差。而在一不留神之际，直觉最为敏锐，它感应到了来自远方的纷扰，也感应到了整个世界正在发生的巨变。在北欧某个无聊的午后或者夜晚，画布近在咫尺，在心绪飘飞之际，无知无觉的画笔下搅动的是万里之外的风雪。

陈墙在 2023 年的个展上展出了这些肇始于 2022 年的画作，展览的名字叫作"近观"。"近观"是画面呈现出的观看视角。如上所述，这些作品是他滞留在北欧时"远望"那个纷乱的世界，心绪不悦时创作的，所以说呈现的视觉效果虽是"近观"，但作者却处在一种"远怀"的心绪之中。有趣的是陈墙在此前不久的个展名为"远望"，"远望"展出的恰恰是他 2020 年至 2021 年在上海完成的一批处在"内观"状态之下却呈现出"远望"视角的作品。"远望"与"内观"，"近观"与"远怀"，像是进入了一种关于"远"与"近"的迷思之中。如陈墙在创作随笔中所说：两个展览在无意间，相互成为了彼此的悖论。

而当绘画触及到悖论的时候，说明它已经接近了这个世界的秘密。在康德那里，世界的秘密是不能被触及的，它存在于世界表象的反面，如果非要去触及，那么就必然会落入到"二律背反"的悖论迷局中。但是那又怎样呢！迷局是危险的，但也是迷人的。众所周知，哲学家一直在试图解除迷局，寻

求这个世界的真相，而艺术家从来不奢望真相，他们只是在不断地发现秘密。我们从陈墙的绘画中看到的那些或短促或缠绕的笔触与颜色，那些来自远处与近处的含糊其辞的呓语，并不是在陈述这个世界的真相，那只是陈墙在迷局中发现的秘密。而这个世界的秘密或许就是来自另一个时空的真相。就像是世界的反面刮起了风，我们的湖水就荡起了波纹。

在"远望"的作品中，那条横亘在画面中间的线，被误认为是一条地平线，陈墙在文章中做了澄清，但最终也并没有完全拒绝对于那条线的隐喻。但是如其所说，艺术就是对地心引力和人类基因的抵抗与背叛。那么我们也看到了，在陈墙 2023 年和 2024 年的众多作品中，远与近、紧促与松弛在弹性的笔触间自由切换，那条线不见了。但是我并不认为这是艺术抵抗的胜利，我更倾向于这是陈墙已经打通了悖论的两端。从世界的正面进入了世界的反面。那条线被穿透了，也就不存在了。当然，这并不是一次对现实世界的逃逸，因为"正与反""远与近"永远都互为因果，互为镜像，互为谜底。

写到这里，不免又落入到了一种文学的修辞之中。这是陈墙在绘画中所弃绝的，也是其不断抵抗的。我明白"目光"是进入绘画最好的通道，而感知一旦被言说，就会落入言说的圈套。但是又能怎样呢？陈墙可以用绘画来抵抗，我们却只能诉诸言词。不过也还好，看过陈墙的诸多笔记、文章，我想他也深知，抵抗修辞就像抵抗"地心引力"那样无能为力。

那么目光与言词，是不是也可以互为悖论呢？"读"和"看"在互相消解的同时，是否也互为谜底？我想陈墙已经用他的绘画与文字，给了我们答案。

绘画 -22-42 布上油画 46cm×38cm 2022

绘画 -22-82 布上油画 60cm×50cm 2022

绘画 –24–9 亚麻布上油画 120cm×100cm 2024

绘画 -24-3 亚麻布上油画 120cm×100cm 2024

谭根雄

TAN GENXIONG

1956 年出生于上海，1983 年毕业于中国人民解放军艺术学院，华东师范大学原艺术学院美术系主任、教授，上海市美术家协会油画艺术委员会副主任。

图片 / 由艺术家提供 编辑 / 徐小禾

作品 35 号 综合材料 100cm×80cm 2023

作品 22 号 综合材料 100cm×80cm 2023

作品 24 号 综合材料 100cm×80cm 2023

批评失语与文化悖谬

文 - 谭根雄

文化感官认知与理性分析的抵牾，因此得出人类知识在其本质上的历史虚无主义命题，这并不奇怪。

对知识的探究，往往指向那种未被事实检测的因果关系，这相当于推测真理的逻辑悖论。譬如当爱情的意义发生，它能否关联起禁欲主义者信奉的那套行为操守原则，反对或断然拒绝生命被社会化的存在意义，而因此否定人类文明。如果确凿这种可能性的荒唐后，那种持非线性、非规则、非秩序和非中心及后现代主义论调，却时常以偶然和直觉并顺势而为地判定"命题"所能概括各种怪异的内涵：现象与本质，究竟是一种什么隶属关系——同质一体或异质同化？对此现象在《博尔赫斯，口述》一书中，其矛盾的症结在于一种"失序"。作为后现代派的博尔赫斯所以憎恨后现代主义的失序现象——人类经验的期许，应该是一种不该遗忘的历史记忆，或正因为"记忆"延续自身因循时间的惯性，它才成其为人类经验"期许"的前提。换个话题说，譬如文学叙事的文本特殊作用，它归咎于某种可资借鉴的预视范畴并不韪冒臆断之险地说，文本则是知识的符号，仅此而已。从另一角度而言，文本是时间的记录形态，是攸关历史的考据资料之一，也是人类这一灵长类动物所具有的非凡情感、思想和行为操控能力的文本表述。这就像阿瑟·伯格在《一个后现代主义者的谋杀》里曾经表述过的困惑："一旦失去叙事，我们就失去对自身的感觉，我们也就失去叙事所给予我们的一种生活的意义感，失去对这个世界的了解以及我们在这个世界中所处的现实位置。"解析他的话语，可以充分得到文本期许历史的回音，它究竟由何处传来？这才是对"叙事"词意的基本解释，对历史的期许。如今，后现代主义针对不确定的历史观察乃是对一种理性的考辨——被称之为追索一切现象起因后，它才能发现一切逻辑性的事物彼此应验关系，这可能吗？实则它根本无济于阐释自身存在的任何理由。这好比鸡生蛋、蛋孵鸡的闭环论证，而无论事实先于哪个前提条件的推论与假设，其最终是一堆荒谬的置词而已。这就是文化悖谬与批评失语。

当诸如此类的分析被具体到国内现行艺术状况上，它正如北京一位资深理论家指出的那样，中国当代艺术理论、美学理论长期深陷于"食洋不化、食古不化"的窘境中，是"译介、抄袭、挪用"外国理论所闯的大祸。因为，它"把中国当代现实这只大脚削足适履地塞进西方理论的小鞋中；对于传统，我们似乎只能干些'我注六经'的工作"。为什么？人们常年视而不见，这绝不是学术颓败与无能，恰是交流的"学术"意义所在。小说《六里庄遗事》(《六里庄遗事》东东枪著，上海三联书店，2019年2月版) 一则故事颇能说明上述问题：唐代长安以东六里许的普通村落中有一对孪生兄弟，老大为大、老二为二，村里人都知道兄弟俩关系不好。其缘由是几十年谁也没见过他们同炕、同席、同路、同时出现过。某日忽然街坊邻里传说老大死了，有人去衙门告状，说老二害死兄长，而犯罪目的是他想要坐享政府颁发给独生子女的惠利政策。他们的父亲陈老汉竟然捶胸跺脚，直喊冤枉，说出实情：过去人多享有分地多的优惠政策，在户口簿上贴个虚名后，就可以多占集体的几亩地。如今惠利待遇变了，"这两个儿子其实是一个儿子"。乌纱帽老爷翻着白眼一开始根本就没听明白什么意思，后来听明白了，都听傻了。孪生能够剥离，又何谓"孪生"？这就是对子虚乌有的精辟佐证，却论证了虚无的存在意义。由此看来"我注六经"的梳理、"削足适履"的技能腾挪，并到处不乏弄虚作假的刀笔吏活儿，其实就是对那些没头没脑、缺乏内容、没有结局的事实的嘲弄。因为中国传统文化实在悠远得太荒唐了，什么事情都有可能发生。但是，假借某一理性的批评，包括言辞驾驭的论理对象，它一定有着中外之分吗？不注"六经"的话，难道非要注入漂白粉味的自来水吗？不厘清这个

作品 34 号 综合材料 100cm×80cm 2023

作品 28 号 综合材料 100cm×80cm 2023

作品 3 号 综合材料 100cm×240cm 2023

问题，批评难免失实，文化难避偏颇之虞。作家格非曾在《隐身衣》中，借小说人物蒋颂平之口道出了诸种不确定因素所引发的知识困惑，他说："漂在水面上的薄冰，不用棍子捅它，不用石头砸它，它还算是一块冰。"试问，一个人硬要用脚去踩碎它——湖面必将荡然无存——冰在哪儿？问题是，互依的共生关系被破坏后，它将什么都不是了。这就是德谟克利特论证我们"不能同时踏进同一条河流"的著名悖论。

当批评失语，这犹如没有叙事的讲话，理论仅仅是一连串偶然的概念，毫无目标。或没有开始、没有结尾、没有任何的情节和情绪铺垫，想象一下它将会发生什么样的误导作用？在某次学术讨论会上，一位久经绘画锻炼的小年轻，因自己的年轻有为，而时常口无遮拦及无惮以盛气凌人的派头，逢人大谈"学院主义"就应该全面贯彻学院派的传统治学理念。他给予当下艺术教育方面的基本理解，是强化某种一以贯之的经典主义方法论。殊不知两千年前古希腊长老会信奉的"学院"主义，其旨意指代"开放、民主、自由"的思想，即是一切事物皆因自然和谐关系所致，这才是古典"学院主义"的定义。他以为当今艺术世界被一个蹩脚的文化镜像与艺术复本愚弄，因而他憎恨一切当代性的艺术形态及其话语方式，是一种远离学院主义法则的大逆不道。正当这位混账的主儿似乎意犹未尽时却戛然而止，因为他已明白自己竟然弄混了"学院主义"孵化的"学院派"艺术概念，可能招致别人耻笑。

对此现象，不无忧虑地指出，装蒜、欺世盗名等杂乱氽浮四野，既扰乱得学界不守学术道德底线，又紊乱了知识不被替代的哲学性思考。如此比比皆是而触目惊心：何谓当代文化"感性和理性的提升"或"创造性的转化"工作？其实，直面文化与批评，以虚怀若谷、无的放矢、寻导方向不明的"失序"可以预见。例如《贾樟柯：我对表现当代有不吐不快的内驱力》一文，则通过《文学报》记者傅小平转述，畅所欲言电影人贾樟柯所有的思考——什么是"不吐不快"的

"当代"性表现？毫无疑问某种文化诉求"却依然坚定地走在现实主义的路上"。而这种久违了的"现实诉求"，一定是来自对"我们生活的平行叙事者"想法一致，也是对"失序"的根本纠正。例如前一阵子一篇关于"纪念王朝闻诞辰110周年学术研讨会"文章刊登文学斗士、政治领袖的二枚头像泥塑浮雕。由此笔者想到个人的道德义务、政治诉求，仅仅是一种职业及工作任务目标之一。这如同公社农民种地拿工分一般的简单劳力报偿关系。然而，现实叙事的学识良心作用，是当下人文"意义"和"价值"系统的编码，即是一种可供检索的现实语境反映。它好比蜗牛蠕动着，不为赶路，慢慢地爬，目标坚定而始终如一。尽管这种检索任重道远，但它毕竟是唯一的任务，同时亟须新时期文化启蒙建构而全面履新自身职能。否则，一厢情愿的传统认知仍以倔强姿势架构"批评"的"文化"方式，它能否与所处前景野地上的微弱荧光、熠火与锐焰而灼亮夜空？这就是问题所在。换言之，"失序"的批评言辞，就是剑走偏锋的治学态度。如果说，事物的必然性被逻辑确凿，它不该也绝不能遵循黑格尔式的古老哲学命题，即是康德"二律背反"的阐述原则。尤其是在批评与文化的研究范畴中，偶然和直觉并不是一回事。日本诗人谷川俊太郎在他古稀之年，终于明白了一个年轻时不甚明了的做人道理，他认为将自己意志选择与大多数人不同，甚至是对立的生活方式，或与异己的主流社会保持一段距离，才称为一种另类的思想。但是，在某个地方，不是也隐藏着与自己完全截然不同的另一帮人存在包括他们的行动："我们不过是一丘之貉而已。"

作品1号 综合材料 100cm×240cm 2023

作品 39 号 综合材料 100cm×80cm 2023　　　　　　　作品 42 号 综合材料 100cm×80cm 2023

正因为如此，张骞、唐僧的历史作用，就在于汉唐外派使节的各项交流意义。也许四川峨眉、山西恒山雪藏文化中国的国粹，不啻是道家的仙骨皓髯形象所能替代，也不是山东聊城所能焕然绰姿的狐狸精下凡，仅以一门儒学释义得了的。可以这样设想，麦积山、龙门与云冈石窟的大佛，其坐姿为什么永远定格安详？当被问道：崩溃了千年历史延续，香火不再，又何谓是记忆中的"尸位素餐"呢？如此看来，儒、释、道的世袭衣钵，并不属于某个既有的形式，却因自身的历史变迁，社会嬗变——1949 年建国至今 75 周年了，不觉中反映着一切都在剧烈演化，实指"落了片白茫茫大地真干净"的现代启示录：

我们原由于不懂才不懂，所以不必装神弄鬼，
这好比"无理当直率"，岂有此理！

是的，当文化让我们与世界相连，并与之诚恳对话，终究发现了因循那种疲惫不堪的英雄梦想路径，遑论道德至高、路线正确、方向明白。其实它往往就是几句假惺惺的口号，试图激荡整个社会的热烈呼应。然而究其实质性目的，这犹同好莱坞明星票房制的蛊惑之技，一切都变得模糊不清，尽管抢尽了话语风头，却不免争相卖萌，这样的批评要它干嘛！打个比方，进庙烧香婆，顺便拎个鸡屎黄的空瘪烧香袋，磕头三丈之遥，五体投地跪拜，虔诚于一炷香火袅袅擎天，大佛却嫌你太寒酸，所以懒得理你，索性闭目养神，安详无限。

这就是当今批评失语与文化悖谬的尴尬。

作品 12 号 综合材料 150cm×120cm 2023

作品 26 号 综合材料 100cm×80cm 2023

"述说的形意"谭根雄作品展理论研讨会现场 金捷教授、孙俊教授主持
南京艺术学院美术馆 2024 年 6 月

"述说的形意"谭根雄作品展现场海报
南京艺术学院美术馆 2024 年 6 月

艺术家谭根雄在"述说的形意"个展海报前
南京艺术学院美术馆 2024 年 6 月

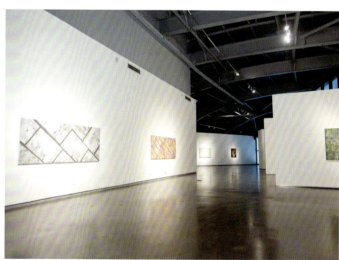

"述说的形意"谭根雄作品展布展现场 南京艺术学院美术馆 2024 年 6 月

"述说的形意"谭根雄作品展现场照 南京艺术学院美术馆 2024 年 6 月

童振刚　TONG ZHEN GANG

生于新疆，早年做过油田采油工、钻井工、仪表工、记者、教师等工作。曾先后就读于解放军艺术学院、中央美术学院。1992 年在中国美术馆举办第 1 次个展，2014 年于上海龙美术馆、北京今日美术馆、北京保利艺术博物馆等机构举办巡回展。迄今已在 60 多个国家举办个展 90 多次、联展 100 多次。作品深得世界各大美术馆、博物馆以及知名私人收藏家的青睐。2006~2019 年被凤凰卫视、雅昌艺术网、当代艺术杂志、库艺术杂志、艺术与投资杂志、艺术视野杂志、中国艺术报道等媒体联合评为中国当代艺术最具学术价值及年度最受关注的艺术家。作品涵盖水墨、油画、版画、陶瓷、色粉画、雕塑、装置综合材料等多种门类，现工作生活于北京。

图片 / 由艺术家提供 编辑 / 雯子

观自在 纤维布、丙烯颜料 240cm×1000cm×9
木刻盒子 35cm×22cm×27cm×220
2014-2019

无次元线性 纸上丙烯、综合材料 58cm×42cm×48 2024

魂的悖论

童振刚：肉身与灵

采访—胡少杰

漫艺术 =M: 童老师，还是先从您的近作谈起，这批近作是从什么时间开始着手创作的？

童振刚 =T: 如果追溯的话应该是 2017 年前后，一开始主要是在画面上建构一种线与线交织的网，我觉得"网"是一个很有意思的意象，我们整个世界就是一张网，无论是现实世界还是虚拟的互联网世界，都是无数的线与线的交结，织成一张巨大的"网"，而在这张大网之下又存在着无数的小网，反正是谁都逃脱不了，我们既是织网的人，也都被网给捆缚着。

如何编织"网"？当然要从"线"入手。但是像波洛克那样随意滴洒的线，不是我想要的，我想要的线是几何化的线，是数学的线，是从零到无限的放射的线。如何把一个观念转化为视觉作品，首先要考虑的就是语言的问题，那么我最感兴趣的还是绘画，那么下一步就要考虑更具体的操作过程，用什么材料？希望达到什么样的视觉效果？我做了很多实验，油画、水彩、丙烯都试过，但是都实现不了我想要的效果。后来找到了一家生产丙烯的厂

家，定制了一种特制的丙烯材料，他们把试用材料装到很多小瓶子里寄过来，然后我就一遍一遍地试，试了好几个月。因为材料的问题很重要，它直接关乎最后的呈现效果。所以我特别谨慎，也特别不惜代价。好在最终的结果是满意的，那种有厚度又有光感的质感，特别符合我对线和网的观念构想。因为我希望我的作品一定是在理性的可控前提之下进行的，而不是一种随机性的纠缠。但是理性只是前提，在过程中一定也要有感性的参与，要有手感和书写性，但是这种手感和书写性一定是有依据的，被规控的。它不能完全失控，也不是僵硬的、冰冷的工业输出，而是建构一种开放的、有温度的秩序感。

差不多到了 2021 年底，这个系列的创作开始越来越成熟，越来越丰富。然后开始加入一些新的材料，开始用到纸浆、布偶，画面开始变得更多元，更复杂，从平面转向了具有体块感的三维效果。一直到最近这批作品，都是在此前基础上的一个延续和推进。

艺术家童振刚

次元性布偶 布偶、纸浆 、珠光丙烯、油画布、综合材料 50cm×60cm×10 2021

M: 其实在中外艺术史中关于"线"的运用与探究是长久且深远的，我们可以找到很多实例，但是您作品中的"线"是一种既和那个传统相关联，但是又极具个人性与当下性的。也就是说它既是有来源的，又是新的。

T: "线"当然不是什么新的艺术语言，但是在古今中外的艺术创作中，线大部分时间是作为一种基础语言。但是我作品里的线它既是语言，也是主体。至于说这条线的来处以及它所附带的当下时代的意味，我觉得主要是来自我个人的阅历和生存经验。但是我坦白说，这是一种无意识的结果，并不是刻意使然。我有长时间的书法练习与创作的经验，对传统书法有着深入的研究与实践，另外我对互联网、对数字媒介有着极大的兴趣，也做了很多这方面的研究和实践，所以这两种经验让我在处理线的时候，既保留了书写性，又体现了一种数字感。我觉得这是很自然的结果，作为一个活在当下的新时代的中国艺术家，我不可能完全脱离我们的传统，当然，也不可能对当下的生存环境无动于衷。所以，我不去刻意回到传统，也不刻意回避传统，传统就生长在我的血液里。书法、篆刻的练习和浸淫，让我深知"线"和结构的重要，同时，我们生存的这个互联网时代，让书法的线、数学的线、物理的线、哲学的线、生命的线……都交织在一起，变成了一张网。

次元性布偶 布偶、纸浆 、珠光丙烯、油画布、综合材料 50cm×60cm×12 2021

M: 在您的近作中，这张"网"呈现出更加复杂、纠缠、脆弱又沉重的精神特质，其实深度契合了最近几年极端复杂的时代现实以及隔绝、限制、混乱的生存境况，所以您的这批作品虽然看似抽象，其实却暗含了对现实的暗喻与反思。

T: 我觉得艺术和社会现实之间必然要发生关系。当然，如果你仅仅是想画点儿装饰画，那就另说了。我觉得真正有价值的艺术，必然要和两个东西发生关系，一是个体生命，另外就是时代现实。至于我的艺术，首先是从我个体的生命经验出发的。因为我身体的特殊原因，这种长时间病痛缠身的经历，让我变得异常敏感，先是对自身敏感，然后就是对周遭的生存环境敏感。这种敏感让我很痛苦，但是同时也触发了我的感知与体验，然后转化成了源源不断的艺术创造力。复杂与纠缠、脆弱和沉重是生命的真相，也是这个世界的真相。所以虽然我没有刻意去揭示和反思什么，但是作品的艺术表达只要是真诚的、准确的，那么必然是承载着这些真相的。

M: 这种敏感性如果是来自身体经验，它的延续性如何保障？

T: 当然不是只从身体经验中获取。身体给了我有别于常人的特殊经验，这种经验是很个人化的。但是也付出了沉重的代价。它是双刃剑，在触发创造力的时候也触发了肉体和精神的痛苦。当然，除此之外，敏感性还来自我对哲学、物理、数学等学科的涉猎与汲取，以及我长时间的创作实践和训练。敏感性对于一个艺术家来说是至关重要的，所以敏感性也是需要长时间维护和训练的。

M: 这种敏感性带来的精神和肉体上的痛苦，您如何排解？我看您的作品中有一部分是和宗教有关的，比如"心经"系列，包括您作品中经常出现的"符咒"，这种宗教和神秘主义的介入，是在寻求一种精神上的慰藉和安放？或者说提供了一种短暂抽离的方式？

T: 用佛教的说法就是我们每个人都有业障，因为人人都有欲望，有欲望就有业障，业障就会使你感到痛苦、恐惧，这不仅仅是肉体上的痛苦，肉体只是一种显性的痛苦，还有很多看不见的痛苦、恐惧、空虚，这都是欲望带来的。所以《心经》就讲"色即是空，空即是色"。佛教讲"渡人"，就是把人渡到彼岸去，逃离苦海，走向光明。其他宗教也都一样，只是不同的说法，方式都差不多，就是使用"咒语"。不同宗教有不同的"咒语"，这种咒语就是一种可以连接另外那个世界的方式，无论是极乐世界还是天堂，都是在用咒语沟通、传送。至于到底有没有佛、有没有上帝，没有人知道，尼采说上帝死了，韦伯说要"祛魅"，但是很多伟大的物理学家、科学家都相信上帝是存在的，比如牛顿。确实有一些事情是很难被证实的，但是至少也不能被证伪。所以说，理性、科学与宗教、神秘主义并不冲突。我觉得艺术是可以用理性的方式去连接那个神秘的世界的，在今天这个宗教逐渐式微，宣扬着上帝已死、神明远离的时代，艺术应该做些什么。我相信一定有一个表象之外的世界，包括在我们这个世界，人类能够认识到的事物其实只是很少一部分，还存在着大量的暗物质，它们在我们的身边游荡穿行，只是我们看不到。我试着用艺术的方式连接未知的世界，并不是说要从现实世界抽离，也不是去寻求慰藉，艺术不能仅仅停留在个体的苦痛和得失之上，总要去

无常次元 面膜、纸浆、珠光丙烯、油画布、综合材料 120cm×120cm×8 2023

次元性布偶 布偶、纸浆、珠光丙烯、油画布、综合材料 31cm×31cm×32 2023

展览现场

界面 纸本、派克油性笔 26cm×16cm×3 2021

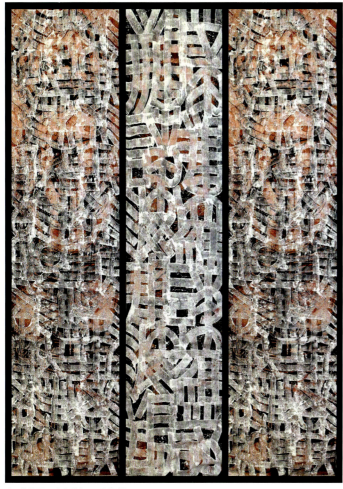

次元性装置系列 纤维布、丙烯颜料 240cm×1000cm×10 2014-2024

试着接近那个真相，去探究未知。就像马斯克，他是用科学的方式去探究未知的宇宙，那么艺术家一样可以，只是用不一样的方式罢了。我的方式就是，从身体出发，借由艺术抵达那个未知世界。

M: 您一直强调"理性"，哪怕最终走向未知，但是这个过程必须是理性的？

T: 对，一定是理性的，如果没有理性那就成了跳大神了。

M: 反映在您的作品上，这种理性就是非常注重结构和秩序，这种结构有书法的影子，但是如果用西方构成主义的逻辑来观看您的作品，似乎依然是成立的？

T: 应该是成立的。我只是提取了书法中的两个元素，就是线和结构，我觉得这是书法的筋骨和血脉。但是在具体画的时候，我用的很多工具都是西方的，比如说排刷，一笔下去，就是块面，类似一些硬边抽象，也比较有工业制作感。而且我也很喜欢现代主义的一些画家，比如蒙德里安、马列维奇，所以自然而然就会画出符合构成主义的作品，我觉得这是很合理的。其实我觉得中国人很早就理解什么是结构，什么是构成，也就是说中国人很早就理解了什么是抽象，比如书法的结构、水墨的空间概念等等。这些由来已久，只是我们没有系统地去定义和论述所谓的"抽象"。我在西方做展览的时候，那些外国的观众看到我的作品，是能够读懂的，所以说艺术是可以跨语境的，因为艺术语言在一些时候是通用的。

无次元线性 纸上丙烯、综合材料 58cm×42cm×4 2024

碰瓷系列 瓷器作品 60cm×120cm×78 2018

M： 您在作品中用到了布偶，但是被覆盖缠绕之后只剩下一个隐约可辨的形状，为什么会选择布偶这种现成品？有什么特殊含义？

T： 因为偶然认识了一个做布偶的厂家，已经倒闭了，剩了大量的布偶娃娃没人要，我就买了一万个，堆在我工作室里，堆了半个屋子。我就是觉得布偶本身很可爱，它是拟人的，仿佛是有生命的，我觉得既然把它们制造出来就应该给它们一个归宿，而不是粗暴地遗弃。一开始就是这么想的，但是怎么处理没有想好，后来试着去和陶瓷一起烧制，就是利用布偶的柔软和陶瓷的坚硬，让它们结合形成一种很矛盾的特质，但是第一批没有成功。后来就开始用在了我的绘画作品中，当现成品去用，然后用线不断地覆盖，最后有的成了一些不明物体，有的还残存着一点形状。过一段时间我会再烧制一批布偶陶瓷，就是把布偶蘸上瓷浆，烧完可能是完整的，也可能是破碎的。我很喜欢这种高温烧制之下的坚硬、光滑，但是易碎的特质，而它的内在则是柔软的，因为内胎是布偶。这是一种浴火重生的过程，但是结果却是未知的，可能是完美的，也可能是破碎不堪的。生命就是这样啊，经过高温淬炼，炼坏了，碎一地，炼成了，看起来坚硬、光鲜，但是脆弱、易碎。多迷人啊！

和光同尘 油画布、纸浆胶、珠光丙烯颜料 70cm×250cm×6 2024

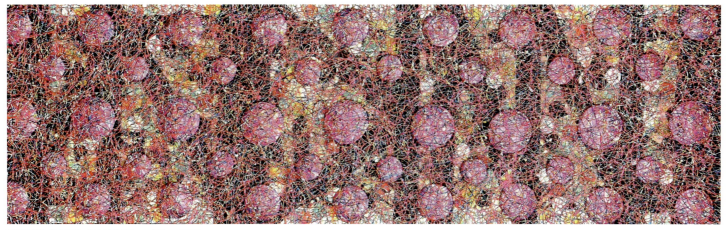

无次元线性 纸上丙烯、综合材料 57cm×190cm 2024

M: 您的作品好像一直都存在一种悖论式的张力。

T: 夏小万看到我的陶瓷作品后就说这是"暴力的脆弱",我一听不错,很准确,那个系列后来的命名就叫"暴力的脆弱"。我很喜欢这种悖论,喜欢把矛盾冲突的事物并置在一起,然后形成一种张力。比如我的"心经"系列,"心经"本来是清心寡欲、色即是空,但是我在里边放了一个女人体。我觉得艺术就应该是消解主体的,是多元的,自由生发的。

M: 您在新作中还用到了纸浆,包括布偶,画面形成了一种不规则的蔓延的球状"块茎",这似乎暗合了德勒兹的"块茎"理论?如果从此层面理解您的作品是否也是成立的?

T: 德勒兹的"块茎",大概说的是一种多元主义,一种非等级的、去中心的、破碎的生成。他指向的是一种后现代的文化观念,而我作品中那些凸起的"团块"更多的是我自身语言的一种延展,它符合我个人语言的逻辑。至于说从什么样的层面去理解,我觉得只要是观看者的真实感受,那么就是合理的。作为当代人,我们依然处在德勒兹的语境之中,虽然我不会基于某种哲学观念去创作,但是,我理解他,并且在一定程度上认同他。

M: 一路走到今天,艺术给您带来了丰盛的生命体验,其中有狂喜,有慰藉,也有无尽的痛苦,您后悔过吗?如果重新来过会考虑选择另外一种生活方式吗?

T: 从来不后悔,活着就是折腾。生命不息,折腾不止!

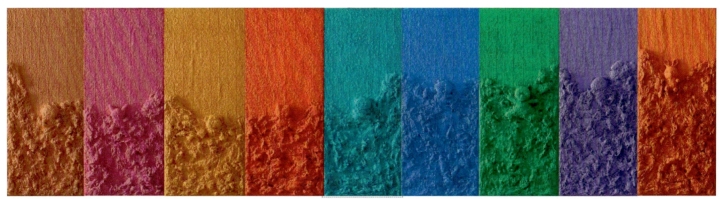

次元空间 布上丙烯、纸浆、综合材料 70cm×160cm×9 2022

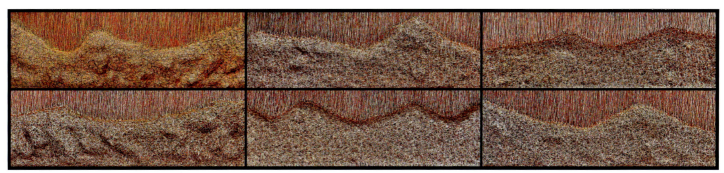

次元空间 布上丙烯、纸浆、综合材料 70cm×250cm×6 2024

李 磊 LI LEI

图片 / 由艺术家提供 编辑 / 雯子

1965 年生于上海市。现任上海戏剧学院舞美系绘画专业教授，上海海派艺术馆馆长，上海市美术家协会副主席，一级美术师。兼任中国美术家协会实验艺术委员会副主任，中国博物馆协会美术馆专业委员会副主任，同济大学客座教授，上海大学上海美术学院客座教授，上海视觉艺术学院客座教授，新加坡南洋理工大学华人馆客座教授。曾任中华艺术宫（上海美术馆）执行馆长，上海油画雕塑院执行副院长。

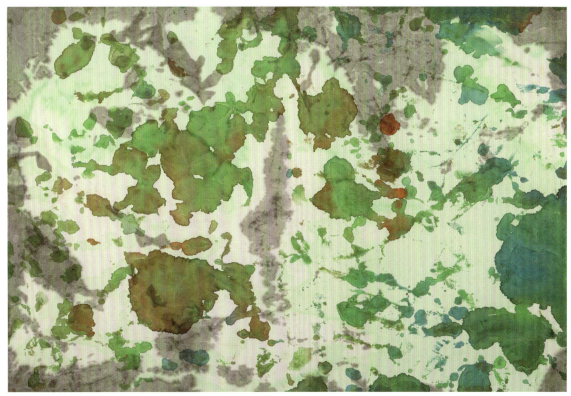

353A7698 倾听大地的声音 纸上丙烯 45cm×69cm 2024

353A7722 倾听大地的声音 纸上丙烯 45cm×69cm 2024

艺术作为生命场的投射——李磊访谈录（节选）

对谈人 - 姜丹丹

姜丹丹： 通常有一种对比的方式，会把具象与抽象的艺术对立起来，如果不把抽象和具象对立起来的话，能不能再创造出一个新的词？那么，您做抽象的时间这么久，对于这个问题是怎么想的？在您自己的创作中，或者您关注的画家，或者在历史上，有没有不同的风格形式发生互相碰撞或者摩擦的情况？

李磊：其实我们画画的出发的时候，都是画具象的。这个跟中国的教育体制有关系，我们从小训练的时候，都是从具象绘画开始训练的，这个是中国现代美术教育体制所决定的。实际上呢，这些都是技术性的问题了。

姜丹丹： 而且您早年接受过版画训练。我看到有材料说，您是从 1996 年开始从事抽象绘画的。

李磊：时间点儿是对的。就是有点表现的，也有点具象的。

姜丹丹： 现在您自己回顾起来，对早期的作品和那个时候的创作状态，有什么样的感受呢？是不是也蛮怀念那个时候的？刚刚开始发现一些西方的表现主义作品，还蛮新奇的。

李磊：其实现在回过头来看啊，当时吸收的艺术风格和类型，面是有点宽的。
也并不局限于东方或者西方，这样对立着去理解。其实我有自己在艺术上的表达需求，或者是说在"生命"的层面上，对于"生命体验"和"生命表达"有一种需求。

姜丹丹： 当时您才二十几岁，最初的艺术表达形式，蛮有冲力的，从那时起开始，去表达对生命、存在的一些感受。

李磊：是的，去寻找各种表达的方式。要体现自我的存在，要去寻找生命的根源。这种需求开始是朦胧的，后来呢，就越来越清晰。但是，走的路径，始终和这个方向是一致的。

姜丹丹： 您近期的抽象作品《庞贝的焰火》，它实际上是把您早期的《禅花》中的寂灭感，那种虚无、空的东西又转化为很流动、绚烂、自由的色彩的形式。

李磊：就是看上去……

姜丹丹： 很吊诡的一种结合。

李磊：对。

姜丹丹： 庞贝本来是废墟，废墟上的……

李磊：对，《海上花》啊，《庞贝的焰火》啊，都是在讲这个东西，就是你看上去非常绚丽，但它是瞬间的。生命之脆弱，生命之无常，就是那么可怕。

姜丹丹： 同样在这个展览当中的雕塑作品，有非常活生生的，有血有肉的人的透视。那些木雕，一个个脸孔，就像有表情一样，但它们同时又是空的骷髅。

李磊：很多矛盾的阐释，都是读者的阐发。但是从作者的角度来说，它只是一个方向，然后做作品的过程当中，也没想。那可能就是要靠……

姜丹丹： 阐发。所以这里，您特别提到一个隐喻，"天女散花"，关于维摩诘的。

李磊：没错，是对"天女散花"那个展览的一种阐释。

姜丹丹： 在某种程度上，是对您自己这种矛盾结合的非常好的阐释。我是想说，看上去是色彩缤纷的花，但实际上不是人间的花，它有一种神圣性。那么到底是怎么样呢？关键看你是否有分别心。可能一个俗世的人，他看到的是缤纷、热闹。而您就看到了另外的、更深一层的一种矛盾的结合或者转化。所以自然而然地，在这种五色缤纷的世界的色相当中，它就有了一种神圣性在里面。

李磊：这还是一种西方的思维模式。其实神圣不神圣，都无所谓。为什么呢？因为所谓的"神圣性"是基于一个"人"作为主体的。阐释的时候，它会有一个对于"人"的立场和地位的认知。所以在近代，我强调"人"的时候，一方面是把"人"从上帝的阴影下解放出来，另一方面就是要塑造一个独立自主的"人"。其实这是一种"人"的解放。但是这个解放，是建立在"人"的层面上。其实这个世界，不仅仅有人的存在，还有动物的存在，植物的存在。所以要关注人和自然的关系，关注我们生存的这个地球。那么我们再进一步说，除了地球上我们看得见、感受得到的这些生命，还有其他的生命——微观世界的生命，我们看不到。

姜丹丹：所以这里提到"空性"。

李磊：再往里看的话，真的就有要讨论的问题了。那么，从这个层面上，我看不到的东西，它以什么方式存在？它的这种存在，是不是我们认为的存在？或者我们的存在，是不是普遍意义上的存在？这些是要讨论的问题。这些讨论的问题呢，实际上就让我们做艺术有了很大的空间。这也可能是我们这个时代跟前人不一样的地方。

姜丹丹：是，那么不管是哪种形式的作品，最后还有一个结构的问题。在这里，您说借这个"天女散花"，有一个散文诗化的结构。后边您做的很多作品，像流星啊，很有流线感，其实是非结构的。我看到后来您提到拉赫玛尼诺夫的《第二钢琴协奏曲》，实际上，这整个就是画面的一个空间，最后还是用音乐中的"复合"或者"复调"的一种结构来理解。也许说，您说的这个"飞散"，它不能"散掉"，它是某一种统合，但又不需要重新做一个结构出来……

李磊：对，"散"也是一种结构，取决于你对它的描述。

姜丹丹：空间当中的节奏感，在宋画那里，他们会讲"散点"聚焦。我们现在不再用这样的方式，但是中国古典的这种"散点"透视，对今天的艺术家也有所影响……

李磊：今天我们说中国的透视是散点透视，其实是基于西方的焦点透视来的，在历史上没有。我是画到哪算哪。对我来说，透视不透视不重要，而实际上，在于我的走笔。什么叫"龙脉"？龙脉就是跟着人的生命规律走。

什么叫好画？主要是看它内在结构的走向和人的生理规律是否吻合。一张好画挂在那里，看上去会好看，会给生命以滋养。一张不好的画，看上去是拧着的，家里面挂一张不好的画，天天看着，你想想能舒服吗？画是会感应的，感应的时间长了，身上就长瘤子了。听上去很神秘，但实际上，它一点也不神秘。

姜丹丹：实际上，创作这个东西和整个身体场是有关系的，身心不分。

李磊：对，一幅画，就是生命场的投射。那么，就这么简单。

姜丹丹：也不那么简单。

李磊：画得好，你觉得画得好，因为他生命场"通透"。有些人总觉得好像差口气，但是又说不出来。河流啊，构成这个场的河流不通畅，所以要疏浚。所以，视觉艺术得训练，要训练。

姜丹丹：杂糅了很多的影响。

李磊：这些训练的话，单靠所谓的"基本功"是没用的。所以要读书，要有综合的修养。综合的修养，是构成这个场的能量的庞大的基础。它才够构成一个网状的综合体，它最后会形成一个场。到时候你阐释的时候，也可以是综合的，也可以是单项的。每个读者不一样，有些读者只看到一个面，他就这样阐释下去，也没错。有些读者他可以看到更加深入的面。

姜丹丹：最后，心性的调节，和"空""空性"这些问题也有关系。还有一个问题，您还谈到汉简和晋字的气质，是怎么来理解的？

353A7720 倾听大地的声音 纸上丙烯 45cm×69cm 2024

353A7574 倾听大地的声音 纸上丙烯 45cm×69cm 2024

353A7676 倾听大地的声音 纸上丙烯 45cm×69cm 2024

353A7668 倾听大地的声音 纸上丙烯 45cm×69cm 2024

353A7592 倾听大地的声音 纸上丙烯 45cm×69cm 2024

353A7560 倾听大地的声音 纸上丙烯 45cm×69cm 2024

李磊：汉字到了晋代的时候，就开始规范了。汉简到晋代的时候，就有了碑，到了王羲之的时代，就开始活起来了。到了晋代，开始强调个性和个人的生命体验、审美方式和审美手段。

姜丹丹：对。您是艺术家，然后又在美术馆工作，和整个上海的艺术群体都有很多的合作、连接、对话。在这个场域之中，您自己怎么体会现在大家经常讨论的"当代性"的问题？我们前面其实已经聊了很多。最后，我们实际上是从一个私人的空间聊到一个公共性的空间。要跳出来，而不仅仅限于创作者。这个方面，您是否有所思考？还有互动的……就是说除了抽象画和雕塑以外，您也非常敏感于这种当代艺术必然提出的一些挑战，同时您也很深地去介入这些现代艺术形式，很深入地往里走（思考）。主要是因为现在很多做当代艺术的人都会太强调那种当代艺术和现代艺术的区别。不管对批评者，还是对批评话语，还是创作者，都提出了一些挑战。很多年轻人干脆就不再做这些架上的东西了，所以，其实也是蛮纠结的。

李磊：历史的大的趋势，会基于几个问题，或者说几种因素，来造成大的变革。这种变革，第一因素是意识形态，这个不管国内国外，都会是意识形态所造成的。第二个是技术，使得工业文明留下的表达方式和今天信息文明将要发生的表达方式之间产生了冲突。很多农业时代的文明留下的表达方式到今天变成"非遗"，"非遗"其实是保存不了的。

姜丹丹：档案性的这种……

李磊：档案性最多再保留个一两百年，它最后因为生活不需要了（而失迭）……以前它为什么会是文明？因为需要，它才被造出来。如果它在日常生活、精神生活当中是不需要的东西，即便你勉强把它留下来，最后它还是没办法生存。第三个是观念的选择。今天来看，很多农业文明的表达方式或者工业文明的表达方式，都会受到冲击……现在谁还看长篇？你会看吗？对吧？就因为没有时间，时间变得非常宝贵。整块的时间，会变得非常宝贵。读长篇小说很奢侈，我们个人会判断读一部长篇小说的时间成本，太高了。

姜丹丹：其实整体都片断化了，或者，也在折叠空间。

李磊：那么在这种情况下，除了一些经典的，被大家选为必须读的。那么大量的写和出版的长篇小说也变得没有意义了。这种作者，然后人家就不选择写长篇。这是一个很自然的社会变革，那你说，这个是"现代性"，这种"现代性"是不是？是。我们现在搞艺术，或者是搞研究的，所谓"现代性"，就是生活当中的变迁，它所折射出的东西。而不是我专门创作一个什么东西要表达现代性或后现代性，是吧？什么叫后现代性？这种说法，是一些哲学家或者社会学家，为了标榜观念或者认知而强说出来的，比如现在，什么"殖民"和"后殖民"。现在是什么时代？现在世界的变局是什么？世界未来的发展可能是什么？中国，寓于一种什么样的可能，如果今天我们还是跟着西方一些人说……

姜丹丹：是。您的作品当中所透显出来的，对于生命存在的这些体验，到了现在开始探索所谓更当代艺术的形式，在所做的创作当中，或者公共空间的一些互动的作品当中，这方面一直还是在传递下来吗？还是发生了一些转变？

李磊：我作为一个个体，不能代表一个社会。我的艺术表达，还是在大变革的时代里我个人的感受。大变革的背景，给我造成的各种情况，包含压力啊什么的。外面的形势，会把压力给到一个个体，个体在这个形势下，他会感受和表达……

353A7750 倾听大地的声音 纸上丙烯 45cm×69cm 2024

353A7570 倾听大地的声音 纸上丙烯 45cm×69cm 2024

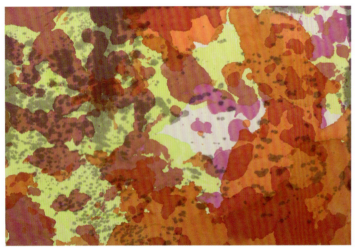

353A7752 倾听大地的声音 纸上丙烯 45cm×69cm 2024

353A7586 倾听大地的声音 纸上丙烯 45cm×69cm 2024

353A7590 倾听大地的声音 纸上丙烯 45cm×69cm 2024

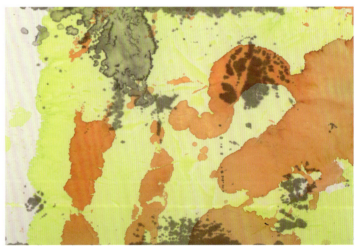

353A7646 倾听大地的声音 纸上丙烯 45cm×69cm 2024

353A7590 倾听大地的声音（局部）

图片 / 由艺术家提供 编辑 / 雯子

张肇达　ZHANG ZHAODA

艺术家、服装设计师，1963 年出生于中国广东省中山市。

飞花令 13 布面丙烯 250cm×250cm 2023

我放弃当代艺术中与作品"对话"的观念，也不追求让人们从视域带动身心入画面的"在场"的感觉。我只想表达我在当下的心灵和意识，呈现我的灵魄在恢宏的世界上游历和穿梭中的"视觉记录"。

—————— 张肇达

飞花令 16 布面丙烯 250cm×250cm 2023

张肇达：无声的释放

采访－胡少杰

漫艺术 =M：您的新作被命名为"飞花令"，众所周知，这是一种古人的诗词游戏，想了解命名背后的缘由是什么，以及您创作这批作品背后的触发点是什么？

张肇达 =Z：在疫情过后，我一直想创作一批更欢快、灿烂、自由的作品。在《寒食》中"春城无处不飞花"这句诗词让我浮想联翩，想象着古人饮酒作乐行飞花令，酒醉中仿佛被各色花卉围绕，享受着逐渐忘我的欢乐。

M：您在抽象绘画作品中持续表现出一种纠缠、激越、狂放的感觉，这是否可以看作是您生命力的一种视觉化呈现？

Z：在创作的过程中，我好像进入了一个只有我和画面共同存在的世界里，身体无意识地挥动着画笔，或者这就是一种内在的，无声的生命力在释放。

M：您作品中的色彩都极具视觉张力，极具反差的颜色在您的画面中既有激荡地对抗又能够和谐共生，这种对色彩的调和与平衡的能力，是来自您天然敏锐的色彩感受力，还是得益于您长期的创作训练？

Z：我没有考究过，因为色彩是物体的第二性质，是非常主观的经验，人与人之间始终无法表达自己所见的色彩，我始终没有办法确定我画出来的色彩是否如你所看见的这般，但这种不确定性或许就是色彩的魅力。

M：线的运用一直是您创作中非常重要的语言手法，但是在新作"飞花令"中，线的书写性被更进一步地彰显出来。想了解您作品中的这种书写性的来处是哪里？

Z：我一直想将中国画和书法中对线条的追求融入到抽象绘画中，将看似简单的线条承载更复杂、更丰富的含义。

M：在您的画面上看到了泼洒、刮擦、涂抹等极具动感的语言痕迹，您创作的过程中，身体会深度介入吗？这是否也可以看作是一种行动绘画？

Z：画画的时候，只要进入画与我的空间，一切就自然而然地发生，是画面与我的互动，身体更突显为一个连接内在与外在的中介。

M：您在创作的过程中，大多时候是处在一种有意识的状态，还是无意识的状态之中？您怎么面对创作中出现的偶发性？

Z：我从来无意去将自己调整到某一种状态，但我乐于沉浸在无意识的状态中，感受那种无我的自由和纯粹。

M：在您的艺术创作中，抽象绘画占据了很重要的比重，是什么因由让您持续创作抽象绘画？您如何理解抽象绘画？

Z：在抽象绘画中，我感觉到一个奇特的空间，一个无比奇妙静美的世界。抽象绘画或许是超出现象世界的一种可能性。

展览现场

M13.004 纸本设色 367cm×144cm 2016

M: 回看您这么多年的抽象艺术创作，各个时期不同系列的作品之间是否有其延续性？或者说各个不同系列的作品之间是否存在内在的线索？

Z: 我的抽象画可以看作我的生命的过程，留下了我的精神世界，对空间和时间，对艺术的思考的变化。如果从画面上说，我早期的抽象画是大浪漫主义的情怀，看重色彩和肌理的解放，用冲击后色块的凝结呈现时间与空间的流动；到早期的《赛里斯系列》营造出一种景象的不确定性，线条呈现出漂浮感，用线条与色块的对峙表达时间与空间的僵持；后期《赛里斯系列》，有大面积涂抹与覆盖，将不确定的笔触与刮抹表达时间和空间的模糊；《西藏记忆》与《访禅终南》中，线条与色块的分裂与融合，跳跃式和涂抹式线条的不断叠加，表达时间与空间的堆积；在近期《飞花令》中，线条以更自由的方式形成有冲击力的画面，跃动的线条与色块呈现时间与空间的解脱。

M: 作为一位身份极为多元的综合性艺术家，您对很多种艺术门类都有所涉及，并且都取得了非凡的成就，那么在您的创作中各种不同的艺术语言之间是一种什么样的关系？

Z: 其实每一种艺术形式对于我都是生命中不同部分的表达。抽象绘画是我对内在精神的自由探索，山水画是我对这个世界的思想感受，人物画是表达我与其他客体之间的关系，书法是自我的修炼，服装设计则是我对文化的表达。

M13.013 纸本设色 367cm×144cm 2016

赛里斯系列 金城 布面丙烯 180cm×180cm 2014

赛里斯系列 楼兰 布面丙烯 180cm×180cm 2014

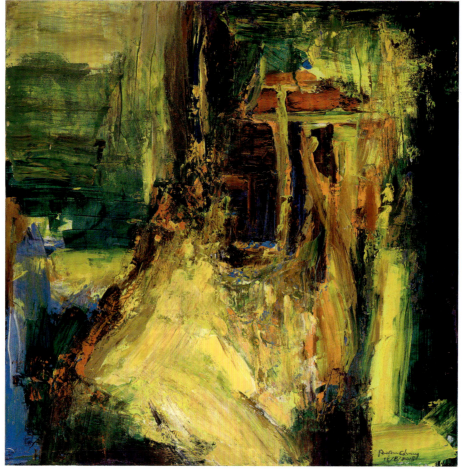

西藏记忆 06 布面丙烯 180cm×180cm 2018

张肇达：一场生命意志的释放

文 - 文迪

尼采在《悲剧的诞生》里说，艺术是两股对抗的力量，一个是秩序与理性的阿波罗，另一个是混乱与放纵的狄俄尼索斯，艺术将两者结合表达出人类光明与黑暗的两面性。张肇达先生最新创作的"飞花令"系列，让我不由得联想起尼采笔下的阿波罗与狄俄尼索斯的对抗。

张肇达先生钟爱行动绘画。艺术的形式无非是艺术家表达其艺术冲动的一种表现手段，行动绘画对于张肇达先生，或许就是将创作作为自我与自然的结合最直接的选择。自我是无象的，却一直伴随我们，是我们感知最深的；自然是有象的，却总是偶然的，是难以捕捉的。在张肇达先生的行动绘画中，一直存在着一个无象的自我与有象的自然的直接结合，一种无象的实在与一种有象的缥缈的奇妙结合。艺术家站立于比自身以倍数级宽大的空白画布面前，将其极为有限的手臂进行伸缩，扭动着手腕，牵连着作为身体延伸的画笔，在果断的一笔滑落的当下，犹如一个微小脆弱的生命无畏地直面庞大的宇宙。在画布近处落笔，在画布远处反思，在画布前不断由近及远、由远及近地游走，自我于行动与反思之间不断折返，近处的我被庞杂围绕犹如处在宇宙中心，自身处于远处又犹如宇宙微尘。每一次站在画布面前，都是一场自我与自然最纯粹的交流，在这场互动里没有日常的杂多，只有他钟爱的色彩，这是任何一个深刻追求自我与宇宙的关系的艺术家都无法抗拒的魅力。对于张肇达先生，艺术的对象从来都不是外在的世界，艺术的存在价值从不在于呈现这个时代的现状，也不来自于欣赏者的眼光，只在于对创作者的存在的一种展示，是赋予那无象的存在以形态。

在近期作品"飞花令"中，张肇达先生将这种对自我与自然的关系的探索进一步升华，自我的主观意识逐渐进入浑然忘我之境。"飞花令"中包含了一种醉意，尼采称"醉"的最主要表现就是"个体化原理的崩溃"。"飞花令"中的忘我，是对自身理性的有意放逐，让人性中的非理性去突破那些追逐完美秩序的个体化原则，使人与自然的界限模糊，尽情感受动态的生命之流，感受强大的生命意志，是对酒神狄俄尼索斯的释放。

"飞花令"得名于唐代诗人韩翃《寒食》中那句"春城无处不飞花"。飞花令对诗词格律有着严格要求，却又作为古人饮酒作乐时的游戏，这正呼应了阿波罗与狄俄尼索斯的两面性。人总是潜移默化地向往太阳神阿波罗，想象成为他的化身，不断理性化、秩序化、理想化世界。在这批作品中，对整体结构的把握，对色彩之间比例的调节，对画面平衡的控制，是作品中阿波罗的秩序与理性，是根源于张肇达先生长久以来对色彩的研究，日积月累的书法根基，是早已深埋在艺术家意识中的能力。而那布满画面的充满张力的跳跃性笔触，那大弧度的曲线及其因速度快与幅度大的行动所导致的水痕，正是艺术家释放其生命能量的涌动，从人的内在的天性中所迸发的生命激情，在那非理性的生命之流中遗忘个体化原则，进入酒神狄俄尼索斯陶醉的忘我之境。

张肇达先生的作品充满着生命的辉煌壮丽，始终呈现着太阳神如梦幻般的幸福，张肇达先生的作品又充满着生命本真的激情，得以窥见酒神的本质。初看"飞花令"，被作品中色彩与线条中所凸显的跃动与缤纷吸引，那些童真感的色彩，光明而绚烂，再看"飞花令"，那些带有冲击感的色块，浓艳刺激的色彩又占据了视觉，感受到了深沉。从画面那些干、粗、有力的笔触中，感受到了坚定与果断，又从那充满偶然性、跳动性的细线条中，感受到了放肆与冲动。那大量的书写式的抽象涂鸦，在画面中似乎无限重复形成残影，呈现出一种在醒与醉之间、梦与醉之间的挣扎，身体在不受控的瞬间涌出的生命意志，一种坚定的疯狂，犹如光明与黑暗，是阿波罗式的美好与狄俄尼索斯隐蔽的痛苦的对抗。这是一种深知生命的悲剧性却仍强烈喜爱生命的人所拥有的，是对存在者之存在的真正感悟。

张肇达先生的作品是真实的，不是源于对外部世界的描绘，也不是对当代状态的表达，更不是瞬间情绪的抒发，这种真实是从体现人性的两重性中所呈现出来的。不是以苏格拉底的理性为先，充斥着对生命的盲目乐观，掩盖着生命存在的悲剧性，而是对存在的混乱与自我矛盾的揭露，并呈现人性中光明与黑暗、理性与非理性的挣扎。真正的艺术是生命中至强的兴奋剂，是直接凝视命运的深渊而获得的生命意志的释放。

飞花令 02 布面丙烯 200cm×200cm 2023

飞花令 19 布面丙烯 250cm×250cm 2023

王光乐   WANG GUANGLE

1976 年出生于福建，2000 年毕业于中央美术学院油画系，现生活及工作于北京。   图文编辑 / 雯子

寿漆 140123 布上丙烯 116cm x 214cm 2014

王光乐个人项目"红磷"现场 蔡锦空间 2023

王光乐个人项目"红磷"现场 蔡锦空间 2023

王光乐个人项目"红磷"现场 蔡锦空间 2023

火柴与画布的关系，特别像艺术品与人的关系。比如你喜欢某张画，那么你就跟那张画发生了一个火花。艺术品是一个人精神的物化，它终归属于物质层面，一到这个经验世界都是生生灭灭。过去的许多艺术品可能就没了，这些被毁掉的艺术居然可以在精神性的部分得到延续，我觉得火花就是艺术的一个象征。有许多事情不在我们的掌控之中，我们也只是见证这些火花发生的过程——看到它燃烧了。

—— 王光乐

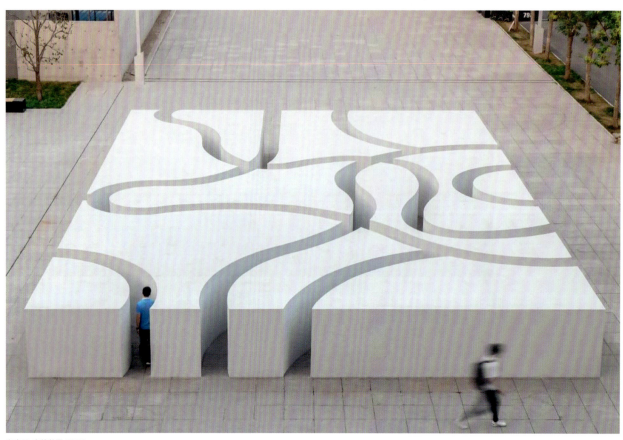

白盒子 户外装置 2023

白盒子 户外装置 2023

白盒子 户外装置 2023

《白盒子》作品说明

王光乐大型户外装置《白盒子》正在北京画廊周公共单元呈现，装置位于798艺术区南侧复兴广场，"白盒子"在今天已经成为画廊和美术馆的代称，它以洁净、白色和内部封闭的立方形空间来强化某种中性立场，并提供一个抽离于现实的空间。艺术家将一个白盒子形态的立方置于户外公共空间，如同填筑了画廊与美术馆的内部空间，使其以负形的姿态显现于公共。它邀请观众进入内部散落、交叉和分离的曲径，以人的行为上的沉浸和心理上的不确定性来重新审视抽离与现实的意义。

无题 121101 布面丙烯 280cm x 180cm 2012

工作照 摄影：齐超

2023

年度艺术家档案

日常与非常

张晓刚

ZHANG XIAOGANG

图片 / 由艺术家工作室提供 编辑 / 雯子

1982 年毕业于四川美术学院油画系；现在北京生活和工作。自九十年代始，张晓刚运用冷峻内敛及白日梦般的艺术风格传达出具有时代特征的集体心理记忆与情绪。这种对社会、集体、个人以及家庭、血缘的悖谬式的呈现和模拟是一种从艺术、情感以及人生的角度出发的再演绎，具有强烈的当代意义，是当代艺术所蕴世故的中国情境的最佳体现。其作品曾参加包括威尼斯双年展、圣保罗双年展（获双年展铜奖）、光州双年展、澳洲亚太三年展、上海双年展等一系列国内外的重要群展，并在全球多个美术馆及重要机构举办个展。作品被纽约现代艺术博物馆、伦敦泰特美术馆、巴黎蓬皮杜现代美术馆、柏林德国历史博物馆、布里斯班昆士兰美术馆、德岛县立近代美术馆、福冈市美术馆、上海美术馆、龙美术馆（西岸馆）等国内外多家美术馆及重要机构和私人收藏。

光 8 号 布面油画 160cm×200cm 2022 ©Zhang Xiaogang Studio

光 9 号 布面油画 120cm×150cm 2022 ©Zhang Xiaogang Studio

光 10 号 布面油画 120cm×150cm 2022 ©Zhang Xiaogang Studio

近处的游牧

文 - 胡少杰

我们处在一个极端复杂的时代，一切都处在巨大的不确定之中，而当代艺术往往都是给时代的大问题做注脚。只是今天的艺术家们再次把目光投向远方，大声追问，得到的除了纷扰的碎片，以及随着喧嚣在风中隐没的答案之外，只剩下空洞的回声。艺术家们多数选择了和回声对话，或者转译回声，然后共同走向虚无。

张晓刚是个例外。纵使他三十年来一直是中国最具国际声誉的艺术家之一，外界从他的作品中解读出诸多和大时代深切相关的意涵和观念，但是张晓刚对自己的艺术一直都有着很清晰的自我认知。正如张晓刚在接受《南方人物周刊》采访时所说，"艺术是具体的，对艺术家来讲更是，其实是在画细节。你是通过细节去表达一个整体的观点，而不是仅仅在思考一些大而无当的观念，然后配上图。这种艺术不是我要的"。特别是近几年的新作，张晓刚对个体生命经验的不断体察，对记忆、思维、日常的细节和痕迹不断反刍与消化，用一种极其个人化的方法重新给绘画打开了一处无限深广且丰沛的游牧之地。

2023 年 3 月，张晓刚在龙美术馆（西岸馆）的个展"蜉蝣"中展出了他近年的绘画新作。"蜉蝣日记"系列、"光"系列，像是一个艺术家用一种近观的方式远望那个深邃的世界，以内心空间的细节与痕迹建构出了宇宙的"广延"，让处在虚妄之中的个体，可以从绘画中找到心安之所。而 3 月底在佩斯画廊香港空间举办的个展"失重"中，展出了"光"系列的其他作品以及"跳"系列中的《跳跃 6 号》与《跳跃 8 号》。画面中的人物被悬置在一种失重的能量场之中，双手紧握，在不知是上升还是下落的状态之中，像是出窍的灵魂，又像是溺水的肉身。这可以被看作是张晓刚对个体处于当下时代环境的隐喻，这种失重之感，让每一个处在同样精神困境中的人都深有同感。当然，这也只是从观看者角度来解读和感受，至于张晓刚自身的出发点，或许另有他更隐秘和切身的因由。2023 年 7 月，张晓刚在昆明当代美术馆的个展"隐语之书"开幕，这是其离开家乡四十年以来，首次回到昆明举办个展。展示了张晓刚在不同创作时期与文学意象关联相映的代表作品，尤其是从未公开展示过的早期作品以及他的日记、随笔、书信、草图等私人笔记（迹）。张晓刚并不回避其艺术创作和文学的关联，这在当代绘画中似乎代表着某种"落后"。但是张晓刚并不在乎，就像他从来不在乎自己的绘画是否"新潮"。就像他在采访中所说，"我的敏感点永远是已经发生的。我永远在往回看，注定当不了一个时尚的、太潮流的艺术家"。

在个体生命的内部与近处以绘画的方式游牧，然后链接时代失落的真相，或许是张晓刚的绘画在今天依然能够对抗虚无，并且越来越丰沛的原因。在艺术离生命的本真越来越远的今天，我们有理由对张晓刚的绘画抱有持续的期待……

单腿站立的男孩 纸上油画、纸张拼贴 152.6cm×122.8cm 2023 ©Zhang Xiaogang Studio

蜉蝣日记：2020 年 2 月 22 日 纸本油画拼贴 54cm×73cm 2020
©Zhang Xiaogang Studio

舞台3号：城堡 布面油画、纸张、杂志拼贴 260cm×600cm 2020 ©Zhang Xiaogang Studio

我需要传达的不是画面中某人的表情，而是作品整体上的某种情绪，某种特定的气质。内省式的，白日梦般的，充满悖论式的荒诞。在早期的作品中我突出了画中人物的眼睛，之后我又画了闭眼的人物，我希望作品和观众有某种相互"凝视"的效果。

—— 张晓刚

蜉蝣日记：2022 年 5 月 8 日 – 悬浮 纸上油画、纸张拼贴 97cm×150.5cm 2022 ©Zhang Xiaogang Studio

蜉蝣日记：2022 年 9 月 22 日 纸上油画、纸张拼贴 81.5cm×98cm 2022 ©Zhang Xiaogang Studio

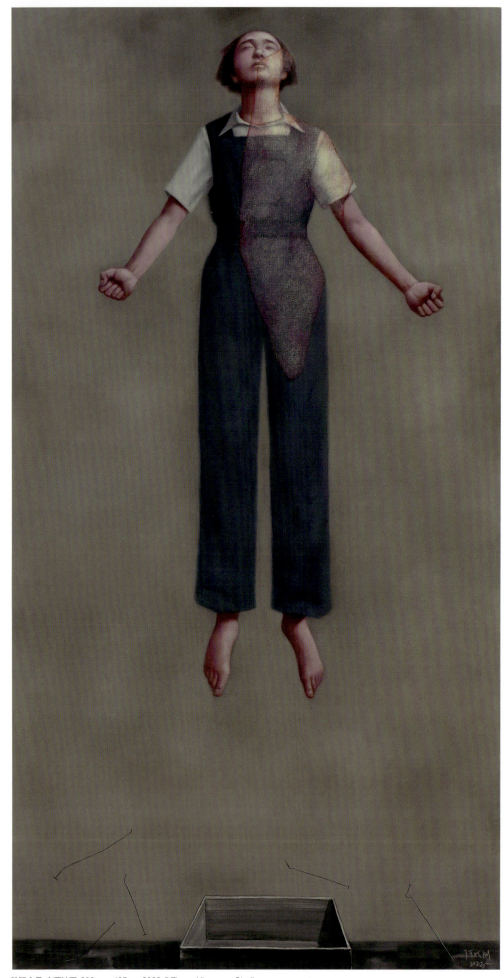

跳跃 8 号 布面油画 200cm×105cm 2023 ©Zhang Xiaogang Studio

父亲与女儿 布面油画、纸本拼贴 160cm×200cm 2024 ©Zhang Xiaogang Studio

湖南湘潭人，1968 年出生，1991 年毕
业于中央美术学院油画系，现居南京。
毛焰探讨的不是"肖像"的意义而是"肖
像画"的意义，是借用人物的轮廓和动
作来完成线条、颜色、构图的实体化，
是在写实主义的框架下探讨深幽微妙的
人类精神世界。说到底，单纯的绘画不
过是一个世界的再现方式，在这一点上，
毛焰作品的意义不在开创，而在最准确
的、不受时代杂音影响的传承。
近几年，毛焰个展相继在北京、日内瓦、
纽约、香港举行。

毛焰　　MAO YAN

图片 / 致谢松美术馆 编辑 / 徐小禾

"毛焰"个展展览现场 松美术馆 2023

"毛焰"个展展览现场 松美术馆 2023

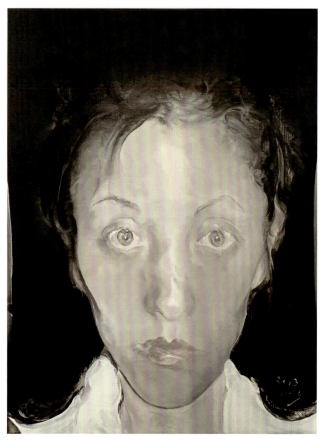

上左：青年 布面油画 110cm×75cm 2017
上右：小明 No.2 布面油画 36cm×27.8cm 2013
下左：无题 No.3 布面油画 150cm×100cm 2015-2018
下右：椅子上的托马斯 布面油画 330cm×200cm 2009

"毛焰"的策展手记

文－崔灿灿

时间中的疑问

作为展览的开篇，我们打破了惯常的时间叙事，从毛焰1997年以来的创作中选取了四个切片。

1998年以来，长达十年的"托马斯"系列，让毛焰的肖像画从"主题"走向"语言"和"时间性"。主墙上这张巨大的作品，成为这个时期最好的例证。几年后，毛焰创作了一张名为《小明》的女性肖像，尺幅变得更小，而她是谁？来自哪里？有什么样的故事？早已不再重要，它只是展现着绘画与观看本身的魅力。2015年，毛焰的第一张抽象画画了三年之久，由于没有对象，他画得尤为吃力，也预示着一个全新旅程的开始：艺术家对于抽象和肖像的平行探索。尽头的《青年》，创作于2017年，它有着叠加的质感，是画家对所见、所感、所思的反复描绘，对应着画中托腮的人，一角流淌的笔触，一个椭圆形的梦。

这四件迥异的作品，代表了毛焰工作中不同的可能性。它们有些矛盾，但又有着千丝万缕的联系，是彼此的镜像与写照。当我们将这些切片视为一个整体时，它们又是彼此的副本，互为经验与问题，勾勒出毛焰26年间所搭建的工作方式与个人体系。

这个展厅预示着整场展览的思路，它没有答案，反而充满问题：在这些画作之间发生了什么？是什么导致了这些变化？之后，我们又如何看待毛焰绘画的意义？

早期人物

这是展览的起点，也是毛焰肖像画影响最为广泛的时期。

1997年，《我的诗人》记载了艺术史和文学史的一段佳话。人们更乐于谈论作品背后的故事，它揭示了"肖像画"留存历史的功能。其余的几张肖像都创作于1997年后，和之前的《记忆的舞蹈，亦或黑玫瑰》相比，它在尺度上，从等身像转向孤立的肖像。视角也集中于面部和胸部，画面的信息变得更少，曾经肖像画中最精妙和严谨的意义暗示皆被省略，场景、情节、服饰也都一并消失。

现代气质还在延续，过往人像中青春期的迷茫与不安，在这批肖像中变得更为深刻，知识分子的困境，他的挚友韩东、李小山，成为肖像中的主题。有趣的是，这些有着现代气息的作品，保留着古典的光源，它们多数是顶光或是侧光，有着聚合和离散的光晕，但画面中的语言却愈加单纯与稳重。我们可将其视作毛焰"灰色"肖像的开始。至此，它的辨识度不再取决于对象，而是对于画面的高超处理和缜密构思。

这批作品第一次显露了"胶着"的质感，象征着"才华"的笔触被有意的保留。它仍是尽兴的。形象总是来源于那个不可重复的刹那的瞬间，流露出画家令人羡慕的"天才般"的气质。我们发现，在1997年，毛焰对肖像就能如此娴熟地驾驭，作为那个年代最重要的肖像画家，他早已知道如何组织传统意义上的肖像，如何让语言的才华和人物稍纵即逝的情绪被框定。但在那一年之后，画面中肖像与我们的距离却愈发遥远，模糊不定，人物总在存在的边界游移。

在此之前，少有肖像画家如此描绘对象。人们总是试图寻找肖像所承载的故事与道德、阶层与现实、权力与荣耀——这些历史中最为显著和顽固的线索，肖像的工具属性，逐渐被毛焰隐匿起来。由此开始，毛焰从对肖像的表达，转向对肖像画全方位的分解，他的肖像画成为丢勒和伦勃朗以来，肖像传统的反题。

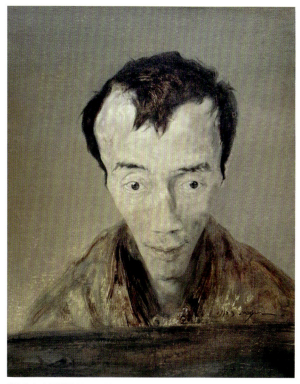

我的诗人 布面油画 61cm×50cm 1997

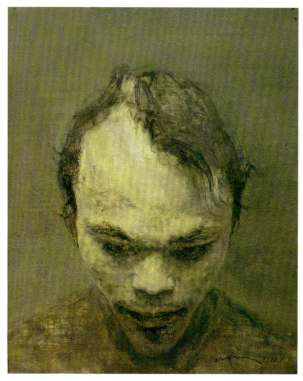

诗人 布面油画 61cm×53cm 1998

托马斯 No.2 布面油画 36cm×27.8cm 2013

托马斯的意义

"托马斯"系列是整场展览的中心与题眼，也是毛焰肖像事业转折期。

1998年，30岁的毛焰改变了他绘画的方向，开始了托马斯系列，前后创作了近百件，并一直延续至今。他之前作品中时常描绘的不安与孤独，也随着青春期一并结束。或许是荷尔蒙的减退，对天赋的不信任，步入中年的毛焰，开始寻找一种更长久的对于绘画的研究工作。

那时他对这个系列的发展并没有预期，也并不得知随着时间的深入，托马斯系列对他之后的艺术生涯有何种意义。托马斯系列的出现，让毛焰成为90年代第一个反复描绘西方人形象的中国艺术家。这个形象，与彼时的中国格格不入，一个欧洲人和中国的现实处境、文化传统并无关系。这也让毛焰与2000年左右中国当代艺术的主流叙事分道扬镳，彼时正是玩世、艳俗、大头与中国符号最为盛行的时代。这也奠定了毛焰之后20多年的方向，如何在绘画中去除地域性，去除形式里的风情和现实主义的特产。

然而，"托马斯"系列真正的意义还是之于画家本身。它的首要价值在于完成了艺术家对语言的搭建。在这个过程中，毛焰反复描摹同一个对象，形象的重复让绘画语言成为仅有的变量。如同一个故事被反复讲述，情节、人物都变得微不足道，引人入胜的唯有千变万化、无穷无尽的叙述方式。每一张托马斯都可以视作语言的变体，对上一张目光与方法的解放。它也让"重复"的行为变得生机盎然，毫厘之差，都有着一个全新的秩序。至此，"画什么"变得不再重要，"怎么画"成为首要的问题，毛焰完成了从主题性画家到语言性画家的转变。

其次，毛焰在"托马斯"系列中达成了某种对"时间性"的理解，艺术家如何理解生命与工作的长度。时间性也包含了期许，如何理解绘画生涯的终点与意义。毛焰从不相信"顿悟"，只有"渐悟"。这在近百张托马斯中，尤为明显，只有反复的经验积累，才能完成对偶然与灵感的持续捕捉。缓慢的进展，也训练了画家的心性：你需要沉得住气，耐心等待，在多年以后，甚至终其一生才会靠近意义的果实。然而，即使不成功，你也会得到丰厚的回馈，这便是"时间性"给予的礼物。

在一个快速变革的时代里，面对应接不暇的主题，很少有艺术家像毛焰那样用数十年的时间去打磨工具，而非紧随"题材"。他也打破了人物故事的游戏，画中的人是谁？属于哪个阶级？有着什么样的命运和故事？"托马斯"系列也让毛焰中止了欧洲艺术史家以侦探小说式的方式猜测画中人物的良机。

直至今天，毛焰的作品不具备任何社会煽动性，他与社会现实走得最远，成为一个谜。

托马斯肖像 No.4 布面油画 110cm×75cm 2006-2007

"苏格兰"系列：古典的回响

2010 年，毛焰短暂地去往苏格兰驻留，画下了一批极为特殊的肖像画作。

和"托马斯"系列相比，"苏格兰"系列恢复了肖像中的"神弈"。毛焰有意让它变得更古典，椭圆形的镜框、夸张的五官，将对象的神情再次引向肖像的历史。这或许是对十年"托马斯"系列的一种"松懈"，毛焰需要打断一下，岔开一个方向，重新寻找被之前放弃的"禁果"，重返肖像画里的风情与怪诞。

画中的人物再次穿上了各式服装，色彩也变得丰富起来。久违之后的新鲜，让毛焰的笔触变得淋漓尽致，一气呵成，有着之前少见的快感与速度。这些装饰性的服装与华丽的颜色，却与模特的身份并不相符，原本的苏格兰工人或是酒吧侍者，在毛焰笔下倒像是古典画作中的演员与道具，有时，他们扮演着伦勃朗的自画像，有时是丢勒笔下的贵族，或是更早，像是圣像画里受难的人物。

我们意识到，这些作品更像是毛焰回溯欧洲经典肖像的时光逆旅，古典的情节在他这里从未褪去。即使在十年的"托马斯"系列之中，他以现代主义的工作方式，试图将那些动人心魄的凝视，洋溢的浪漫主义情感逐步分解。但他始终钟爱的古典绘画中的佳作，总是以各种方式在毛焰绘画作品中时隐时现。只是，这次毛焰做好了足够的准备，"托马斯"系列的经验让他足以驾驭这些"奇景"，以让自己不在昔日的古典中迷失。

让我们对比毛焰 90 年代初的作品，在"苏格兰"系列中，色彩和场景，古典与当代之间，皮与肉终于一体。

椭圆形肖像——大卫·米尔 布面油画 72.5cm×53.5cm 2010

椭圆形肖像——吉米·格兰特 布面油画 72.5cm×53.5cm 2010

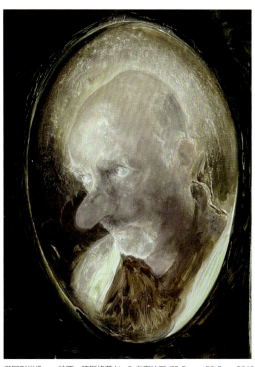

椭圆形肖像——珀西·穆斯格劳 No.2 布面油画 72.5cm×53.5cm 2010

两种抽象

当这些抽象作品出现时，熟悉毛焰的观众会有一个疑问：为什么毛焰放弃了他最为擅长的肖像，转到一个对其陌生，而在艺术界颇为流行的抽象领域？然而，从1998年的"托马斯"系列开始，毛焰的工作总是出人意料，每隔几年，便有一次重要的转变。

毛焰抽象系列中的圆是什么？是形体，观察，经验，还是意识？某种意义上，它是毛焰所做的加法。和写实的肖像相比，抽象无疑是离其最远的反题。它没有对象，跟毛焰26年所积累的经验恰恰相反。它跟意识、语言，以及创造力保持着最紧密的关系，有着独特的创作方式。一件事情的发生，往往因另一件并不相关的事情导致。于是，抽象系列成为毛焰探索绘画可能性的另一种训练。

说是训练，又显得过于步骤化，毛焰只是希望从肖像紧绷的神经中抽身出来，从容地，不紧不慢地面对感受。这个新世界可以提供什么？首先是无从下笔，多年的经验在这里落空。然后，尝试在圆上画些什么，以不让形体变成表皮。在这个增加的过程中，和"托马斯"系列不同，没有参照，只能是对"意识"与"感知"的描绘，毛焰需要用纯粹的感知形成内容，用意识达成主题。

抽象系列只是为了达成"语言"吗？不，它是毛焰获得精神能量与时间质感的途径。他需要耐心地培养感受，尝试用抽象中的密度，比绘画更细腻的写作，来追溯念头的根源，词语的容量，记忆的记忆。此时，他和阿波利奈尔的诗歌，莫迪亚诺的小说，有着某种共谋的工作。只是，毛焰有着自己的克制，他反复而又繁琐地描摹，寻找"描摹"和"重复"之间的潜能。在这个过程中，某种内在于"自我"的形式，画中的句子、短语、字眼，通过积累的过程而发酵，它不是物理意义上的组织，而是化学意义上的酶变。

"意识"总是易逝，和牢靠的经验相比，它只存在于感受的瞬息之间。于是，在这些抽象画作中，在墨与水的流淌，散落的锐角和可能连接的形状之间，毛焰成为这个转瞬即逝的世界里手握缰绳的人，他深知，绘画有一种凝结时间的魔力，它能证明那些意识与念头真实存在过。

肖像和抽象又是毛焰绘画的"一体两面"。持续了26年的肖像工作，让毛焰意识到某种危机：过于单一的题材与表达，伴随熟练而来的轻易认知，遮蔽了艺术家最初的本意。对绘画还能有哪些探索？很多时候，画家需要在"离题"和"出神"中工作，在"执"与"破执"之间反复拉锯，以清除过去的经验，拓展自身的边界，生成绘画的全新意义。

无题 布面油画 75cm×55cm 2015-2018

碎齿 No.1 布面油画 40cm×30cm 2021

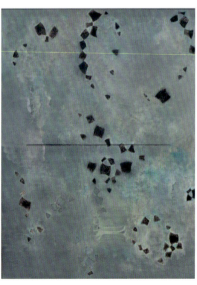

碎齿 No.2 布面油画 40cm×30cm 2021

小玳瑁 No.1 布面油画 40cm×30cm 2021

近期人物

展览的最后，我们又将目光聚焦于毛焰近期的肖像画，它既是毛焰多年创作的起点，亦是这个展览的尾声。

在长达 26 年的辗转与磨练中，早期作品里的叙事，在这里只留下一些"情形"。没有任何特殊意义的姿态，他是谁，带着哪个时代的印记？早已不再重要。相比"意义"的削减，画作中的空间变得更为丰富，人物仿佛置于某个多重叠合的空间，时间、语境和光影彼此变幻。相比之前，人物的情绪与视觉的缝隙，在新作中弥合得精准无比。它暗示着某种韵律的削减，但又因为背景中的空无一物，而变得无比的广阔。没有什么比抽象却又实在的背景，更能强烈地吸引你去观察细节，明与暗、确定与含混的边界。虽然，这些画作中的窸窣的小笔，并不能提供可被辨识的含义，你终归一无所获。但你似乎经历了一种感受，这种感受让你惊叹不已，它竟然只是绘画本身，由绘画的魅力与可能组成。

在这些全新的肖像画中，毛焰用绘画的语言、意识的流淌、想象的显露替代了对象的真实，它是艺术与创作者的真实，它是对所见、所感、所思的描绘，它是介于主体与客体与想象之间的互动关系。这些描绘最终成就了毛焰绘画中的可见之物，成为综合的精神性变化的例证，造物的神性和创造力行为本身的肖像。

新作亦传递着某种质感，凝固力、富有弹性和润泽度，它来自于毛焰反复的描绘。人物被如实地交代，再用笔触点烂，之后收拾残局，反复损毁，又反复整理。即兴留下的残局，某一笔的"错误"，导致几十笔的修整、校对、提炼。这一刻，上一笔的属性已经截然不同，即兴成为必然，它替代了最初的人物，也成为对象。

一张写着"未"字的肖像，引起了我的注意，它标识着未完成的状态，一幅画可以画多久？一幅画在哪里结束？若干年后，经验的积累，认识的改变，当我们再次与"对象"相遇时，我们看到了什么？我们如何再次主宰画面，顺从全新的感知？

于是，我们发现毛焰通过 26 年的磨练获得一种主宰的能力，但又时刻保持对未知和偶然性的坦诚，以顺从画面中那些意想不到的变化。在这个过程中，毛焰需要在不同的时空与画面完成某种斗争，他阅读诗歌、晦涩的哲学、精辟的画论，写下一些句子，有时又只是尽情地生活，接近虚无，以获得某种反视的视角；他把工作分段处理，以给明天留下任务，以自然而然地靠近成果。

但他并不悲壮，多数时候是困顿，给自己和时间留下余地，才能和绘画达成一种相安无事。

坐着的丫 布面油画 110cm×75cm 2016

圆屏和风衣男 布面油画 150cm×100cm 2023

纸本系列

纸本系列揭示了毛焰原创性的来源，和那些发展过程中被遗弃的灵感、忽视的才华。

它又是毛焰作品中"轻与重"的答案。这些不属于画家对外展示的纸上作品，和毛焰从不惜时惜力的油画相比，有着并不完整的画面、即兴的停顿、特有的稀缺。它也为我们提供了一个更为私密、轻松、生动的视角，以窥视艺术家工作中的满与缺，阴与晴之间的关系。

水彩画中，毛焰用水彩画特有的半透明性和光亮性，描绘了一个充满可能和不确定的世界。古典绘画里对客观世界的把握与征服，被暗示着时光流动、感知不定的光影所替代。几张素描，更为本质地显露了绘画与手感本身的魅力，明暗、留白与着色如何在作品中造就肖像的氛围。而在另一张独有的版画中，"线"成为作品里唯一的形式，形象的边缘总是模糊而又支离破碎的，且时刻处于变化之中。于是，我们发现，形象不过是画家借题发挥的容器，语言本身的变化才是画家创作时首要的问题。

不同的媒介和方向，也构成了毛焰的基础语法。素描里的明暗、水彩中的光影、版画里的线、水墨中的斑点与色块，将毛焰作品中语言的变化与肖像的张力结合起来。同时，几种媒介之间，又建立了一种各得其所，互为补充，进而动态发展的关系。

绘画只是可见之物的轮廓。毛焰的纸上作品，呼应了塞尚对艺术的理解。

无题 No.2 纸本水墨、水彩 52cm×34.3cm 2018-2019

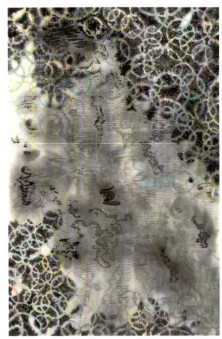

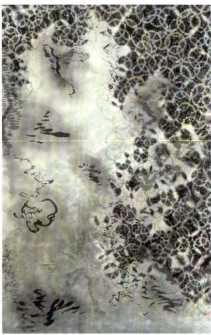

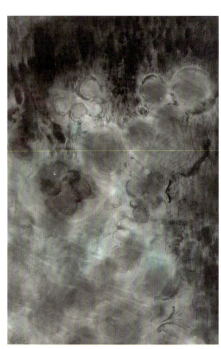

除此之外 No.1 纸本水墨、水彩 52cm×34.3cm 2019　　除此之外 No.2 纸本水墨、水彩 52cm×34.3cm 2019　　无题 No.1 纸本水墨、水彩 52cm×34.3cm 2018-2019

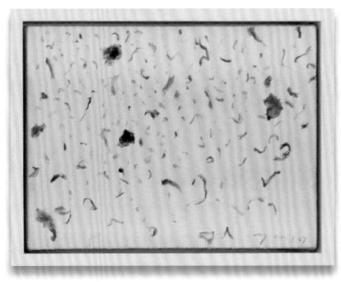

无题 布面油画 27.8cm×36cm 2011

无题 布面油画 27.8cm×36cm 2011

静之物

和肖像系列相比，静物与风景是毛焰油画创作中少有的题材。它们既是毛焰对自己工作可能性的尝试，也是另一种有关"肖像"的诗，和主线之间，彼此呼应，彼此指涉的风与物。

像是一段时间对另一段时间的穿引，《献给戈雅的鱼头》追溯了画家少年时的情结，那张戈雅在夜晚画下的屠杀，曾经给予毛焰的艺术启示。如今，毛焰返还了这份礼物，和216年前戈雅的古典气息不同，它有着当代的曝光感，宛如一张银盐照片，记录下毛焰作品中少有的灾难和暴烈的场景。

五年后，一个坐卧在沙发上的墨水罐，引起了毛焰的注意。触动性的场景，或许并不来源于事物本身的存在。我想，它一定勾起了画家的某个经验，这个经验或许来自昨晚的一次醉酒，或是更早看过的某张名画，或者是两者潜意识的重逢。但无论出于什么，画家在勾勒基本形象时，它已不再重要。念头叠加念头，一件作品被分阶段地展开，直到画面中黑色的光，弥漫开来，毛焰想起了提香画面的质感，那种他最为熟悉的古典冥想。

夜晚，窗外的一处野景，打乱了画家的思绪。也许，他当时正困顿于某张未完成的肖像画之中。这个略微俯视的视角，本应让景色一览无遗，但你总感觉被什么东西所阻隔，它含混不清、边界不明，有如一个深渊吸引着你。是对夜的恐惧？整日通宵达旦作画的毛焰一定没有这方面的顾虑。这张夜色中的野景，却有一种向上的理想，现代的一瞥与古典英雄式的风景在绘画中第一次结合。于是，我们发现，毛焰在风景中所描绘的并不是发生，而是发生的"踪迹"与"气息"，和对肖像的处理一样，他只愿意留下故事的光晕。

"骷髅"是艺术史中的经典题材，而在毛焰的作品中，它被置于叙事的不同角度之中，成为意识与分析的产物。它的一边是真实的情景，一边是虚幻的意象。之前单幅画面里的疑问，在拆解的四联画中得意解答，它叠合了什么？画面的中心又是被什么冲淡？于是，我们发现了隐藏在骷髅中的两个身影，一为眼前跃然的实相，一为酝酿已久的心相。

或者说，毛焰总是与"可见之物"保持着距离，它来源于毛焰对于"可见之物"和"不可见"的双重追寻，在风景与静物中，竟如此真实、形象地体现。

献给戈雅的鱼头 布面油画 90cm×130cm 2012

1967 年生于北京，毕业于中央美术学院油画系，并留校任教。现生活和工作在北京。

马晓腾

MA XIAOTENG

图片 / 由艺术家提供 编辑 / 徐小禾

大雅宝胡同甲 2 号（局部）布面油画 232cm×195cm 2023

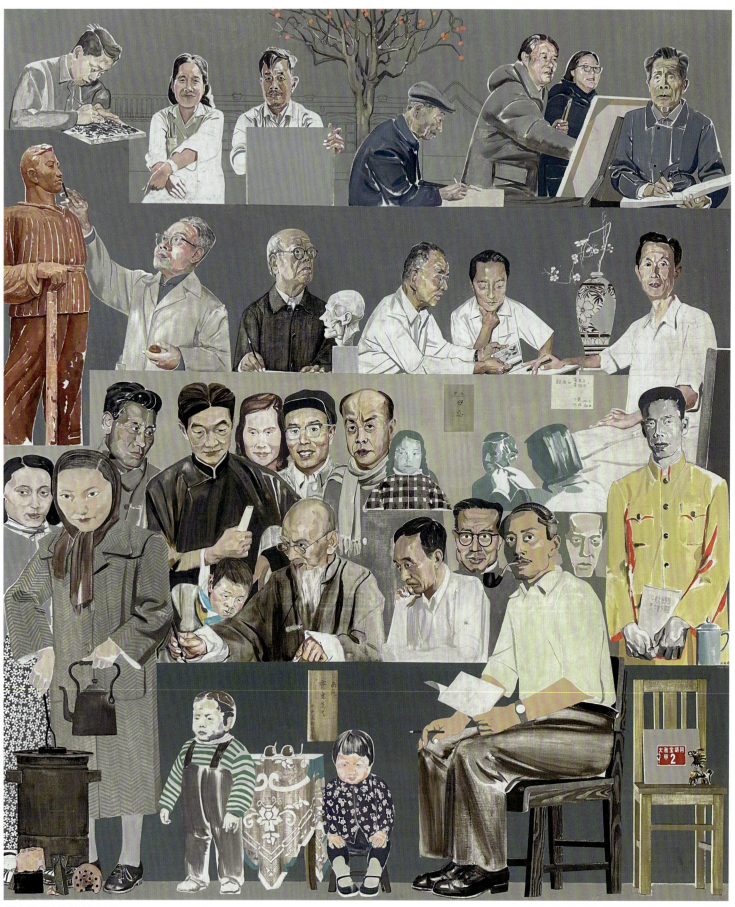

大雅宝胡同甲 2 号 布面油画 232cm×195cm 2023

寻踪大雅宝胡同甲 2 号

文 – 马晓腾

去年三月里的一天，我在一本画集后附的资料中，看到了关于大雅宝胡同甲 2 号的研究文字。我好像突然记起了某一个已经被遗忘的愿望中的情景：胡同里的早晨，光影婆娑，晨风扑人，远处传来广播体操节拍的配乐朗诵……老画家戴着鸭舌帽，脖子上系着灰围脖儿，腋下夹着写生画夹向胡同口走去，像是走进了我的色彩明艳的梦里。

那之后的一天，我去了一趟位于北京西城新街口豁口的"徐悲鸿纪念馆"。找到地方，看到了翻建后的新馆，大屋顶建筑，我努力地想了想它之前的模样，还想得起来，原来门前的空地上有徐先生的胸像石雕立在中央。1983 年年初徐馆开馆第一天我就来参观了。那年我 14 岁，一心喜爱绘画。当天带回去一本廖静文先生写的书《徐悲鸿一生》，读后给廖先生写了一封信。没过多久，她亲笔给我回了信。我激动地打开，阅读到信的末尾看到：看画可以去找中央美院的戴泽教授，他是徐先生的学生。

大雅宝胡同甲 2 号一角

我好像收到了一张从祖师爷手里签发的"特别通行证"，它似乎能一直管用。直到我也围上灰围脖儿，夹着画夹子，向胡同口走去。到了巷口拐弯儿的早点铺坐下，要一个糖油饼、一碗豆汁、一碟儿萝卜条咸菜，我把围巾从脖子上解下来放在靠墙的桌角。注意到明亮的街忙碌起来了，孩子跑着过去，把骑自行车的姑娘吓了一跳。这时坐在我对面的谢了顶的爷们儿，把耳边的头发向后拂到耳后说：您今天有课呀？这么早。

我记忆里的胡同已经远去，如今你如走进胡同，道路两侧房屋的墙面、瓦沟、门楼以及石阶都被修整过了，看上去像是布景用的景片。墙根儿停放着电动车、摩托车还有自行车，道路稍宽的地方停着汽车。人呢？原先坐在院子门边马劄儿上摇扇聊天的老人哪儿去了？去年我经过东四三条时，问起这事儿向一位晾晒衣裳的大姐，她大致和我年龄相仿，烫个大波浪头，说话时神情很有胡同味儿。她拉长声调说：都走啦！

就是那天我找到了"大雅宝胡同甲 2 号"旧址。先到了智化寺的山门前，往山门里看了看，山门里日影分明，空寂无人。向西走在禄米仓胡同里，这里进出院门的人从面相上看都不像是北京人。再转到金宝街上，向一个从侧门里出来的 50 岁左右的女士问路，她也说不清大雅宝胡同的位置，匆匆忙忙地过马路去了。

到了一个可以左转的胡同口，向里看到对头有栋两层的灰砖楼房，房子很旧，房龄至少在 60 年以上了。我好像在网上查找资料时见过这栋楼的图片，直觉就是到地方了。拐弯儿向里走，前面有个驼背的老太太，我转身问她：您知道是不是过去这里住着好多美院的老教授？她向前看了一眼，轻声说：就这儿……

终于找到了！我从一个没有门牌号的铁皮门进去，这里就是五六十年代北京有"文化寺院"之称的美院家属院了。我径直走进去，没有人声。快中午了，也没闻到厨房里飘出的饭香，一棵高大粗壮的皂角树立在房前。来之前我查找了当年这里教授们的住房分布平面图，我所站立的位置，就是前院。此时这里已经没有空地可言，除去仅能通过一人的窄道，一侧被私自搭建的临时屋占满，我似乎身处在了人工的"野生丛林"里。

那棵高大的皂角树后边就是董希文先生的旧寓了。房屋被翻建过，只是一间普通的乏善可陈的平房，门上挂着锁，好像久无人居。也只能说这个位置是董先生生活过的旧址，他吸烟吐出的烟雾曾经从这块儿散开去吧。

在我后来完成的画上，画了董先生的半身坐像，在他右臂扶靠的桌面上，我画上了董先生最后一件作品，一个碎裂后黏合完整的宋代磁州窑大瓶。1973 年，他就在这个房屋的空间里，抱病勉力修复了这件古物以后，住进医院再也没有回家。

大雅宝胡同甲 2 号（局部）布面油画 232cm×195cm 2023

我画的那个宋窑大瓶上裂痕分明，在不大的瓶口，画上了一枝墨梅，这个开着白花的梅枝完全拷贝自石涛的一幅梅花镜心，我遥想董先生也一定阅过此图，并且心有所感。

董希文先生住的是西房，此前住在这个房子里的是叶浅予先生。叶先生 1947 年搬进来住过一年，他是大雅宝胡同甲 2 号的第一位北平国立艺专教授。他搬走后的 1948 年，董先生搬进来一直住了 25 年。在画中，我安排叶浅予先生全身坐在前排的木椅上，嘴里叼着烟斗，左手拿着画纸，右手放在膝盖上，指缝里夹着铅笔。他好像刚给齐白石先生画了张速写。叶先生曾给齐先生画过好几张速写，由于角度的限制我画了纸的背面，没法看到纸面上的速写画。

紧邻董先生家的是一间朝南的正房，从房脊看它依然是旧貌，没有翻建过。这间正房按先后顺序曾经住过王朝闻、蔡仪、张仃、陈沛、周令钊、侯一民等先生，其中周令钊先生一家住了 21 年，时间最长。他在七十年代后期的一个春日，坐在自家门前冲南画了一张前院的水彩画，用笔疏旷，着色明艳。通过这幅画可以了解到，当时前院的空间还很宽敞，那棵皂角树已然挺拔高大。在画中左下角的暗影里，自来水槽、水缸等不多的杂物可以辨认出来。周先生的这幅小院写生，同时成了今天考察甲 2 号前院格局变迁的材料。

周令钊先生一家 1985 年搬出了大雅宝，这之后搬进这间北房的是侯一民先生一家。那时，侯先生正在中央美院副院长的任上。都 80 年代了，放着新建的教授楼不住，他却搬进了胡同里的老平房？读了侯先生写的《忆董希文》这篇文章，不难让人联想到他对董先生的敬仰。虽然那时董先生已经过世 12 年了，他也想和董先生的旧寓比邻而居。忆文里记下了当初前来看望病重的董先生时的情景：（董先生）躺在大雅宝胡同宿舍西屋的床上，他看着我说："你的身体多好啊！中国医学会进步，会有办法的。我好了以后还要完成（人民大会堂）西藏厅的壁画。"

侯先生在大雅宝胡同住的那些年，曾计划在西屋，也就是董先生的旧寓，建立一个"董希文纪念室"，以供后人瞻仰学习。此事记述在他的另一篇文字里，同时还有建立"王式廓纪念室"的动议。

今年春节我又去过一次大雅宝旧址，当时想画院子里的那棵树，来仔细看看树的造型。这张画不是可以任性为之的创作。这张画是一种追忆的事实，大雅宝的艺术生活是非常值得回忆和重述的精神事实。同时需要明确的是，这个精神事实和我有着某种或显或隐的精神联系。他们都曾经为我（首先是我）打开对艺术认知的新空间而奋力工作过。

我甚至想我们这一辈人很可能是对他们心存感念，并与他们有过重合的在世经验的最后一代人。绘画是恰当的追忆方式，是合乎理性也合乎感性的行为。

这幅画的画题没有怀疑，只能是它——"大雅宝胡同甲 2 号"。画中诸师，在此居住的基本信息确凿可考。他们被画进这幅画中，因为他们和这个院子已经结成了一个奇妙的共同体，接续有序，蛛网清晰。可以说大雅宝的存在是北京作为国际历史文化名城在二十世纪最重要的证明之一。虽然可能有比预料中的更多的人，不知道它的存在。可以预见一旦打开这个了解的大门，这段历史、情感、艺术与生活的"神话"很容易走入人的心间，并润泽和温暖所到之处。

曾经生活在这里的艺术家踩过这里的一小片、一小片的土地，从他们鼻腔里呼出的不光是二氧化碳，同时含有他们个体基因的气息也从这里消散开来……他们的情感随历史巨流而产生的悲、喜、哀、乐也部分地遗传给了我。这个说法想一想也会带来一小杯安慰。

我站的这个院子，暂且称它为院子吧。如果你想到这里来看看，我想告诉你，不需要任何人的许可，也不需要预约，也不需要敲门。院门是敞开的，好像从来没有关上过。同时我还想说，如果你马上就来了，多半会败兴而归，因为你还没有更好地了解这里发生过的故事。到目前为止黄永玉先生写的散文《大雅宝胡同甲 2 号安魂祭》是最值得阅读的关于这个院子的回溯文字，里面爱意沉沉，到处流溢着作者敏感的能量。它收入散文集《比我老的老头》，在这本书土黄色的书封背面，印着这样几行黄永玉先生写的诗：

> 唉！都错过了
> 年轻人是时常错过老人的
> 故事一串串
> 像挂在树梢尖上的
> 冬天凋零的干果
> 已经痛苦得提不起来

正午院子里静悄悄的，北京旧城少有的安静，没有鸽哨的嗡鸣，也没有猫咪沿着房脊轻轻走过，更没有车的动静。这时，我发现挂在墙边晾衣绳上的崭新毛巾，白色的，它好像是有人刚刚挂在那儿的，为了好让我独自占有这里的寂静，而有意躲避的临时信号。

沿着唯一的方向走出不远，就到了从前院去往中院的过道。它是个民国造的老过道，在我有限的见识里它相当讲究，十余米长，一米多宽，最重要的标志是它的顶盖，还有过道两头门框的上缘用灰砖砌成的弧线造型。在平面布局图上标出，这里当年有一部安在墙上的公用电话，我不知道这在当年是否象征着某种身份。张仃先生的儿子张郎郎在书中写过这里，他不管这里叫"过道"而叫"走廊"，确实更准确一些。这里是孩子们夏天游戏的地方，他们在这里玩过拍洋画儿、拍三角儿和弹锅儿。因为这里"一直吹着习习的穿堂风"，当年院中的孩子是多么有福的一群！

大雅宝胡同甲 2 号（局部）
布面油画
232cm×195cm
2023

大雅宝胡同甲 2 号（局部）布面油画 232cm×195cm 2023

是的，孩子们！让小孩子到我的画里来。在有了自己的孩子以后，不管在哪里出现了孩子，他（她）们都会牢牢牵住我的视线，画他（她）们也是快乐的。在画的下方中央位置，我画了一个身穿蓝底小花布上衣的小姑娘，她把双手放在膝头，安静地坐在小板凳上。她叫祝重禧，是祝大年先生的小女儿，我在北京工艺美术学校上中专时的任课老师。我从相关文字里看到了她曾在大雅宝胡同长大的信息，异常兴奋。美校毕业后，我与祝老师再没有见过，她当年教我们班图案设计，带我们下厂实习，从未提及自己的父亲。希望她能看到我画的她，也看到我画的祝大年先生。

走出电话走廊，平面居住图上注明董希文先生家的小厨房在正前方，现在已经没有了。小院与中院间隔的墙壁也已经不在了。陈伟生先生住在大雅宝中院多年，直到 2020 年过世。1976年的冬天，他坐在自家门口，也是朝南画了一张中院雪景图，画面的左边画了紧贴东墙根儿的两三间低矮的小屋，应该是李可染先生家和黄永玉先生家的厨房。这幅画是一张水粉画，画中落雪无声，院子的地上和远处前院正房的屋顶上都已经白了。画者细

心观看与构图，因为不想遗漏院中纷杂的景物细节，用理性的画风引人走进了当年生活的节拍和情境。陈伟生先生是我在美院上一年级时的共同课老师，他教我们解剖和透视。在我的画中他的位置靠近画面的中心，像一个古代修道院里享有尊位的修士，脸上透出把握真知的超然神态。

黄永玉先生一家当年也住在中院，同时在中院东北角还有他一间不大的工作室。在我到访这个被黄先生回望过的荒寂院落一周后，也就是 2023 年 6 月 13 日，黄永玉先生去世了，享年 99 岁。这一天以后，我画中大雅宝胡同的艺术家们悉数离开人间。我的画真正成为了画布上的《大雅宝胡同甲 2 号安魂祭》。

黄永玉先生在 1989 年李可染先生过世后，在香港写下了那篇著名的纪念文字。里面有一段话写的是：50 年代时，每到夜静更深，他从中院的工作室收工后推门出屋，都会在右手边的窗户内，看到可染先生灯下临贴的身影，"是真的照着碑帖一字一字地练，往往使我十分感动。星空之下的这间小屋啊！"

我没有找到那扇可染先生的窗口，路不明，走不过去了。只能感叹昔日星空之下的这个小院了！

中国当代艺术家。中央美术学院教授、博导。
全国高等院校建筑与设计学科美术教学指导委员会委员。
1987 年毕业于四川美术学院附中。
1991 年毕业于中央美术学院油画系四工作室。

摄影 / 周赛兰

陈 曦　　CHEN XI

图片 / 由艺术家提供 编辑 / 徐小禾

山前白夜大地艺术节作品"迷途"现场 湖南平江 2023

山前白夜大地艺术节作品"迷途"现场 湖南平江 2024

伤时 布面丙烯 200cm×230cm 2023

兔子的形象占据了这 7 年作品中的核心主体。在这些作品中探讨的是人的欲望，以及由此产生与世界的矛盾关系：个人与集体意志、与城市及自然环境、与彼此之间的复杂情感。画面始终由不同甚至对峙的力量相互拉扯。

——— 陈曦

逃跑的兔子

文－陈曦

　　《逃跑的兔子》是我在 2018 年北京民生现代美术馆举办的第 9 次个展。此次展览虽只展出了少量作品，但件件体量超大。除了绘画，还第一次做了巨型木雕。而在那批作品中，我造了一个新的形象：一个黑色的、有着刀劈斧砍般肌理的兔子：一个象征的兔子。

　　在这之后，我就不断被问到：为何是兔子？关于这个形象的缘起，就得从上世纪 90 年代读过的一部外国小说谈起。相比我在附中时期众人排队传阅一本被翻得稀烂的《百年孤独》，上世纪 90 年代已经可以在各大书店买到多种类的进口图书了。这其中就有美国作家约翰·厄普代克的小说三部曲：《兔子跑吧》《兔子回家》《兔子富了》。当时的我仍然喜欢看小说，买过不少。这一部看完后一直印象很清晰。整部小说描写了一个叫哈里的男人一生经历的三个阶段：年轻时四处游荡心有不甘，每每惹了事就一跑了之；后来在外乡打拼发了点财，于是衣锦还乡；在他试图停下来安享后半生之际却又再次出逃。在我看来，哈里的人生乃是普通人群体命运的缩影，年轻时的离经叛道、中年的无奈妥协，在逃离与回归的挣扎中走向终点。在这过程中显现的种种欲望与现实的打击，乃是人类生活中必然遭遇的。

　　在漫长的人类历史演变中，许多凶猛的大型动物被逐渐灭绝，而看似极其弱小的兔子却能持续繁衍生息。作为群体它们算是顽强的一族，而个体的兔子却几乎毫无抵抗能力，野兔的幸存很大程度靠它的两条后腿长得够长奔跑速度够快，才有逃命的机会。而人的一生，何尝不是大都处于疲于奔命的状态，充满了脆弱与无助的时刻？小说中的哈里绰号叫"兔子"，他的行为的确很像一只无害又胆小的兔子，整日为了生存四处逃窜。就此，在我的潜意识里，人与兔子的某些特性已然重叠。

　　作为人，我们当然有理由为自己的文明成就感到无比骄傲。在进化的路上，我们高歌猛进走到了今天：火箭卫星可以抵达外太空，远在千里的人们可以随时通过视频见面，刷手机就可以坐等饭菜送上门，智能机器人开始替代人做更多的工作，连猫咪的厕所都可以自动除味。我们享受着物质极大丰富带来的满足，体验着一日千里的速度。这样的发展的确体现了人的集体智慧与非凡的创造力，以至于有时候我们会真的自以为是无所不能的。然而，在我们各自的人生路上，为何总是步履艰难？身边满是同类，却为何深感孤单寂寞？为何内心深处总有个隐匿的世界每每于暗夜浮现，让我们看见了欲求不能的事物、看到爱变成恨、看到受伤的心和眼泪、看到野蛮残忍的行为以及无辜死亡的发生不断重演，看到了我们的脆弱与卑微。这个无形世界的存在时时提醒着我们，那必然承受且无法逃脱的命运：大多数人的生命如同蝼蚁，终日紧张忙碌却找不到活着的意义。这怎能不让我们迷茫！人是需要寻找意义的动物，这是人高贵的灵性所在。也因此，悲剧的宿命总是如影随形……

蕾丝兔 5 号 布面丙烯 150cm×130cm 2022

蕾丝兔 6 号 布面丙烯 150cm×130cm 2022

它即是我，也是我们……

　　2017 年在准备个展作品期间，"兔子"形象的豁然出现，与当年这部小说里的隐喻有某种关联，更是反映出那段时期的心理状态。一向乐观的我那时很容易陷入焦虑和伤感的情绪中。或许是一些信念被瓦解了，也有对某些人类行为的失望和愤怒，甚至对自身的怀疑，总之一种强烈的无力感是从没有过的。个人的问题和世界频繁发生的种种糟糕状况深深困扰着我。当这些情绪与博伊斯的自然观相遇，以及和那时正创作的"物语"系列中已出现的黑兔形象聚合在一起时，这个极具象征意味的大兔子就出现了：首先是 5 吨重的双面樟木雕塑《正在显形》，当它宛如一座古老的城池废墟矗立在美术馆的水泥地面上，人们吓了一跳。它的高度让人不得不仰视，一面是兔子怀里抱着人，另一面是人抱着兔子，双面主体的互换姿态显示着启示录般的神秘力量。刀劈斧砍的肌理和裂缝布满全身，增添着悲剧性的张力。雕塑用到的樟木体量超大，这种在古代就被视为珍贵的木料，因它的密度高结实耐用，尤其是它的特殊香味能够起到防虫作用，因而通常被打造成衣柜使用。在南方沿海地区也普遍使用樟木制作佛像。因此，很多人看我把这么珍贵的木材做成了极其粗犷且尺寸超大的雕塑时，不禁咋舌惊叹，还曾被调侃为无知者无畏的胆大妄为。这些新开采的木料散发的奇香浓郁扑鼻，弥散在每一处展览的空间中，沁入观众的身体和嗅觉里，最后也被他们带走。

　　而几件巨幅组画：《如何向死去的解释所发生的》《21- 昨日荣耀》《21- 今日之局》《十位饕餮者》《黑兔还在跑》，则是在那恒久的三个提问下产生的："我们从哪里来？今天身在何处？未来向何处去？"在这样的追问中，试图展现出我们身处世界的过往与当下，以及对未来的臆想。蓝绿色调的《21- 昨日荣耀》让我们陶醉于过去的灿烂文明。兔子似一个导游，出现于 21 个国家最具标志性的场景中，那是一些最神圣优雅的教堂、广场、铁塔、街道、纪念碑，它们是令人赞叹的人类智慧及美学高度的象征。而由同样位置的 21 幅国旗组合而成的《21- 今日之局》，则是红色基调中布满黑灰色点，明显透出一股紧张不安的氛围，国家位置的排列也暗示着彼此的特殊关系。6 年后的今天再看这组画，竟如预言般精准映射出当今的动荡与混乱。《十位饕餮者》则是对人与自然的不和谐关系之隐喻，由于人类对自然资源的过度侵占导致许多动物提早灭绝。人们把酒言欢，餐桌上的盘子却已空空如也。《如何向死去的解释所发生的》是一组巨幅四联画，按时间逻辑推演出这样的世纪预言：神倒下，人的主体性被确立，人与自然的矛盾日益严重，未来的人类被自己创造的机器人毁灭。在自上而下的流淌中，4 个形象好似从幕后慢慢地显影、慢慢地凝固。

　　在这几组大画里，延续了之前"物语"系列的做法，继续着语言上的杂糅：具象的主体造型与抽象的背景处理、现成形象的挪用（雕塑作品和行为作品图像）、多幅的并置拼接、不同材料的介入等。21 幅的并置形式让传统绘画的中心点消失了，画面的连续组合仿佛把 21 个相似又不尽相同的句子聚合在一起，语调因重复而不断增强，语义也因此被放大延展。画、泼、撒、淋、擦、刷的多种笔法自由挥洒，让整体处于一个能量充沛的动势之中。

　　兔子的形象占据了这 7 年作品中的核心主体。在这些作品中探讨的是人的欲望，以及由此产生与世界的矛盾关系：个人与集体意志、与城市及自然环境、与彼此之间的复杂情感。画面始终由不同甚至对峙的力量相互拉扯。色彩的浓度释放着激越的情绪与暗夜般的躁动。笔触的力度和速度与早期作品虽保持了某种延续性，但如今无处不在的流淌又增添了一丝轻

央美当代艺术批评与策展研究中心首展"绘画的提问"开幕当天，与美国策展人交流新作品。（中央美院美术馆 2024 年 3 月 20 日）

与美国艺术理论家大卫·贝克先生在"绘画的提问"展览我的作品前合影。（中央美院美术馆 2024 年 3 月 20 日）

"智慧之眼"当代女性艺术展开幕当天，与策展人王春辰、苏州经济开发区文化部门领导在我的作品前合影。（苏州金鸡湖美术馆 2024 年 3 月 30 日）

与纽约现代艺术博物馆研究部主任利亚·迪克曼在"绘画的提问"展览我的作品前合影。（中央美院美术馆 2024 年 4 月 22 日）

陪同纽约现代艺术博物馆研究部主任利亚·迪克曼参观"跳进兔子洞——陈曦和她的学生们"联展（凤凰中心 2024 年 4 月 22 日）

广州美院实验艺术系学生们参观"绘画的提问"展览，并自发在我的作品前做互动表演。

与纽约现代艺术博物馆研究部主任利亚·迪克曼及丈夫以及策展人王春辰、艺术家吴啸海在"绘画的提问"展览上合影。（中央美院美术馆 2024 年 4 月 22 日）

与纽约现代艺术博物馆研究部主任利亚·迪克曼、策展人王春辰在"跳进兔子洞——陈曦和她的学生们"展览上合影。（凤凰中心 2024 年 4 月 22 日）

"兔肖像"系列分享会 右空间 2023

艺术中国－市野剧场展现场 深圳雅昌 2023

白日焰 布面丙烯 200cm×230cm 2021

逐火 布面丙烯 195cm×230cm 2021

松与流畅。这一切使画面不再是一幅静止的作品，而变成一个个能量场域。从前绘画中特有的具体而繁杂的人物及场景描绘，如今已转变为高度概括的近似符号的形象。虽仍保留着具象的形，但绝非为了表达真实，只为建构一种最具有象征意味的存在。

在这个星球上的这段时期，生命以及相关的存在正处于急速的变化当中。体现出我们身处的变化以及感受，是我始终关注并且表达的主题。从这个意义上说，我始终保持着一个记录者的身份。近年的"内与外"系列是一个持续的绘画系列，显然内与外的视觉空间有两重，而意涵却是多重的。既表达物理空间上的区隔，同时也暗示由兔子指代的人与其生存环境的心理屏障。纷繁多变的外部世界像万花筒般包围着我们，我们时刻刷着手机，仿佛世界已尽在掌握。然而在我看来，物质和科技的飞跃并没有使我们的行为与精神活动变得更加智慧、开阔，更加心存悲悯。为了追寻完美生活，焦虑的现代人刷着手机行色匆匆。而封闭于内的兔子或许是被困其中，又或许是享受着一个独属于自己的内心空间，在享受一杯咖啡或一块甜品的自在宁静时刻。

2019 年我又做了一批戴着口罩，胸膛被掏空的木雕兔子。它们有的目光透出恐惧，有的只剩下呆滞，有的已经残缺。不言自明，空心兔乃是一面镜子，映射出惨烈的现实写照和我们复杂的心绪。这形象再次成为一个超前的显现。3 年后的今天，一些人仍习惯着戴着口罩出门，人与人之间也仿佛习惯性多了那一米的距离……经历了长时间的恐慌和创伤，我们需要时间以驱走内心的阴霾。

而做雕塑这件事对于我是自然而然地出现。在 2011 年"被记忆"中国美术馆的个展中，采用了一系列综合性的展览呈现方式：以田野调查法搜集的众多普通人笔记、将原创表演与经典纪录片混合剪辑完成的新纪录片、在 5 年中搜集购买的近百台不同年代的电视机现成品。这些文字、影像和实物最后在中国美术馆搭建的两个巨型时空隧道长廊中得以呈现。人们穿越长廊时，记忆就被不断拉回到从前的岁月。而墙上的 22 幅绘画倒像是关于那个记忆空间的某种回忆。就从这个展览开始，仿佛内心所有的门都被打开了。接下来我知道，可以自由选择中意的材料与形式去做作品。后来在绘画中就不时加入蕾丝面料、纸币、金属和水泥涂层等混合材料，这些都出现在我不同阶段的创作中。当我感觉到此刻必

第八届青年艺术家研究展作品现场 武汉美术馆 2023

"寻邑"——大同当代艺术季开幕现场合影 2023

德国北方艺术节主创团队到访工作室 2023

如此近如此远 -1 布面丙烯 200cm×230cm 2022

如此近如此远 -2 布面丙烯 200cm×230cm 2022

闯入者（三联）布面丙烯 195cm×450cm 2021

须这么做了，就会是恰当的选择。这个很难解释，当你感觉特别好的时候做出的判断，结果总是很对劲的。

2020 年在工作室又随手捏了近百个黏土的面目不清的形态。大部分是残缺的肢体，多头部的连接体，以及变异的动物形态或生物体。这批东西是对未来世界自然人的唯一性危机的臆想。后来从其中挑出了一些用铸铝材料放大。在 2021 年"规则之外"的个展呈现时，我开始利用不同空间提供的可能性重新组合雕塑群落，有时还会添加一些辅助材料，如沙子、彩色亚克力以及织物等等。让雕塑作品因空间的改变延展出不尽相同的意味。随即在多个展览中，也同样运用了与空间紧密结合的方法去呈现，让雕塑不再是单体和静态之物，而变成了一种如剧场般的营造。每一次展场的空间形态都被作为一个崭新元素纳入到作品的内涵之中。这些不断被更新的经验让我总能保持兴奋的状态。

在最近的新作里，造型上我有意去繁从简，轮廓线的勾勒有意借鉴书法的某种气韵，色彩也更加注重整体性。而矛盾形成的张力与色彩的浓稠感是我仍然保持的。然而，其实阐述自己的艺术创作是特别难的一件事。艺术家的内心活动与作品之间达成的默契，是在对一个不可见的隐秘世界做形象输出的工作，并且输出的也仍是一派混沌的景象。而作品与观看之间本就是一种充满误解的意会行为，语言是难以描述清楚这一切的。

在视觉新技术引领下图像泛滥的今天，绘画因为古老而显得朴素，木质和铝质也给人原始朴拙的感受，但它们同时也是充满原初能量的有温度感的材料。对材料的选择在今天更像是一种态度。这批以兔子为主体的作品乃是关于人的隐喻和象征，是复杂感受的聚合物，它们既不是单纯的概念阐释，也不是纯粹的语言游戏。我希望它们具有灼热的感染力，更是沉重与轻快、荒诞与平常、短暂与永恒的象征性表达。

何谓获得与失去？缘何欢乐与痛苦？我们的生命为何永远处在喜剧与悲剧的不断切换中？恐怕现实中难有答案。于是，兔子唯有继续奔跑……

摄影 伍锦良

胡志颖 HU ZHIYING

艺术家，博士，教授。1987 年—1990 年就读广州美术学院中国画
专业研究生; 1999 年—2002 年就读暨南大学文艺学专业博士研究生。

图片 / 由艺术家提供 编辑 / 徐小禾

海洋里的灯台 布上油彩、丙烯、木炭 170cm×200cm 2023

胡志颖作品所呈现的这种释读困境，难以实指造成的多义与歧义，恰恰意味着打开和敞视，意味着通向无限和虚灵之境的可能性。如同轴心时代哲学中的"君子不器""大器免成""逍遥无待"，都是在当时文化语境下对既有、定型、刻板的传统文化符号的一种挣脱、打破、重组，并以此接近隐没于精神深处、只能于语言断裂的缝隙处感知的彼岸。胡志颖的探索，让我们看到了艺术精神的自由贯通，对形上世界的精神探索，可以为当下根源性的现实问题，提供一种可能的视角和观照。

———— 马少琬

圣母子与猫头鹰 布上油彩、丙烯、木炭 170cm×200cm 2019

现实与超越的境域——寻绎胡志颖艺术之精神

文 - 马少琬

　　面对胡志颖的作品，习惯于寻求确定的意义、明晰的解读，以及在各个作品之间寻求统一风格的企图，往往会遭遇挫败：从画面形象与标题的题解出发，很难寻绎到往常形式与内容的一一对应；从形式美感出发，也难以获得令人赏心悦目的审美体验。他的作品，似乎处处都在打破我们以往观赏艺术作品的预设期待；处处都在消解我们对于经典符号的惯常印象和固有遗憾的理解。他似乎有意拒绝单一风格的定义，拒绝对确定含义解读的固化，拒绝物象和符号对于思想与内涵按图索骥式地表达。因此，胡志颖的艺术很容易被打上难以理解、晦涩等标签。

　　然而，真正进入胡志颖的艺术理解的方式之后，就会发现，这正是胡志颖有意为之。具体的形象，容易将关注和思绪引入细节与现实的歧途，而忽略精神性的沉思与超越性的体验本身。而看似复杂、晦涩的画面，指向的反而是最直接的视觉体验，最纯粹的精神追求。那些意义的游移，无法确定、固化的内涵，恰恰试图将我们从现实的虚妄与遮蔽状态中释放出来，指向被我们忽视和遗忘的更为本真的生存与超越的境域。是出于纯粹精神性的追求，对于事物和世界本质的揭示，以及来自对于生存性的直接体验与感知。

　　将复杂的世界简化，用单一的理论和解释去把握世界，是我们久已存在的偏执和倾向。以便快速把握这个世界，以自己可以理解的方式，实现对于世界的掌控感。然而，这种实用主义的倾向，却不利于对真实的感知。对变化、模糊与不确定的接受，既是对世界本质探索的一部分，也是对内在心灵和精神的超越之境进行探索的前提条件。只有承认混乱、复杂、不确定性，并且只有透过表象与符号的这种性质，我们才有可能接近精神的纯粹、真实。

　　从《舞者与猫头鹰》《带电的角马与狐狼》等作品中，可以看到：色彩、笔触，种种形式带来的冲击与唤醒——冲击，来自对于各种物象符号、文化符号的叠置、颠覆，完全超乎我们的常规经验与文化想象；唤醒，来自笔触的动势，色彩的激荡，形象的震荡，对于内在体验和精神沉思的激发。无论是视觉形象，还是笔触色彩，都呈现出一种奇异的对立与融洽：古典的沉静、典雅，与艺术家个性的自由表达、个体经验的随意转换，出现在同一画面中，非但毫不突兀，反而生发出更有生命力、不为形式所限制的形上意义和精神力量。

　　胡志颖的绘画中，不缺乏各个文明中的经典意象，但这些意象又拒绝被以经典的方式解读。因为他关注的并非这些经典的意象本身，他的作品从不是在这一层级上去探讨和表达；而是这些作为文化符号的意象背后的源头，是关于文化起源的原初追问，是个体生存底层的精神动因。

　　因此，这种对经典文化符号和固有结构的解构，让他可以没有负累地、自由地出入于人类历史和当下世界任一地域的文化资源，打破文明的壁垒与隔阂。因为，在超然和究极的精神探索面前，所有的文化之间的阻隔，在经验世界里，都只是有限的、不完整的、暂时性的。既然这些符号本就无关究极与永恒，如何不可随手借用，只要能够稍稍指明通向精神性的永恒道路？

　　《欢喜如来之十》《圣母子与猫头鹰》这些明显以宗教为主题的作品也是如此。与其说主题是宗教，不如说是对信仰的追问与思考。相对于绘画史上笼罩于宗教文化的艺术，如教堂壁画，佛教洞窟壁画，文艺复兴雕塑等等，以某一宗教的形象、叙事和教义为主题的艺术作品，胡志颖的绘画所致力于探求的，不是某一具体信仰的阐释，而是对那使得所有信仰得以信仰的信仰本身之求索。不是让自己走进某一种信仰之中，成为其中的信仰者，而是透过信仰的仪式和结构，去观照信仰的神性来源。此前有关宗教和信仰的绘画、雕塑、艺术，乃至于建筑，无不是制造一种具体的信仰，哪怕是进入精神世界，也是引人进入一种有所期待和指向的精神幻境。而不是进入纯粹的、超验的信仰，让信仰本身显现出自身，显现一种更本质、更纯粹的精神性的信仰。这种信仰不只与他人和文化相关，更来自个人生存的需要，是个人灵魂层面的内在体验。

　　但是，这一超越层面的追求，并不意味着现实世界的事件不重要。相反，对现实世界状况的追问，对个体此时此地生存状态的把握与观照，反而是通向文化的超越层面，通向终极追问的关键途径。他的艺术追求，并不在于具体的现实问题，而是聚焦于精神的超越层面，与生存性的哲学思考。但是，他的观察与思考又从不离开当下与现实。拷问现实与现象的目的，是为了拷问承载这一现实和现象的世界，拷问时刻与这个世界发生关系的自我，拷问我们以何种方式生存于这一世界的存在问题。

因此，胡志颖的装置与行为作品，往往通过对现实世界的关注，从我们现实的境况中发现荒诞，从荒诞的感受中，剥去层层的遮蔽，呈现本质性的真实。以此来重新发现和揭示主体被遮蔽的精神性，达成一种对于文化内在的理解，以及哲学深层的反思。

《后殖民工场》便是这样一种对权力和秩序的诘问：那些艺术品，人类文明中不同阶段、不同地域、不同个体的表达，一个个主体纷繁的思想、创发、想象、激情、灵感的个性化表达，在这里被重新纳入一种观看的权力与秩序之中。在一种许多人视作极为自然、难以察觉的"梳理"中，下意识地，我们的目光对于明晰和秩序的顺从，让观看的对象，指向了这一"文化帝国"宏大的建构，迷失在这一结构里，而忽略了组成这一文化帝国的作品本身。作品自身的独立、饱满、自足、独特的生命特征，被消解于宏大场域的建构。这件作品的形式本身，构成了"后殖民时代"个人处境的一种拟像，看似在普适价值之下各归其位的个人，每个人都有平等的观看、展示的空间权利，每一个人都可以被凝视，但个体灵魂原本拥有的独特性，那些更内在更具超越价值的精神性，那些属于本质生存的东西，却被完全淹没，失去了被凝视、被看到的权利。

这种指向普适价值的形式，反而呈现出自身之荒诞，在现实中的国际政治和当下的社会结构中，不乏其例。《造化之外1》以缺席的圆桌会议座椅，与一架庞大的起重机械并置；原本象征着平等原则和协商精神的圆桌会议，被打破和简化为只有空无一人的残存座椅。面对着强力机械带来的压迫感，文明世界的精神图景与个体生命的存在感知，以缺位的方式，进入到对于世界真实与个体真实的深层反思。

胡志颖的装置作品中，标题与装置形式，作为两类不同指向的符号，将观者对作品的理解从现实的一端，引向文化底层的自我反诘：标题作为现实的指示性符号，作品作为链接身体与精神的指示性符号，两者的叠加、错位、游移，反而可以造成更为丰富的精神涵义。符号形式与原有语境和意指的悬隔，无法定位与夯实的意义，让作品的内在生命力不断生长、延展，在意涵的深层探索上达到一种意犹未尽之感。《外交辞令》这件作品，其名称尤为清晰地指向当下国际政治的现实，作品由室内向户外、由地下向地面不断延伸，以同一符号的反复叠置，引导观者，在不同的空间中反复地、无意义地穿梭与凝视。作品通过命名和体验，完成一次幽微而又清晰、简洁而又涵泳不尽的文化隐喻。

胡志颖装置作品的另一个特点，在于媒介的使用与选择。传统创作方式，作品创作媒材，以及作品的展示空间，都建立在具有"空白""简净"等特点的基材之上，所谓"绘事后素"，如此水墨、色彩、笔触、观念等等才会有充分游走与表达的空间。当代艺术作品，甚至现成品艺术，也多以单一物质形式来表达，在"白盒子"空间内进行展示。胡志颖的作品却完全突破了这一常规限制。现代社会随处可见的生活物品、工业机械、废弃物，甚至天然动植物、人的日常行为状态，都可以进入艺术的创作。《1+1+…=X》这一作品中，甚至将黑色汽油罐和塑料管，人的匍匐前行等等，与传统中属于"高雅"艺术象征的小提琴等表演艺术并置。

对当前这种变化的世界图景的接受，在接受之上的感知、创作；而不是回到往昔，停留在某一特定的理想之中，这本身就是一种自然美学，一种不同于传统"自然观"的自然美学，同时也透露出一种以生命时间去感知个体与世界的时间观。这种自然美学，包含了对人类社会当下生存状态的接受，面对的不只是自然存在物，也面对后殖民时代、现代与后现代的人的生存境况，面对消费社会与科技文明为人类生存状况带来的种种后果。《几何学冥想》这件作品就体现了这一自然美学——植物，在文明发展的叙事里，一直代表的是一种生命与生机，象征人对自然和世界的链接与流动，与人类精神世界的探索相关联。人类最初拥有分辨自我、知羞耻、明礼义的智慧，来自一棵智慧树上的果实；释迦牟尼顿悟于一棵菩提树下；孔子讲学于杏树之下。而几何图形，以及它代表的公理演绎体系，是现代文明和科学思维得以立基的出发点。已经步入现代的我们，是否能在科学的真实和生命的真实之间，重新找到一条自由的精神通道，而不是让物质世界的加速追逐，逐渐侵蚀掉个体生命对真实的感知？正如几何指向了对世界秩序来源的终极思考，冥想则指向的同样是对本体和实在等生命真实的感知。

胡志颖作品所呈现的这种释读困境，难以实指造成的多义与歧义，恰恰意味着打开和敞视，意味着通向无限和虚灵之境的可能性。如同轴心时代哲学中的"君子不器""大器免成""逍遥无待"，都是在当时文化语境下对既有、定型、刻板的传统文化符号的一种挣脱、打破、重组，并以此接近隐没于精神深处、只能于语言断裂的缝隙处感知的彼岸。胡志颖的探索，让我们看到了艺术精神的自由贯通，对形上世界的精神探索，可以为当下根源性的现实问题，提供一种可能的视角和观照。

后殖民工场（03）装置 综合材料 纽约大都会艺术博物馆 2019

观众在讨论艺术家胡志颖的装置《后殖民工场》

外交辞令（馆内部分）装置 综合材料 纽约 Dia 博物馆 2017

外交辞令（馆背面户外部分）装置 综合材料 纽约 Dia 博物馆 2017

欢喜如来之十 布上油彩、丙烯、木炭 200cm×170cm 2023

舞者与猫头鹰 布上油彩、丙烯、木炭 170cm×200cm 2023

农场 布上油彩、丙烯、木炭 170cm×200cm 2023

带电的角马和狐狼 布上油彩、丙烯、木炭 200cm×170cm 2023

酋长与刺猬 布上油彩、丙烯、木炭 200cm×170cm 2023

情侣与图书 布上油彩、丙烯、木炭 200cm×170cm 2023

武士与魁星 布上油彩、丙烯、木炭 200cm×170cm 2019

武士与女兵 布上油彩、丙烯、木炭 200cm×170cm 2019

胡志颖的艺术有一种末世审判的感觉，他在拷问这个世界的同时也拷问着自己。这使得他总是在制造那些冲突性、矛盾性特别突出的图像，但是他从不停留于现实世界具体的现象和事件，而是指向某种根本性的、人的存在的精神远景。虽然他的作品有关宗教性的终极关怀，但是他并非教徒，也不是在创作某种宗教性作品，他并不绝对诚服于某一精神和教义，而是保有一种探究根本性问题的持续热情。胡志颖的世界要足够强大，因为他不依托于任何既有的信仰体系，而是自己编织了这一宏阔而复杂的精神观照系统，并且要倔强地一直走下去。

——— 胡斌

几何学冥想（1）装置 树和铁 大都会艺术博物馆修道院分馆 2018

为什么是蟾蜍？（1）行为装置 综合材料 纽约 Dia 博物馆 2017

造化之外（1）装置 综合材料 纽约大都会艺术博物馆 2018

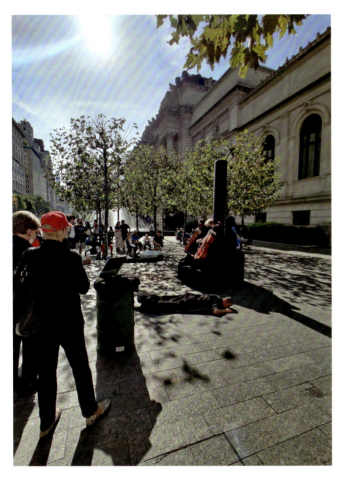

1+1+...=X 装置和行为 纽约大都会艺术博物馆 2021

1+1+...=X 装置和行为（作品全景） 纽约大都会艺术博物馆 2021

堂吉诃德先生的手电筒 装置 综合材料 330cm×330cm×230cm×260cm 2017

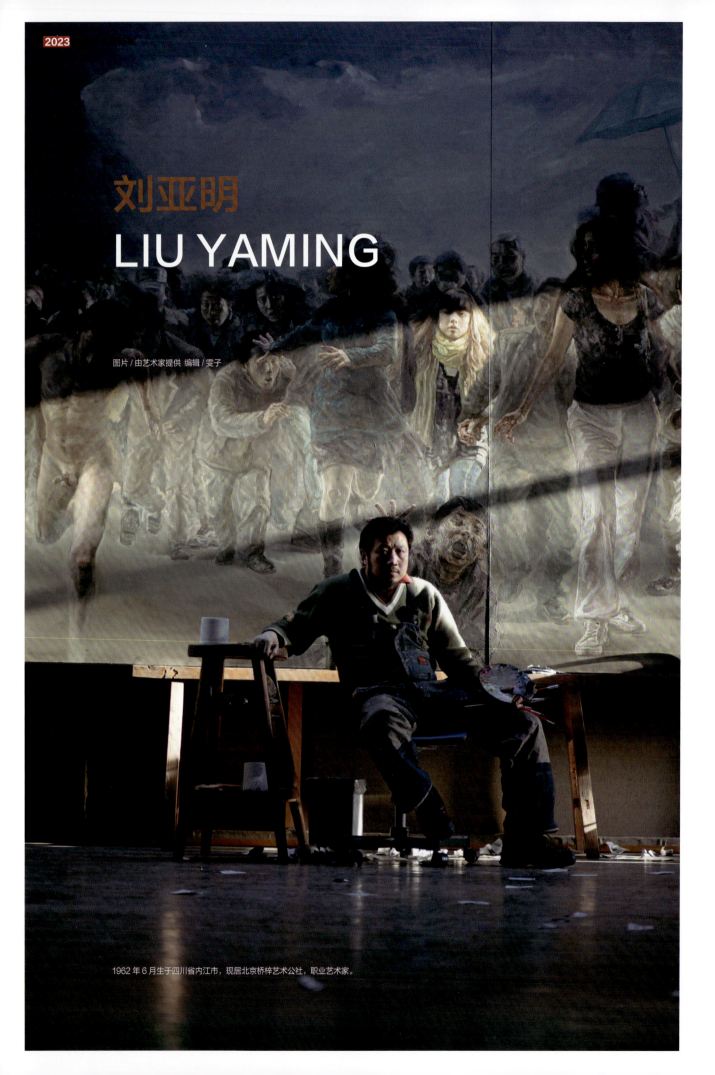

刘亚明
LIU YAMING

图片 / 由艺术家提供 编辑 / 雯子

1962 年 6 月生于四川省内江市，现居北京桥梓艺术公社，职业艺术家。

刘亚明是中国当代最重要的油画家之一，他开拓了中国写实绘画的新领域，以超常的尺幅、宏大的视野，深刻地表达了一位知识精英才能具有的精神世界。以独到的视角关注地球生态、人类处境、心灵问题，具有极强的视觉冲击力，并做到了直指人心。同时，他又是一个肖像艺术的一流高手。他的肖像作品能敏锐地抓住被画者的内心世界，并能用其高超的笔法，生动地将其表达出来。他以家人为对象的"温暖"系列作品，则以真切的情感投入和近乎完美的语言表达，深深地感染了众多的中外观众，并让人流连忘返……他扬弃了庸俗社会学语境中人云亦云的东西，确立了艺术家强烈的主体意识，同时也弥合了西方和东方绘画语言的区别。

他曾多次参加国内外艺术大展并在世界各地举行个人画展。接受过中央电视台经典节目《人物》和《谁在影响中国》等栏目的专访。公开出版多本精美画册。他的作品得到了众多中外学者的一致好评，各种评论和作品发表在众多的中外媒体上，引起了广泛的影响，成为当今中国最有影响力的艺术家之一。

——— 陈孝信

世纪寓言 布面油画 1600cm x 300cm 2007-2009

鸿篇四部
我们何去何从：刘亚明的

文—杜曦云

艺术是人类最无私的行为之一。艺术的意义是祈祷，这是我的祈祷。如果我的祈祷能成为他人的祈祷，那我的作品也就更加靠近他人。

—— 塔可夫斯基

古典美学和当代问题

"杜尚在第二次世界大战期间告诉过我对于大粪制品的新兴趣，在这中间，肚脐眼里的小排泄物将是'珍本'。对此我的反应是，我希望能得到从拉斐尔肚脐里来的真正的排泄物……当人们知道杜尚的《巧克力研磨机》是他在里昂沿街店里发现的，于是对巧克力研磨机便尊敬有加。人们也该知道里昂的市美术馆里还收藏有描绘过去王公贵族的画。还有，圣女贞德的塑像也正在里昂生锈呢。"穿行于古典和现代艺术之间的萨尔瓦多·达利，于1968年为《杜尚访谈录》写的序言里闪现机锋。

历史的舞台一次次揭幕、谢幕，一战期间涌现的"达达主义"艺术，将艺术推动到非艺术、反艺术的地步。生活就是艺术，人人都是艺术家……当这些涓涓细流在二战后汇集为当代艺术的主潮后，观念的博弈成为艺术世界的主旨，形式、语言、媒介则无限开放和包容——和观念相匹配就是得体的。

"上帝已死"带来前所未有的自由，以及宿命的虚无。当自以为义者们一步步活出自己当初最痛恨的样式时，灵魂已经行将就木了。当"当代艺术"充满各种"正确"的规矩，并被资本驯化得服服帖帖时，当代艺术已经老迈腐朽了。在这个剧烈震荡的年代，当虚无主义的各种变身把世界侵蚀得千疮百孔时，对很多价值的重估，提上了日程。

在进化论思维、线性历史观驱动下，不断重新定义"艺术"的炽热意志，让很多艺术人以西西弗斯为偶像。但冷静下来并尊重事实的话，一代过去、一代又来，人性却从未改变，日光之下并无新事，艺术的功能也没有变过。艰难生存的原始人，仍然创造了流传至今的艺术作品，因为许多艺术作品被认为在人类和宇宙的事务中具有某种神奇的力量。"我们从哪里来？我们是谁？我们到哪里去？"是人追问不休的终极问题，哪怕尽力按捺心底，但终究挥之不去。历代的伟大艺术家，都围绕这个问题做出过美学化的表达。

作为当代人，刘亚明很关注当代社会的各种现象，有浓浓的悲悯情怀和强烈的问题意识。作为艺术家，他酷爱具象的绘画语言，长久沉浸于古典艺术之中。当他尽心尽力用艺术的方式表达他身处当代的所感所思时，具象的语言、古典的美学和当代的问题之间如何有机结合、生动贯通，是个难题。

选择具象的语言、古典的美学，首先是本能的喜爱，这是说不清道不明的潜欲。在他大量观摩欧美的现当代艺术馆后依然不放弃原有选择时，本能的喜爱和理性的思量都汇聚其中了。关于具象艺术在当代艺术语境中的位置，西班牙艺术家安东尼奥·洛佩兹（Antonio Lopez-Garcia，1936-）的言说很坦率："我认为无论是什么艺术形式来表达创作，情感内容是关键，也就是说一个作品必须要有很好的情感在里边。所以不用害怕具象主义得不到外界的接受，因为在这个时代，有那么多不同艺术门类的存在形式，具象艺术只是这些艺术门类之一。如果说命运让你去做具象主义艺术家，那你就得有信仰，而且你也得相信有人来支持你。"

和当代艺术相对比时，古典艺术的美学特征更加明显：对永恒神圣造物主的信仰，油然而生的崇高的敬畏和谦卑、信心和盼望、安宁和喜乐……艺术家有手艺人的一面，对具象艺术语言的钟爱，是刘亚明追慕能工巧匠的人

之常情；对古典美学的一往情深，则和他心灵的终极渴求相契合，以至于他有底气和韧性在当代艺术语境中一意孤行、自得其乐。"现代性就是过渡、短暂、偶然，就是艺术的一半，另一半是永恒和不变"（波德莱尔）。消化和吸收古典美学中蕴含的"永恒和不变"，有助于他在现当代艺术泥沙俱下的"过渡、短暂、偶然"中敏感地分辨、果断地选择。

身处加速变化的当代，越是关注现实，越发现问题层出不穷；越是深究真相，越觉察人心邪恶诡诈。当刘亚明试图从他的视角和价值观出发，对当代众生的心灵状态和来路去处做宏观表达时，随着艺术语言的演化和思路的推进，他从但丁、博斯、勃鲁盖尔、伦勃朗、透纳、达利等前辈处吸收养分，然后开辟最合乎自己心意的路径。在他悲天悯人的观照中，人心之恶随机外化，延伸到扰攘红尘的方方面面。他既身在局中又冷眼旁观，观察、体会、反刍、转化的过程中，预设和偶发相辅相成，随时间的前行而锤炼观念和语言。十几年手握画笔涂抹挥洒的时光中，三幅巨大的画面从一片片空白中诞生、延展开来：《世纪寓言》（2007—2009）、《苍穹之眼》（2011—2015）、《人间幻境》（2016—2021）。作为收尾之作的《人间乐园》，也正在构思中。

《世纪寓言》：人与自然

《世纪寓言》高3米，长16米，真人等大的画卷让观者们被扑面而来的生动幻像席卷进去，更容易产生共情——刘亚明的一片苦心，从选择画幅的长宽时已经启动。各个年龄、性别、身份的当代人们，在天幕低垂、滔天巨浪袭来时魂飞魄散地拼命奔逃，但从画面中的情景来看，难以逃脱被大洪水淹没的厄运。芸芸众生的拼命奔逃过程，在二维画面上定格为到达临界点前的一瞬。

自画像 7 布面丙烯 60cm x 90cm 2021

这一瞬被具象绘画定格后,观者们可以由远及近、由近及远地感受全局并端详细节。"大渊的泉源都裂开了,天上的窗户也敞开了"(《圣经·创世纪》7章11节),大洪水如摧枯拉朽般冲垮、淹没一座座摩天大厦,每位个体在惊慌失措的逃难狂奔中袒露出各自的本能反应状态。对他们彼此间关系的安排,对每一位的服装、动作、神情的具体描绘,反照出的是画家本人对当代社会众生相的认知和评价。

这幅人物众多的狭长绘画中,画家在最前方具体描绘的,林林总总有上百人。大多数人在这可怕的灾难来临时恐惧战兢,尤其是画面左下方瘦骨嶙峋的底层男子,绝望地放弃了逃生,仰望上天、举手祈祷。但也有极少数人依然在恍惚懵懂中,例如最右下方正在翻书的成年读书人。右上方已有人如草芥纸屑般被狂风卷入空中,人群中间的商人依然沉溺在用手机通话洽谈商务的惯性中无法自拔。最恐惧的人也是最敏感的人,处于画面左前方,因极度恐惧而竭力呐喊,试图拖拽扑倒在地面的妻儿逃出厄运——他是画家本人的形象。

裸体是无法辨别社会身份的,在身份各不相同的人群中,两位天真的裸体少年因此而突出。他们分别位于画面的左侧三分之一处和右侧三分之一处,在人群的前方低头狂奔,和位于画面中心位置的白衣女青年形成几近等边三角形的关系。灭顶之灾近在眼前,芸芸众生都恐惧战兢、惊慌失措,只有这位白衣女子能保持淡定从容,昂首挺胸地优雅前行。形色幽暗、光影斑驳的众生中,一袭白裙、神采奕奕的她,成为这末世浩劫中纯洁和光明的象征。只要人群中依然存留有纯洁和光明,人类在未来的命运就依然值得盼望。幽暗人群中的这一块洁白荧光,和幽暗天地间的一块洁白荧光遥相呼应,远方的这一块荧光中,佛陀缓缓走来……

《世纪寓言》创作于2007—2009年,正是经济全球一体化进程的高峰时刻,繁华盛世,笑语欢歌。画家为何有强烈的忧患意识?《世纪寓言》中的苦难,又因何而起?画面前景中的干裂土地、远景中的雾霾都市,都指向被严重透支的自然环境。倾泻的暴雨、奔涌的洪水,则是自然环境对人的反噬。此外,画面中芸芸众生的各种具体样态,也折射着其他复杂的问题。

工业革命以来的经济发展模式和生活方式,在向全球蔓延的过程中,越来越加大了自然环境和人类的对立。到了21世纪,环境的恶化触目惊心:全球暖化、极圈冰帽融化、海平面上升、海洋酸化、地下水与土壤盐分增加、旱灾和降雨量变化造成沙漠化……摧毁生计的急剧天灾越来越频繁:暴雨、洪水、热浪、野火等。各种自然环境相关风险,已成为全球风险报告中的常态,并与冲突和迁徙等风险密切相关。水资源匮乏、气候变迁、极端天气事件、强迫迁徙等多重事件,形成威力强大的"风险倍增因子",深重影响着世界各地的安全、经济与社会福祉、政治稳定。

第二次世界大战结束后的种种基本人权或社会的进展,都可能因自然环境的恶化而归零,而且每个国家都无法用围篱或高墙来阻挡。它更逐渐威胁脆弱国家或地区内部的和平,这方面的破坏作用远大于地缘政治冲突或恐怖主义。自然环境的剧变在不可逆转地持续加强着,它将危害地球所有人和生物,成为21世纪世界和平与安全、发展和人权的首要威胁,是人类世界面对的最具毁灭性的生存危机。

英国前首相与战时领袖丘吉尔,在世界进入巨大威胁和动荡时代之际,于1936年11月12日公开演讲:"由于过往忽视各种警讯,我们已进入危险时期,延宕、半途而废、安逸、便宜行事的时代也将告终,这是要面对后果的时期……我们已经身在其中、无法回避。"

2007—2009年间的中国画家刘亚明,则在四面欢歌的热闹氛围中独处冷清的画室,用画笔、颜料在二维平面上落实他对人类整体命运的远虑近忧。用写实的技巧、象征的方式,他把自己对当代世界毁灭性危机的感受、思考以及超验的寄托,转化为生动直观的一个个形象,统一在阴沉的色调和恐惧的情绪氛围中。扑面而来、席卷一切的末世图景中,密密麻麻的敏感者、迟钝者、绝望者们组成在劫难逃的所有人。绝无仅有的从容者,如同不可思议的精灵,在肉身即将被淹没前让灵魂在另一维度中寄托希望……

《苍穹之眼》:人与上天

《世纪寓言》是"一"字型构图,《人间幻境》是"S"型构图,《苍穹之眼》则是"X"型构图。长12米、高9米的《苍穹之眼》中,以高楼鳞次栉比的地面为中心,各色人等呈放射状飘浮起来,外围夹杂着各种飞鸟、走兽和海洋动物。肉身沉重,被地心引力牢牢吸附在地球上;能飘浮起来的,只有出窍的灵魂。如果相信冥冥中自有天意,那么,人在做,天在看,"苍穹之眼"是上天/造物主在垂看人间灵魂。《人间幻境》中的一双血红巨眼,盘踞在人间低空之上。《苍穹之眼》中则看不到苍穹的眼睛,因为冥冥之中的上天/造物主位于至高无上之处。

《苍穹之眼》中飘浮的人数量众多,动作和神情迥异,但在"X"型构图中有清晰的秩序:处于画面上半部分的人们向着光明上升,下半部分的人们朝向黑暗下落。中间地带的最左侧,两人交错:一人在竭力升腾,试图进入光明区;另一人下坠的趋势已定,惊恐绝望。中间地带的最右侧,一位女子处于趋势将要显明而尚未显明的悬念瞬间。仔细观看两个区域里的人们,虽然每一位都显现着独一无二的特性,但两个"共同体"之间的整体差异是明显的。轻盈上升到光明区的人,倾向于虚心、哀恸、温柔、饥渴慕义、怜恤人、清心、使人和睦、为义受逼迫;滞重下降到黑暗区的人,倾向于心灵刚硬、冥顽不化、自高自大、悖逆到底、作恶为乐、任意妄为、凶暴邪荡。既然是聆听天意、遥感天眼,画家在构思和绘画过程中,尽量开放自己灵魂层面的感知和想象,让难以思议的画面经由契机涌流出来。浩瀚苍穹中,神奇的大光不但从上空照耀下来,还从多个孔洞和缝隙中喷薄而出,流光溢彩、绮丽澄澈、交相辉映、变幻莫测。和幽深冷酷的黑暗区域相比,更显出光明的美好神圣。

黑暗是光的缺乏,寒冷是热的缺乏。终极价值方面的虚无,滋生出自以为是但又无根的相对主义。每个人都不过是人,《苍穹之眼》在仰望、祈祷中感应苍穹之眼、命运之手,期盼上天/造物主的评判和处置,因为上天/造物主才是起始、终极,是绝对标准、神圣依据——如果相信的话。每个人做出具体判断的根本依据,其实都是无法验证的基本假设(assumption)他到底相信什么?不同的基本假设之间不可能达成共识,人与人之间的根本差异因此产生。相信世间一切从化学物质开始到化学物质结束,是一种相信。相信有超越化学物质、创造一切、慈爱公义的上天/造物主,也是一种相信。

《人间幻境》:人与人

在画家起初的构思中,接下来的第二幅是《人间幻境》,然后是《苍穹之眼》,最后以《人间乐园》收尾。但根据当时的具体条件,先完成了《苍穹之眼》,然后才着手于《人间幻境》。《世纪寓言》是人与自然的关系——自然反噬透支它的人类。《人间幻境》则是人与人的关系——在各种世俗欲望的驱使下,人心中的污浊泛滥奔流,每个人都丑态百出乃至凶相毕露,让人间污秽不堪的循环往复着。这种人人沉溺其中又人人无力自拔的阴森命运,让人不禁仰天追问。《苍穹之眼》从上天的角度俯视每个人的灵魂状态,仿佛是最后审判前的调查、辨别。这三幅巨画的逻辑关系如此这般顺延开来。《世纪寓言》是平视的场景,《人间幻境》则是从45度角俯视:在平面绘画上,这个角度既能通观全局,又能看到接近于日常视觉经验的大量细节。强烈扭曲的S形洪流,从《人间幻境》的左上方开始,蜿蜒贯穿整幅画面,将密密麻麻的众生分为两个回旋不止的区域。每个区域中,人群又围绕各种各样的冲突形成彼此交集的一个个回旋。黝黯的

人间幻境 布面油画 750cm×1200cm 2016—2021

苍穹之眼 布面油画 900cm x 1200cm 2011-2015

无底深渊、灼热的火湖不断将人吞噬其中，但大大小小回旋的态势没有因此缓解或止息，因为在画面左上角，源源不断的新人们争先恐后的投入进来……

这幅高 7.5 米、长 12 米的巨幅油画中，1200 多人的身形清晰可辨。左上角正期待入场的新人们，和右下角抬头仰望的中年男子，形成画面的首尾。这男子神情悲戚惊悚，他的视线穿过扰攘人群，直指画面正上方——那里是"幻境"中的低空，两只血红的巨眼，盯视着正在发生的这一切。画面右上方的人们，以置身事外的姿态旁观、记录着狂乱场域中正在发生着的人事，却浑然不觉自己也在那双眼睛的俯视范围内，也随时可能被裹挟到难以自拔的困境中。

既然是"幻境"，画家从他的视野、脑海和心田中萃取视像，把经验和想象交融集结起来，如实如梦、亦真亦幻。画中形形色色的各种具体行为，裸露着人心的贪婪、奸淫、邪荡、诡诈、残忍、冷漠、恶毒、暴虐……人和人之间彼此揪扯、倾轧、撕咬、吞噬……基本关系是互害。"他们各人都退后，一同变为污秽；并没有行善的，连一个都没有。"（《圣经·诗篇》53 章 3 节）低空中又盘踞着令人恐怖的超验力量。"那时，你们在其中行事为人，随从今世的风俗，顺服空中掌权者的首领，就是现今在悖逆之子心中运行的邪灵。"（《圣经·以弗所书》2 章 2 节）

仔细推究画中各色人等的各种行为，他们所贪求、所抢夺的，可以归结为三项：肉体的情欲（the lust of the flesh）、眼目的情欲（the lust of the eyes）、今生的骄傲（the pride of life）。这三项在人心中随机发酵、相互交错、彼此叠加，生发出千千万万具体而微的行为来。日升月落、星移斗转、四季交替、岁月流淌，但人性从未改变过。《人间幻境》中，人类古老的行径在当代演化、细分为种种貌似全新的言行，这是"永恒和不变"与"过渡、短暂、偶然"的化合，是画家对抽象人性的直观化、情境化、当代化表达。或者，直观表达着当代情境中人们的种种行为，反照出从未改变的抽象人性。和《世纪寓言》中严谨细腻、力求逼真的美学追求不同，《人间幻境》松动幻化、笔简意丰。动态激烈、声色俱厉的一千多号人，被充满张力的 S 形构图归拢起来，各从其位。严格控制基本结构、整体色调的同时，局部的形体描绘、空间渲染要相对放松得多。

用线条勾勒出基本形象后，细致塑造刻画某些局部，其它大部分区域用大笔蘸稀薄颜料纵横捭阖、挥洒罩染。这种方式增添了在画面中流动的气息，和影影绰绰的幻觉感，调动观者的经验和想象来自由填充。这方面，画家从挚爱的伦勃朗、透纳作品中借鉴经验，也汲取中国草书、写意水墨画的特性，和他向来注重气场、不喜琐碎的秉性自觉不自觉间融汇着……

《人间乐园》：新人新地新天？

从 2007 年到 2021 年，《世纪寓言》《苍穹之眼》和《人间幻境》逐步完成。这 14 年里的沧海桑田、人事变幻，在浩瀚宇宙中如微尘中的微尘，但对画家来说却意义重大。以一人之力，自费、独立地完成面积巨大、细节繁多、末世关怀、终极追问、环环紧扣的三部鸿篇，日日夜夜的劳心费神、孤独寂寥可想而知。

表达是释放的过程，也是梳理、反思的过程。在这漫长的 14 年中，画家的情感起伏、观念推进和语言演变，绵密清晰地留存在了画面中。

按画家的规划，这三幅之后，还将有《人间乐园》来结尾，它的面积将是《人间幻境》的四倍。正在构思中的《人间乐园》，是他对人类命运的终极思考，和对人类未来的美好愿景。

每个人都不过是人，在苍穹之下极其有限。而且，"魔鬼同上帝在进行斗争，而斗争的战场就是人心"（陀思妥耶夫斯基《卡拉马佐夫兄弟》）。人性自古以来从未改变，未来的人类会更好吗？在完美的乌托邦里，自愿选择的神圣信仰引导内在心灵，强制执行的正义法律约束外在行为。但叵测的人心是反乌托邦的前提，"自我毁灭法则和自我保存法则在人类身上势均力敌！魔鬼同样统治着人类直奔到我们还不知道的时间之极限"（陀思妥耶夫斯基《白痴》）。

如此看来，人间不可能有乐园。假如人间将真有乐园，那也只可能是所有人都经历过《苍穹之眼》的评判和处置之后。经历过后，那些因信仰慈爱／公义的上天／造物主而获得恩典的人们，被不可思议的大能焕然一新，在也被焕然一新的天地里，和上天／造物主心灵相通，和同类及万物和谐相处……如此才可能有人间乐园——新人、新地、新天。

这是笔者的推想。

作为画布上的创造者，画家将创造出什么样的《人间乐园》来，我们在接下来的年月里拭目以待……

苍穹之眼 创作现场

1965 年出生于江苏省南京市。毕业于南京艺术学院美术系版画专业，获刘海粟奖学金。1991—2009 年南京军区政治部前线文工团从事舞台美术工作。现在工作、生活于北京和南京。

沈敬东　SHEN JINGDONG

图片 / 由艺术家提供 编辑 / 雯子

冲浪去 布面油画 150cm×200cm 2023

我们都是好孩子 布面油画 120cm×150cm 2023

我们都是艺术家 布面油画 150cm×200cm 2023

沈敬东：严肃的"玩笑"

文 – 马少琬

　　沈敬东有"劳模"艺术家的戏称——无论是创作还是展览，他都一直维持在极高的水平和量级。即便是在过去这几年，也没有受到影响；生活和社会中猝不及防的事件，反而成为激发他创作的契机。然而，作为艺术家，如果可以用"勤奋"称之的话，沈敬东的勤奋绝不在于作品和展览的数量和规模上，而是在于他对自我的尝试、探索和不间断的自我突破。在他过去一两年创作的新作品上，可以清晰地看到一个艺术家在自身创作原则与边界探索之间不断游走的张力。

　　将沈敬东的几件新作"朋友"系列和"聚会"系列放在一起"阅读"，首先感受到的是一种陌生感，是与"观看"艺术家其他系列作品时略有差异的体验。明明仍是熟悉的创作手法——极具童趣的人物形象，拥有陶瓷和玻璃钢质感的鲜亮、光泽的肌理表面，呈现出来的轻松、幽默……不同的是什么呢？似乎多了一些让人试图去"阅读"的探究欲望，而少了一些面对军人、小王子、国际玩笑、表情包等系列作品时令人一眼就能会心一笑的更直观的"观看"体验。

　　这种感觉似乎并不"波普"，也很不"沈敬东"。他一直希望自己越画越简单，希望让"观看"没有障碍。他从事艺术之初，就不满于当代艺术圈层化的倾向，希望能够打破精英文化和大众文化的界限，让艺术走向大众。他的作品确实做到了这一点，用孩童的视角去看待世界，确实打破了艺术观看的门槛。每个人都能够以自己的方式观看——会心者兴味盎然，似乎能够读出更多的东西；不求甚解者亦悦目赏心，各得其所，无伤大雅。不需多做解释，也无需强作解人。

　　从主题看，这样的画作往往拥有广泛的"群众基础"："小王子"，来自大众共同的阅读经验，赋予了它广阔的接受空间和共情基础；"军人"系列，不止一代人的感受和历史记忆，赋予了它极大的阐述空间；"国际玩笑"系列，当下发生的社会时事和国际环境的共同关注，赋予了它强烈错置下的幽默感。

　　而《风雨同舟》《聚会》《重新开始》等作品，在主题上似乎有极大的转向：《风雨同舟》等六件作品，主题都是艺术家的四个朋友；《聚会》等三件作品，源自朋友间三次难得的聚会。那些与社会相关的链接和表达似乎少了，而个人的内在经验和感受的自我表达似乎多了；让大多数人一看就懂的会心和幽默少了，身边人更能感受到的会心和趣味多了……而在作品《聚会》中杯身上的姓氏，或许可以看作是一种对于私人圈层的"阅读"提示。（《开国群英图》虽然也是群像画，却又不同，它的观看基础是所有中国人共同的历史经验。）

　　为什么试图让艺术走向大众的艺术家，在新作中将主题从单一的个人转向朋友的群体？创作来源从大多数人的经验，转向私人圈层的经验，是对自我的背离吗？其实不然。在这些作品中，创作的连续性，以及对自己关心的问题的探索、深入与反思，要远远大于表面所呈现的断裂。

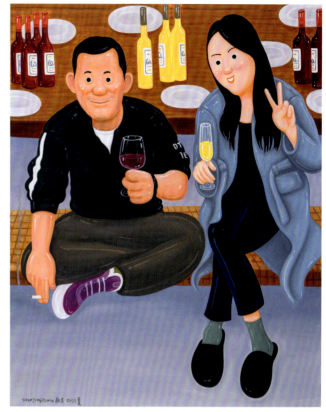

演员 布面油画 120cm×150cm 2023

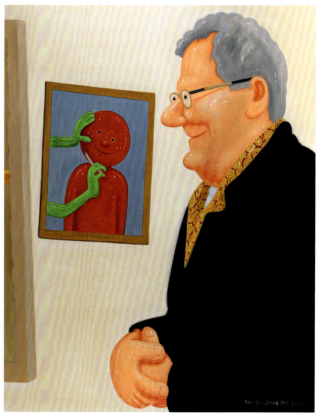

收藏家 布面油画 100cm×80cm 2023

把严肃的变得好玩，用个人的幽默去对抗社会生活的不幽默，用不严肃去反抗压抑个人的严肃，是沈敬东最鲜明也最令人着迷的特质。不过，以"孩童"的视角看世界，并不意味着肤浅；童话般的意境，也并不真的意味着没有社会意义——以孩童的视角去重构这个充满威权的成人世界，本身就是一种对威权和拥有权威者的解构。正如艺术家所说，"艺术是基于现实之上的一种思考和表达"。这个现实不但包括了当下正在发生的现实，也包括了从历史照向当下的现实，以及什么样的现实都无法压制的对"童话"和理想的向往。轻松、开心的"浅显"与"简单"的追求背后，往往是对一个原本很沉重很复杂的世界的敏锐感知和背负。

沈敬东曾说："我的作品就是让大家笑一笑。"但他没有说的是，怎样的笑——幽默的笑？开怀大笑？还是会心一笑？笑，其实最难。因为他必须要用一种最直观的方式，传递出那些大家最普遍，却又难以言说的共通感受——无论难以言说的原因是找不到恰当的方式，还是因为社会环境的无形压制、意识形态的潜在威胁、自我意识的无声沉寂，还是不愿触碰的伤痛……

是怎样的画面，让不同年龄、背景、经历的人都可以轻松一笑？如何打通个人化体验与普遍经验之间的鸿沟？精英文化和大众文化之间的裂缝，真的可以弥合吗？从这一问题的角度去看沈敬东的"朋友"系列和"聚会"系列，这些讨论不但是在延续，而且是在不断深化。

理解、会心的前提，是符号所唤醒的普遍经验——之前的军人、小王子、社会事件以及公众人物等主题的画面中，都有着很强烈的可以被识别的特征和符号。这些符号通过唤醒每个人独有的经历、趣味、创伤、回忆等各不相同的经验，产生极具开放性的意涵，由此具有极大的可阐释性。

在"朋友"系列和"聚会"系列中，在所运用的绘画语言没有改变的情况下，符号和意涵的对应关系却发生了相互置换：之前是以个体的形象，去唤醒群体共有的经验，让人相视一笑；而现在则是以群体的形象，来唤醒个体内在的经验和趣味，除了对于艺术家和朋友之外，是否还拥有让人一笑的魔力？《风雨同舟》《我们都是好孩子》《我们都是艺术家》《家有良田三百亩》《毕加索在此》《冲浪去》等六件作品中，完全相同的人物，不断变幻的身份、背景、装扮、时空，这种对照，不但让整个系列因为这种关联性呈现一种共同的意味，也让每一幅画单独的细节都更具趣味。这种方式，更像是一种有意识的创作模式：从一种套式（一种形式的程式化）出发，从而衍生出无尽的创造力。古希

家有良田三百亩 布面油画 100cm×120cm 2023

风雨同舟 布面油画 150cm×150cm 2023

聚会 布面油画 150cm×300cm 2022

又一次聚会 布面油画 150cm×300cm 2023

Begin Again 重新開始

重新开始 布面油画 200cm×200cm×3 2023

腊时期的荷马史诗，中国古代的戏剧，甚至诗词，都具有这种特征。绘画上如晚近的《雍正行乐图》——雍正皇帝在不同的绘画里大玩变装，一会身穿西洋服饰刺虎，一会儿又成了密宗高僧打坐，反而呈现出一种宫廷绘画中少有的幽默趣味。沈敬东的这几件作品也有异曲同工之妙，不同的是，艺术家在这一游戏过程中，以消解的方式赋予了一种独属于自己和这个时代的反思。

这样的群像，还极有可能引发人们另一个方向的思考：抛开那些外在的东西，可以识别的装扮、环境、社会赋予我们的身份，是否还有一些不能被改变的特征，可以作为独属于自我性格的辨识？究竟是哪些东西，让我们如此不同？是什么让我们彼此吸引？是什么让我们有了各自不同的经历，跨越时空之后，仍然能够一次又一次在聚会中相见的时候，彼此相视，会心一笑？

毕加索在此 布面油画 120cm×150cm 2023

在我看来，这些作品是对边界的进一步探索，是自我更新过程中，必然产生的深层反思，是潜意识中对过去的质问：艺术能够做到真正的"波普"，向所有人开放，让每一个人都会心一笑吗？纵然精英和大众的鸿沟可以跨越，那时代呢？文明呢？文化呢？艺术是否真的有助于一直逼近一个最低的共识和底线？那些权威的拥有者面对这些玩笑，是否也能哈哈一笑？

那么现在看来，沈敬东的"艺术玩笑"是严肃的。

母爱 布面油画 100cm×100cm 2022

三口之家 布面油画 150cm×200cm 2022

2023

年度艺术家档案

绵延的目光

洪凌
HONG LING

1955 年生于北京，白族。1979 年毕业于北京首都师范大学美术系，1987 年毕业于中央美术学院油画系研修班。现任中央美术学院造型艺术学院油画系第三工作室教授、研究生导师，中国美术家协会油画艺术委员会委员、中国美术家协会会员、安徽师范大学美术学院客座教授、安徽大学美术学院客座教授。

图片 / 由艺术家提供 编辑 / 徐小禾

暖玉升烟 布面油画 250cm×430cm 2024

为什么我们会把眼光，自觉地转到自然山水，其实我们东方人看山看水，就是看自己，在那里他看到了自己，看到了自己心里。

——— 洪凌

蟒山静夜 布面油画 200cm×160cm 2017

洪凌：如果你心中无山你便无山

对谈人－杨键

艺术家 洪凌　　诗人、艺术家 杨键

杨键：在皖南的山里转悠，我经常看着远处那个山上的颜色，翠绿中带着黄点点的山尖尖，我一看这不就是你的画嘛！

洪凌：三十年前我从杭州坐着车过来，第一次接触这边的山，以前最早学中国画的时候，我就看不懂四王的那些画，我刚开始并不懂中国山水，它好像是给成年人读经似的那样，你不到那个岁数，不到那个程度，根本看不懂，那个连绵不断的像很死板的窝窝头一样，我觉得它们不是生命，也许可以叫作符号，可符号的那个密码我又不懂，到底它意味着什么？年轻的时候真的不懂，可能我们的绘画，小孩初学山水绘画，都是从芥子园开始，芥子园也是一套符号系统，一些招式，树怎么画，石头怎么画，山怎么画，草怎么画，有一套程序码。这是初学的技法，因为绘画一开始从技术入手，不是从眼光入手，而西方比如谈写生，它直接属于这个训练体系，文艺复兴后期，他们写生也是比较晚近的事情，它是到了印象派时期，他们提倡把箱子从屋子里搬出来，然后在外光下直面自然，人不动，画板不动，为了把眼球上看到的真实复制下来。那个时候还没有照相机，人直接复制眼前看到的所谓真实，那个愿望极其强烈。古典主义时期也是面对一个人的写生，这个从达芬奇文艺复兴时期就开始了，可能还早一点，用模特画，只局限在画人，通常也是写生的方式，从屋子里边黑暗的光线下，搬到一片光明的地方，所以说西方人的眼光在扫视自然，主动的去面对自然，去画自然，去研究自然。实际上也晚于我们很长时间了，我们很早就开始，但是我们不是写生，我们是要走，我们一边走一边看，这个过程更难一些，行走和看实际上是拿心看，并不是想复制你看到的那个，我们不像他们在透视上、解剖上、色彩学上，科学地一个一个发展。达芬奇发现的人体的解剖学，透视学，近大远小，包括后来色彩学的这套原理，他们实际上是用绘画的方式，实现他们的原理。这个原理实际上都围绕着要复制我们眼球所看到的世界，当然这整个过程你不能完全否认他心灵不会动，他肯定心灵也跟着动，但是他先入为主的是一个条件。所以我们今天回过头来，从这个雕塑学的角度来说，如熊炳明先生在一篇短文里头说的，早期那些佛像从功用上是来敬拜的，从美学的角度来讲，没有感受到它的力量，也没有感到它有多么神秘，多么独特，有多少智慧在里边，或者精神性在那里，在他到了西方以后，他的老师说，你们东方有那么好的雕塑，你大老远跑到我们这来，我怎么教你？拿什么给予你？做雕塑的祖宗在你们那儿呢。熊炳明说他学雕塑的时候其实西方已经进入现代的这个边缘了，他们开始打破他们的传统，所以他认为最高的就跟毕加索说的一样，非洲有、东方有，西方不是没有，是他们那一套理念最开始包括古希腊的，然后说多么优美多么神圣，你看那个维纳斯，包括大卫，学到深处他才发现，佛像基本没有太大的动作。佛是一种超拔伟岸，而且当你面对他的时候，他可以无限之大，无论从造相上、从精神上，我们的云冈、龙门没有受透视的约束，我们是一种精神塑造。说老实话，以真实的视觉所看到的人类，在我们东方，在我们老祖宗的雕塑里，已经把好多东西淡化掉了，他认为就是西方所说的，这肌肉的整个真实的形状和状态，包括人的真实动态，它不重要，而佛所指的都不是生活所需要的，他的那个手印、站姿或是坐姿，他是跟他

的整个精神，人体的精神，想表达的是相互关联的，包括他的那个胸部，往往都是非常伟岸的。他的动作基本是盘着的，没有下半身，因为他要穿一个袈裟，要塑造他，穿一个袈裟就挡住了，为了塑造佛陀的精神，他很整，没有零碎。埃及的艺术也是，基本是正面，要不就是侧面，它没有四分之三，认为那样不庄重，一个生活的人，一个观察生活的人，一定是全方位的，从哪个角度都可以看到，为什么他回避？他不会弄到四分之三？他没有透视的意识，他认为那个很怪，不庄重嘛。再说他做那些东西，实际上都是法老决定的，一定要一正一侧，那种鬼的不像人的形象都被忽略了，但是你看，西方最崇尚的最有力量的那个雕塑，就是我们说的大卫。我们上学时老画那个大卫，他的肌肉是扭动的，必须要强调这种扭动，所有的动态必须要展现他的肌肉的力量，米开朗基罗那就更是了，完全展现一个生命的力量，人这时复活了，神走了。正面怎么展现出力量？一定得扭动起来，就跟健美运动员老表现的一样。当你看久了这个大卫，看久了这个英俊，这个充满力量的肌肉，你再看佛，你觉得佛的力量太超拔了，那根本不是一个肉身的力量，那种庄重、那种穿透力、慈悲、你看他那个眼睛是不看人的，垂着目，实际是内观的，它的力量是里边出来的。佛没有肌肉，他是温润的、放松的，这时我们才知道其中的奥秘，我们是精神上的力量，不是肉身的力量。

杨键：在当代艺术家里，你应该是与山水的缘分最深的艺术家。

洪凌：我最早第一次踏入的山，是北京郊区的房山，比较陡峭，比较硬，斧劈皴，山里边就是石头，很薄的一层土质，包着大块的岩石。南方用的比较多的是披麻皴，黄公望的《富春山居图》就是这种山，很缓的，植被很厚，扒了半天土，最后才见着石头，上面的草、植被，茂密发达，树很多。因此南方的山是朦胧的，长长的，一个一个皴，由近而远，缓缓地推过去，有点像王维的诗，温润、悠远，你可以静静地坐下来，可以静静地面对。在你修行的时候，它就像一块垫子一样，你向远方望的时候，它没有遮挡你，觉得它压着你，我们说的高山仰止那种，也不会让你看到它以后，心绪起伏有澎湃的感觉。它非常平静，它是养人的山，它能留得住人，这么多人在这边能住得下来，当年北方的望族迁过来能够留得下来，说明它的物产，它的这个土质，它的这种厚度，植被的丰富性、种类的丰富性，包括那些河流、那些小的河汉也丰富。满山都是竹子，我觉得悠远极了，你可以静静地看它，它也可以跟你对望，最后慢慢看进去，开始我们觉得不过瘾，看多了以后发现，噢，这个东西它可以把你吸进去，虽然你看不到那种大山大水，像朱先生在青海画的那种，让你心潮起伏、慷慨高歌的那种山水，不是的。皖南是宁静的、厚实的、悠远的，它会把你带入很深很深的内在的心绪里面，会走很深远，不是向外的远，而是向内的深，你读多了以后，你不读，它也在你心里了，通常你可能会因为季节的改变，你可能会去看一下，因为下雪了，秋天的叶子红了，春天花开了，你就去看一看，有时候会有这个愿望。因为本身它还是那样，是一个山水的概念，无春、无冬、无夏、无秋，无变化，你只是看山看水，这个时候，当你以这个心态去看山水，你已经看不到春夏秋冬，

松岗 布面油画 170cm×400cm 2020

就是看山的内质，看山的本质，它所形成的那样一种跟你心境相对应的状态，就是你想象的山，你心里边藏的那座山，万千大山，此时跟外界能对得上，你就可以感受到那个滋味，就越来越向内在走。季节当然好，它有变化，有突如其来的久违了的那种感觉，但是看山，我觉得还是看心中之山，你如果心中无山你便无山。所谓中国的山水，其实西方人可能从他们把画架子端到野外去画，他们其实画的是光，他们画的是色彩，他们取自然里的一小块，他认为新奇的，实际也为了颜色本身，它的工具本身所显示的绘画的那样一种，其实心灵进入的不多，像印象派那样的画，有多少心灵能够进去呢？它那种画跟我们的中国山水画，彼此之间方向不同，要求不同，切入点不同，最后结果也是不同的。不能说人家是流派，不能说人家不好，西方它也是源远流长的，只是我不喜欢，开始有一段我可能很喜欢，我也临摹过那个莫奈啊，睡莲啊，久而久之随着年龄，逐渐的对我们自己的东西认识的更加深入了以后，反而觉得他们好像有点不过瘾，就像我们喝白兰地喝多了。我们二十几岁的时候，觉得白兰地真好，那颜色又好看，然后喝起来，各种药香花香，丰富至极，就像欧洲女人一样。欧洲女人皮肤白，白里边很丰富，血管里透着青，随便晒一点太阳，身上就会有那个玫瑰红出来，整个肤色的丰富性，特适合于油画表达，她那种感觉，金色的头发，棕色的头发，眼睛像湖水，像蓝宝石一样，然后她们的五官是锋利的，如果跟动物比，她们像鹰，她们太像鹰了，我们像什么？我们像那种钻到地里头，洞里边，什么熊啊，粪虫啊，就是那种钻到地底又钻出来的那种，钻进去也看不出来的，很好隐藏的，他们是天空中翱翔的，他们隐蔽不了，他们是鹰，很厉害的动物。

杨键：我们的古典艺术家里，你最喜欢谁的画？

洪凌：现在回头来看，我说中国最好的有一横一竖，横着的就是《富春山居图》，它平，优雅，波动，缓慢的像一把大提琴，我在台北看过原作；再有一张竖的，就是《溪山行旅图》，一个宋代，一个元代，这是一横一竖。我觉得最代表中国的就是这两张，一个是立碑型的，一个是长卷的、敞开式的，尤其北宋，立碑型的，那时画院还在，国家从汉唐一直到宋，我们没有外族侵略，我们没亡嘛，我们的宫廷绘画在北宋达到极致。中国文化我觉得北宋好像中国的腰，很美。北宋是一次重塑，它把前面的文化，那个胡的文化，比较杂的文化去掉，回到汉文化，以儒家文化为本体，因此书法大家、文学大家、绘画大家，全在宋代。那个时代的绘画，我老觉得很像西方教堂里的那种圣歌，其实我们宋代的这个绘画，你感觉到那个气足、从容，宽阔、深厚、典雅。我们的皇帝都是大师，而且他们书法都是一流。

杨键：徽宗的瘦金体，在他很早的时候就创造出来了。

洪凌：在我们《溪山行旅图》出来的时候，西方还没走出中世纪，还在那个黑暗的苦闷中没走出来呢。所有宋代这些大师，在他们面对那个大山的时候，他们有那么多话要说，他们有那么多感受，面对那一层一层的山，一层一层的水，然后面对春夏秋冬，你在他们的画里，能感觉到他们所有的这些表达，都有着对人生深刻的反思、反省，有一种苍凉感，有一种悲悯感，有一种苦涩，而且整个回溯到一个人生。

暮帘 布面油画 120cm×180cm 2022

润秋 布面油画 120cm×160cm 2023

杨键： 李成的那张《茂林远岫图》太感人了，你看过原作吗？

洪凌： 看过，在台北。我们可惜了，一批好画，如果说我们没有文革，没有民国，没有周围的整个势力，国际势力不那么恶劣的话，我们不会分化到这个程度。

杨键：现在真正在画山水的人太少了。

洪凌： 他们不相信山水了。

杨键：这一代人都不信任山水。

洪凌： 西方人对他们的宗教，现在也不信了，现在信的就是胳膊肘。

杨键：而且如果不是这样的话，这一百年对西方的盲目的崇拜，也不会这么严重。

洪凌： 不会，山水在，我们的精神就在；山水在，我们的定力就在。我们经过上千年，才把它留在人心里，特别是士大夫的内心，我们轻易地就把它摧毁了，我们太惨了，近代太惨了。现在一说，真理就在大炮射程之内，它变成了极端的实用主义，哪还有真理？都在大炮之内就没真理，那就用胳膊肘吧，我们回到丛林嘛！今天整个都变异了，我们都是空壳，空壳就是无心人，没有宗教就没有心，没有内里的一种定力，甚至不愿意自己试试，我们活得很空洞，不是佛教的那个真空，是啥也没有的空洞。

杨键：皖南这个地方的云好像很特别，跟西藏的云不一样，跟其他地方的云也不一样，云对你的画有没有影响呢？

洪凌： 你知道，我们中国的山水画就是一块白纸，天就是白纸，古代谁画云啊，那是近现代他们才画云。我其实比较看重的是皖南的雾，云我基本上是不画的，实在不行，偶尔可能会很含蓄的暗示那么一点。我觉得如果从中国画的角度来讲，古人怎么会画云呢？你看我最近画的那个大画，也有压下来的感觉，但是比较虚化，我考虑稳重的、待得住的那个山，水是流动的，是多变的，然后你把山画得太稳固了，感觉到呆板的时候，我是靠云气、靠雾气，去破它、去调节它，让它充气，活起来。当感觉到它开始死了的时候，我会等它干了以后，再拿笔，慢慢慢慢地蹭，在蹭的过程中，会出现很虚化的感觉，你叫它云也可以，当它进入山里边，也可以叫做山岚之气，这个是很重要的，它更应该叫做气、叫做眼、叫做虚，中国画里是画这个东西，不是画云。有的时候云在西画里很重要，因为西画是色彩缤纷的，有时天空是蓝色的，有时天空是黄色的，有时是紫色的，这些变化他们要画，尤其印象派，怎么能不画呢？但是我们的中国画，对云不是特别看重。

杨键：你对雾比较关注？

洪凌： 不是雾，我关注气。你看黄宾虹画的那个叫气眼，他留着眼，他留着那个没有语言的那一团气息，就像我们古人说的经络，你给我证明经络在哪？证明不出来，但它确实存在。我画山，画树，画各种树，他们叠成的那种状态，有实有虚，互相拉扯着，比较大的树，结实的树所呈现的状态，再加上山石，大块的山、石头，高的山石呈现的状态，比较历史，比较厚重。稍微远一点、小一点的草，它在那边形成一种虚像的状态，如果再有一点小雾穿过，那就更好了，它是气息，它是呼吸，山要有呼吸，实际就是它的不同的水气。黄宾虹说的浑厚

天青 布面油画 170cm×400cm 2021

华滋，因为万物离不开水分，离不开通透。你看我们家的树，如果砌堵墙，它这边全死了，气过不来了，要是把这个墙拆了，哗的，心就感觉它流进来了，你坐这都舒服，那个植物它也舒服，慢慢地它又复苏了啊，你觉得它的枝权支起来了，高兴起来了，好像在那舞蹈。所以气很重要，我们中国人讲气断了，就知道这个人死了，如果说这个人生机勃勃，就是气息流畅、贯通、饱满。

杨键：这个气太神秘了，那为什么抽象艺术在西方出现，我们却没有呢？

洪凌：这是因为他们在看自然万物的时候，他们脑子装的是古希腊的哲学，不断地在追究这后边是什么，他就是在找那后面的规律，找那个原子分子，然后不断地把它切开，他们老在想改变这个世界，对画面也是，我们这一个山水画了上千年，我们没完了地画，他们到了塞尚就开始企图，这个真不能再按透视来画了，咱们得所谓立体派，通常你要画一条马路，你要表达平远的那样一种透视点的时候，它就是用两排树来表现，但是实际的生活怎么不是这样的呀？我们都知道不是这样，他们那个远处的树，比这个近处的树，走近了，你看高多了，但是按这个特殊关系，就是近大远小，它是我们的器官造成的这种看法，但是如果你不按它的透视的方式去看的话，它久而久之影响什么？影响他的观察了，他不是自由观察。我们中国是自由观察，后边这一棵树，不一定远处就小，近处就大，我们心里记住这个植物，它是有小有大，不以远近来定的，那棵大树远处它仍然是大树，你走近看，你干嘛在那么远看呢？所以我们的构图是自由的，想让哪棵树大就大，想要哪棵小就小。我们的构图来自于我们的散点，所谓散点透视，就是我们不拘于在一个点上一动不动地看，我们可以行走。我们在行走的过程中，在看的过程中，读的过程中，哪棵树美？我再把它拿过来，哪棵树和哪棵树结合得好？它们俩在一块才好看？我可以拿过来，然后这个竹子是吧，它是一排线，这种形式挺有意思，把它拿过来，你看他们画的那种土里面的竹子，有时候排在草席旁或是围墙边，然后远处，一棵松树立起来了，黑色的高高的，跟这个短的密密的线，跟这个突然的粗粗的、高高的形成这种线的变化，但早期为什么不是我们中国人跑到抽象里？抽象为什么不是我们发明的呢？因为在我们的构成语言里边，其实早就有着一种抽象美的思考，书法里也有，我们有，他们是没有，它一脚就踏破了，从塞尚很快就走到康定斯基了。因为它不是一个庞大的循环性的资源，它是一条线似的，玩完了就不行了，它后边资源没了，再玩，那就再换一玩法。它不像一种精神表达，因为人的生死，人不就这么点事，至少这个资源，我们中国人已经表达了一千年了，从我们山水画出来，我们一千多年了还可以做。

杨键：你刚到这边来的时候，新安江就在你家门口，这条江对你的艺术有没有什么影响？

洪凌：我画山多，画树多，我当年来的时候，我就想，一个是，我这个宅子后边要有个小山，不要太高，就靠山嘛；然后我盖的这个房子不能太低，最好是一个坡地，果然这就有一块，我挑了五六个地方，挑到这个地方，这果然有一个坡地，从江那边逐渐上来。

杨键：过去你在家里，是不是能看到新安江？

洪凌：前面什么树都没有，一眼就可以看到新安江。

杨键：你虽然不画水，但水的那种润泽性，对你的画应该还是有影响吧？

洪凌：其实有没有水，要看你的植被是不是茂密，看你的山润不润，看你的画里边，画的过程中，精神上是不是烦躁？如果精神上你是很润泽的，你的画就不会烦躁，就不会干燥，所以我画画呢，尤其我把画室搬到皖南以后，我就觉得很踏实，可能因为我根子上是南方人。我虽然生在北京，我父亲是云南人，母亲是广州人，都是南方人，在这儿，慢慢我就觉得踏实下来了。有的人说，洪老师，你到南方这个地方，梅雨季那么长，你受得了吗？我真

稀音之一 布面油画 70cm×300cm 2023

的没什么感觉，我觉得很正常，跟北京比起来，我觉得这儿可能更适合我，更舒服。

这儿的山水环境，这儿湿润的空气，我觉得更舒服。北京太干燥，特别是有一年，我从这回北京，从机场到长安街突然堵车，每部车停是停了，但是发动机没关，没过一会儿，我的眼睛莫名其妙地开始流泪，已经完全受不了那个污染了，这就是因为我在黄山在新安江边待时间久的原因。

杨键：门前就是新安江，门后就是这座山，昨天看你画室刚盖好的时候，拍的黑白照，一家三口坐在那地上，后面还有一头耕牛，看着就像古代的那个感觉一样。

洪凌：有一次发水的时候，水就冲到铁门这儿没进来，你想想那个时候江水漫出多少来？那时候没有拦坝，都是土，江边很自然，然后水就漫上来，这样漫就不至于集中往中间灌，它很快就下去，自自然然这么多年，上百年就这么过来的，出来，进去，出来，进去。

杨键：你的画主要在一年四季当中铺陈开来，这在当代艺术家中几乎没人这么做。艺术家们的作品，几乎已经忘了我们这个世界还有四季的存在，你还在反反复复地描绘这四个季节，为什么你要这样做？

洪凌：今天季节已经不重要了，过去季节的重要，不是欣赏的角度，是周而复始的真实的变化。因为过去我们是个农业社会，对季节是极其敏感的，自然的我们的山水绘画，离不开这个季节的表达，但这种季节的表达，因为我们是黑白的，我们是以笔墨水墨为主的，所以季节的这个变化也是一带而过，点到为止的。因为我们中国绘画也不适宜表达这个，如果季节有助于表达心境，它会带上一点，比如荒寒啊，比如雪景寒林，比如渔舟唱晚啊，几片黄叶下来就感觉秋天来了，我们是带着心境点到为止，春夏秋冬不是很重要。因为山水要说的话太多了，后来有些人会搞春夏秋冬四条屏，这么一搞以后，它成为一种固定形式了，反而我们今天来看，就觉得它程式化了，不舒服，尤其是摆在我们过去的厅堂上，它变成一个铁律似的固定的摆这个东西。这个形式我开始也画过，反正拿着油画来试试，但后来这个东西我就不画了，我会把它画到一种大生命的构架里，一个大的生命，它是个春夏秋冬，我们每个人都有春夏秋冬，然后地球这个大的生命周期，刚好暗合了我们几十年的这个所有的生命，一个宅子有春夏秋冬，各个时期有各个时期的不同的魅力，不同的周而复始，它呈现不同的感觉，所以这也是为什么我这么强调，从皖南这儿，以这儿为中心来看整个自然，乃至于看全世界，看这个星球。

我们所在的幅员这一块，我觉得自然文化资源是最丰富的。今天回过头来，你看美国，虽然有大平原，有这个有那个，但是它跟我们这儿还是不一样，一个是它本身年轻，我虽然没有跑过大峡谷，也没有跑过美国那么多的地方，但绝不是我们这儿的感觉；然后你看俄罗斯西伯利亚基本上就是寒冬，荒寒的，它没有

什么山，俄罗斯平原基本没什么山；乌克兰产粮区也是一个大平原，没有山；欧洲丘陵也没什么大的名山，有比利牛斯山，阿尔卑斯山，他们没有把这一块资源转换，是因为他们的哲学观，他们的眼光一直在人身上没离开过，他们是人与人相看两不厌，互相看得没完没了，看到互相打成一团，又欣赏又掐架。从我们东方学的角度，当然有一段时间我们被误导了，在那个时间里确实喜欢洋娃娃、洋妞，其实你看久了，你如果细看，东方人这个美还是很耐琢磨，他们那个是一眼看着好看，耐不住品，你看看就会觉得，还不如看个山水。

如果要隐蔽的话，黄种人全脱光了，白种人全脱光了，黄种人很快就藏起来了，他们藏不起来了他，唉，他们太白了，个子又大，骨骼什么的，他们都是不隐蔽的，我们往山里一钻就自然隐蔽了，我们是接地气。

为什么我们会把眼光，自觉地转到自然山水，其实我们东方人看山看水，就是看自己，在那里他看到了自己，看到了自己心里，我们跟一棵树、跟一根草、跟一块石都是相近的，既是生命体现又有那种朴素感，这种生命的质朴感，互相有一种内在的连通。西方人他们看自然，好像没那么大的兴趣、兴致，默默地在看个自然，在他们那是不可能的。如果他们真看的话，他们的植物学家如果看的话，从植物学的角度，他们研究的非常认真，从植物学，从农业科学来讲，他们很发达、很厉害，但是就像铃木大拙说，你问一个东方人，一朵花可以解释花，洋人给你解释花一定是几个花瓣，什么科的？中心那个花蕊是什么状态？它是一种什么结构？什么作用？他给你讲的全是理论。你看中国人说

一朵花，他就会说，你看那个姑娘像那朵花，他肯定不跟你说纯理性的植物学的，那姑娘笑开了，那个脸多像一朵花呀，那腰肢扭起来，多像那朵花的枝权呀。中国人看植物看的都是生命，一竿竹子，一棵松树，是人格化的，看它能看到人，人的生命状态跟植物不分，相互不分的，张三就是根竹子，李四就是一个菜墩子。

杨键：就是庄子说的"齐物"。

洪凌：对，齐物合一。

杨键：一年四季中，你最喜欢的就是冬天，反复描摹、画得最多的也是冬天。为什么你那么热爱冬天呢？在你的作品中，雪景图大概是个什么样的比例？

洪凌：大概三分之一都有雪。可能是天性，喜欢雪是天性，我喜欢自然，喜欢山水也是天性，那一代人哪有人就画这个呢？哪有人一转头跑到这大山里头？面对中国文化，想找点东西，想跟古人一样面对自然山水，想跟它谈心，想说话，想坐在这儿不走，那时候牛逼人想出国，一般的人要往北京扎，周围外地的这些城市的，包括农村的都要往北京扎。那时我离开是因为我觉得够了，对于我来说我有方向了。

雾语 布面油画 150cm×300cm 2016

卷霜雪 布面油画 200cm×200cm 2001

寥寥长风 布面油画 220cm×450cm 2023

玄素 布面油画 70cm×300cm 2023

张恩利

ZHANG ENLI

图片 / 致谢龙美术馆 编辑 / 徐小禾

1965 年生于吉林。1989 年毕业于无锡轻工业大学艺术学院，现生活工作在上海。

摄影：Cathie Zhao

杂志主编 布面油画 250cm×200cm 2023

英文教师 布面油画 200cm×180cm 2022

"张恩利：表情"展览现场 龙美术馆（西岸馆）2023 摄影：shaunley　　"张恩利：表情"展览现场 龙美术馆（西岸馆）2023 摄影：shaunley

张恩利：表情

"张恩利：表情"展览现场 龙美术馆（西岸馆）2023 摄影：shaunley

2023 年 11 月 8 日至 2024 年 1 月 14 日，龙美术馆（西岸馆）举办了艺术家张恩利的大型回顾展"张恩利：表情"，如张恩利所言："这次回顾展并不完全是关于自我艺术的回顾，也是社会和时代的回顾，我希望它像一面镜子，让每个人都能找到一种自己的感受。"展览从艺术家绘画生涯中反复描绘的"线条"出发，以 2023 年最新创作的蓝色抽象作品为结尾，展出的百余件作品涵盖了张恩利 20 世纪 90 年代至 21 世纪初以人物为主的肖像、2000 年至 2010 年日常之物的肖像，以及 2010 年到现在创作的抽象肖像绘画。

在这三十余年的线索中，观者既可以回望张恩利最初开始画油画时，怀抱着要成为艺术家的愿望而创作的作品——《自画像》（1987）、《色纸挡住的灯光》（1990）、《悲伤》（1992），这些作品因社会生活条件的限制，尺幅不大，但这个短暂的创作时期中的绘画，有着鲜艳的色彩，红色的背景上绘制了人物、静物或抽象的物体等，让人印象深刻，也暗示了张恩利绘画创作至今始终贯穿的关注对象。循着三十余年的线索，观者还将看到恋人、少女、屠夫等寻常人物的时代刻画，或宴席、酒吧、舞池等场景描绘；看到容器、纸箱、桌椅、水槽、管子、皮球等日常物品的肖像，或花园、天空、树等自然静物的生命写照；看到艺术家对家人和母亲的深刻情感，或被抽象为线条的各式各样的人物。"线条"成为这三十余年线索的纽带，通过其颜色、走向、粗细等形式指向了艺术家想要传递的"情绪"，以"肖像"阐述"表情"。

不同阶段的创作反映了张恩利三十余年来对于艺术创作的探索，无论是早期对城市人物的关注，还是最新的抽象肖像绘画，都贯穿了张恩利对人、物和空间的持续性关注。张恩利每个阶段的作品都独具其风格，但创作的主题或技法上的改变并不突然，而是贯穿其创作风格的自然转变。当观者沉浸在张恩利不同系列的作品中时，便能察觉到作品之间内在的联系，即艺术家自始至终对生活、人文的关注和关怀，体会到张恩利为本次展览所写的——"万物皆肖像"。

狂风中行走的男子 布面油画 200cm×250cm 2022

光身子的姑娘 布面油画 150cm×350cm 2021

绘画爱好者 布面油画 250cm×200cm 2022-2023

少女 布面油画（三联画）147.5cm×321cm 1999

一笔生意 布面油画 100cm×100cm×2 2001

陈 坚

CHEN JIAN

图片 / 由艺术家工作室提供 编辑 / 雯子

1959 年出生，籍贯山东青岛，中国美术学院教授、博士生导师。现任中国美术家协会水彩画艺术委员会名誉主任、中国美术馆专家评审委员会委员。多次担任重要展览评委，多次参加国内外国家级重要重大展览，作品被多家重点美术馆收藏。

美丽的海岸 纸本水彩 38cm×31cm 2018

陈坚的这一系列小尺幅风景作品,画得极其精彩。在手掌大小的画面上,点燃勾画出了山、林、湖、海间的无尽风景。绘画的精妙之处,就是于精微处致其广大。我们在陈坚的方寸画幅中,感受到了人间四季的流转与交替,感受到了生命时光的绵延与不息。

山林 纸本水彩 15cm×23cm 2015

隐藏 纸本水彩 33cm×48cm 2012

无尽的风景

文 – 胡少杰

我在陈坚的风景画中看到了静寂与安然，以及画面背后漫长的孤独。我很好奇，处在今天这样一个纷扰与喧嚣的时代，这份静寂与安然怎么会呈现的如此纯澈。这让我对绘画又产生了强烈的兴趣，在外界不断讨论绘画的未来应该走向何方之时，我在陈坚的作品中似乎找到了我的答案。我当然知道，陈坚的风景绘画一定不是这个时代最"前卫"的绘画，相比于那些潮流之中的新鲜图式，陈坚的绘画或许并不"先进"，但是在我看来它更接近于"存在"本身。这无关于绘画的主题与材质，它仅仅是个体与"存在"之间的一种坦诚相见。

山色 纸本水彩 3cm×9cm 2008

陈坚最为外界熟知的是他历经数十年坚持绘就的塔吉克人，那一系列作品让我们见识了一位艺术家高远的情怀以及坚韧的信念。而走下高原与雪山，回到青岛晨光中的海岸，回到京郊暮色中的秋林，回到西湖畔的街巷、公园，陈坚的画笔也不曾停歇。绘画填满了陈坚的人生日常，那些明丽与幽暗的时光定格在了大大小小的画面上。在那方寸间，看似静谧的风景中，却有着激情涌动，而那些跳动松弛的笔触，却构筑了一种内在的笃定。绘画成了陈坚的精神容器，容纳着他生命中的无常与日常，附带着他生命的温度与深度。

熟悉陈坚的人都知道，他绝对不是一个墨守陈规的人。但是在人心浮动的时代，陈坚却毅然选择了在绘画上持续的坚守与沉潜。这不仅因为陈坚沉稳的性格，更在于他对艺术的敏锐的判断，以及对时代深切的洞察。处在一个被功利与娱乐驱动的时代，陈坚作为一个艺术家，有他的怀疑与坚持。早在中国当代艺术最为火爆的那些年，陈坚在喧嚣的浮华中不为所动，他选择在高原与山海间，始终如一的画他略显"不合时宜"的人物和风景。直到近些年那些虚妄的风潮散尽，陈坚的坚守与沉淀更加显现出了他珍贵的价值。

陈坚笔下的风景和他笔下的人物在艺术上的所求截然不同，但是却又彼此相通。人物画静穆高远，笔下捕捉的是写生对象毫无杂质的灵魂与面目，而风景画更多的是在画自己。所以他画中的山，画中的海，画中的幽林与小径，无论是具象还是抽象，都有一种独属于陈坚自己的精神意蕴。同时，陈坚的风景中又有一种独属于东方人的自然天成，它不仅仅是因为一种东方式的意趣使然，更多的是来自于陈坚血脉深处流淌的东方人"物我两相忘、天人合一"的精神根性。这就使得陈坚的风景绘画全然有别于西方式的风景画，也有别于一般意义上的单纯的写景与状物。而这种天然的独特性与自觉性，让陈坚远离了那些庸常的喧嚣，用一种回归本质的方式，探究着他自己的绘画之路。

红云 纸本水彩 26cm×36cm 2020

回看陈坚近二十年来的风景画创作，我更加真切的理解了他在艺术上的坚守，以及他对艺术清晰且笃定的认知与判断。早在 2008 年的作品《山色》中，我们就能够看出陈坚在绘画上的志趣，《山色》尺幅极小，但是画中蓝紫色的山体绵延，极具视觉张力，构图和用色都打破了惯常风景画的藩篱。2012 年的《隐藏》和 2015 年的《山林》则更像是内心探索的写照，在幽暗的植物中，隐秘的心事不为人知，只有画面深处才是最静谧的心安之所。2016 年的作品《北皋写生》以及 2017 年的作品《深沉》，用色沉稳，但是行笔流畅，既有水墨的意趣，又不失表现力度。2018 年的作品《美丽的海岸》和《永恒的记忆》，用笔极其概括，画面中的山、海、树等景物在平面化的处理中，简静悠远。同样是创作于 2018 年的作品《杭州龙井山写生》，画面只保留了一片带着笔触痕迹的颜色，抽象成色块的山景，迷濛中带着婉约。2020 年的作品《红云》与《斑斓》则看到了陈坚在绘画方法上的持续尝试，细碎的笔触点染与堆叠出既厚实又具有呼吸感的斑斓画面，构建出极富层次的视觉空间。2022 年的作品《冷光》与 2023 年的作品《暮光》，晦暗的画面中都透着神秘，而那幽谧的光，像是来自另外一个世界窥探的目光。

落日后的天空 纸本水彩 30cm×40cm 2017

深沉 纸本水彩 10cm×13cm 2017

白云 纸本水彩 33cm×25cm 2017

　　陈坚就这样一路走，一路画，从青岛到帕米尔，从北京到杭州，从中国到世界各地。那些散落在时空中的风景，无尽的绵延。一一览看陈坚笔下的这些风景，像是走进了陈坚的内心深处，那些平静的日常，那些隐秘的心事，他都坦诚相示，但却又讳莫如深。我也终于得知，他画面中的安然以及画面背后那漫长的孤独来自哪里——内心的坦诚与纯澈，所以画面平静安然；内心无尽的深邃与悠远，所以填满了漫长的孤独。

　　还好陈坚遇见了绘画，遇见了这无尽的风景，它们浸泡在陈坚的内心深处，然后又被一一晾晒在这些大小错落的画幅上，成为了陈坚生命的印迹，也成为了"存在"的证据。

走山路 纸本水彩 6cm×8cm 2016

深沉 纸本水彩 18cm×17cm 2020

中山公园 纸本水彩 17cm×11cm 2017

奇异的云 纸本水彩 20cm×16cm 2013　　紫云 纸本水彩 15cm×10cm 2017　　月光下 纸本水彩 15cm×10cm 2020

始终如一 纸本水彩 11cm×7cm 2020　　杭州龙井山 纸本水彩 9cm×7cm 2018　　龙井山之秋日 纸本水彩 19cm×27cm 2018

秋草　纸本水彩　28cm×34cm　2020

杭州的秋日　纸本水彩　32cm×36cm　2018

杭州龙井山写生 纸本水彩 30cm×28cm 2018

秘林 纸上作品 59cm×144cm 2018

弥漫 纸上作品 50cm×50cm 2020

青岛写生 纸上作品 32cm×41cm 2015

西湖 纸上作品 42cm×56cm 2021

清凉的林间 纸上作品 76cm×57cm 2019

夜晚的影子 纸上作品 56cm×42cm 2019

海歌 纸上作品 35cm×51cm 2020

春色 纸上作品 100cm×70cm 2024

张 杰
ZHANG JIE

图片／由艺术家提供 编辑／徐小禾

四川美术学院二级教授、博导、油画家。教育部美术教育指导委员会委员、中国高等教育学会美育专业委员会副理事长，中国美术家协会油画艺术委员会委员、中国美协重大题材艺术委员会委员、中国油画学会理事、重庆美术家协会副主席、重庆美协油画艺委会主任。获国务院政府津贴专家、重庆市学术技术带头人、重庆英才计划创新领军人才、重庆市突出贡献中青年专家、重庆市宣传文化系统"五个一批"人才。曾长期担任四川美术学院副校长，在国内外美术馆举办个展和参加重要学术性展览，作品被中国美术馆等国家级美术馆、博物馆正式收藏。主要从事油画艺术创作研究、美术思维与创新能力培养研究、艺术教育人才培养体系研究、艺术院校教育教学管理研究等。

滨江之城 布面油画 100cm×130cm 2023

"景观"不仅是影像或视觉形象的聚集，更是以影像或视觉形象为中介的人与人之间的社会关系，因此艺术作品也是景观社会的视觉再现。

—— 张杰

城市花园 布面油画 130cm×150cm 2023

张杰的作品体现了他对"城市山水"表达的探索:风景是西画的概念,山水则是国画的传统。"城市山水"是近年来很火的一个概念,很多国画家都在做相关尝试,张杰把城市代入了山水的概念,呈现出了很好的效果。

——— 郑工

城市化进程中的景观社会

文 - 张杰

  改革开放以来，随着城市化建设和都市化进程的高速发展，中国的城市已进入现代化的进程。先前的"乡土中国"正在迈入都市化、现代化的时代。基于对现实的关注，艺术家应敏感于时代的变迁，不仅关注都市进程中外部环境带来的变化，还应表现都市中人的生存状态和景观社会。"景观"不仅是影像或视觉形象的聚集，更是以影像或视觉形象为中介的人与人之间的社会关系，因此艺术作品也是景观社会的视觉再现。在我看来，都市景观既反映出艺术家所秉承的现实主义视角，也体现出图像时代的一些视觉特点，如虚拟、仿像、幻化。在这个意义上讲，景观社会的实质就是在城市现代化的今天，构建起的一个与都市相关的图像系统，由此反映在波澜壮阔的现代化变迁中，一种能反映时代巨变的文化精神。

  中国城市化与全球化有着密切不可分的内在逻辑，改革开放以来，中国的城市化因其进程特殊，显示出人类历史上鲜有的复杂性，对城市化进程和城市文化的关注也势必成为当代艺术家的一大主题。在全球资本效率驱动下，城市的标准模块化生产使得其城市形态显现出趋同，而重庆却在千篇一律的城市中保留了独特视觉性。重庆 1997 年直辖，2000 年前后开始了大规模的造城运动，从中等规模城市一跃成为超级大都市，由于它的历史地缘优势成为中国腹地发展的核心。同为直辖市，重庆和京、津、沪在城市结构上有着完全不同的概念，重庆直辖之初，人口 3100 万，农村人口占 81%，呈现大城市、大农村并存的格局，城乡二元结构异常突出，严重的城乡二元结构成为其城市化进程的核心矛盾和问题。为解决这一矛盾，地方政府在中央政府的领导下进行了一系列城乡统筹发展模式的改革，很好发挥重庆特大城市的辐射作用，建成了长江中上游的经济中心，从而吸附了大量农村劳动力和外来人口。近二十多年来，重庆 1000 多万农民进城，城市化率从 35% 上升到 70%。从三峡百万移民工程的实施到大城市带大农村的发展战略；从小城镇建设工作的推进到村民变市民政策的落实；从旧城改造和公租房建设到打造城市奇观提升城市品质和形象，已经成为显示城市身份和地位以及作为中国腹地面向世界的视觉窗口。这一切都为今天的艺术创作提供了丰富的创作资源和视觉景观，成为了中国城市化进程中最具典型意义的城市景观社会，也将成为今天中国城市现代化发展的新案例。

  我们共同生活在城市，正共同感受作为城市的景观社会。艺术家强调个人的视角，更应该关注时代之变，强化现实关切，注重城市发展，品味人间万象，作品的内核更应呈现当代的人文精神与艺术品格。我生活在这座有着独具魅力和奇特景观的城市，也希望立足于当代的文化与社会情景以及城市景观，为作品注入新的内核，赋予时代气息。重庆的急速变化给了我前所未有的深度感知，创作主题也从自然风景转向城市景观，聚焦于造城运动、物理空间、城市视觉地标，城市褶皱等，我被惊人的城市化扩张速度所震动，以"旁观者"的角色，带着距离静观城市的重重幻象。近年创作有代表性的作品包括"城市梦""追梦人""重庆空间""梦幻之都"等系列，都是围绕城市与都市化的变迁和反映普通民众生活与生存状态的作品，作品聚焦城市化进程中的迁移人口，描绘在中国城市化进程中规模庞大又平凡微小的农民工群体。我们知道中国能够实现从传统农业社会到现代信息社会的迅速转型，大规模涌入城镇的农民工群体做出了不可磨灭的贡献，他们为中国城市进程付出了巨大的牺牲。"城市梦"是"中国梦"不可分割的一部分，这些作品努力用油画的语言再现这些农民工怀揣梦想与期待，奋力追逐自己城市梦想的时代篇章，我想努力通过自己的创作在中国当代社会发展的画卷中，留下他们的时代身影和典型形象。

"交错的目光——张杰油画艺术展"展览现场 天津美术馆 2023

繁城之二 布面油画 130cm×150cm 2023　　　　　　　　　　　　　　繁城之三 布面油画 130cm×150cm 2023

"大城小民"的最普通的瞬间也许是最能打动人的地方。在"城市梦"系列作品创作中，我长期观察记录他们的日常生活，重点对重庆的进城务工群体进行深入调研，并对农民工和城市新移民的生活状态进行了观察与体验，收集许多典型生动的形象和场景，对作品的主题思想、情节设计、人物造型、画面构成以及表现方式进行推敲研究，寻找艺术展现进城农民工理想憧憬与奋斗精神的有效方式，作品以特殊的视角表现他们用勤劳与坚韧投身到城市建设浪潮中的身影，他们不顾身体的疲乏和生活困顿，繁华美丽的城市给他们带来了无限希望与憧憬。在创作中，画面以城市建筑为背景，以"进城农民工"群像刻画为画面主体形象，选取刚从农村来到城市这一"进城"的典型时刻，将群像与代表城市的建筑群、人行道、红绿灯等象征物并置，突出创作主题，体现进城务工群体对城市建设的贡献和进城劳动力带给城市的生机与活力。在艺术表现方面，采用形象塑造与写意表现相结合的艺术手法，把城市符号同农民工的形象形成视觉对比，增强画面的感染力。作品力图用图像的方式展现出中国改革开放四十年城市化进程中的历史图卷。大家知道重庆是中国最为典型的城乡统筹发展的直辖市，既有都市建设的迅猛发展，又有穷乡僻壤的山乡巨变，呈现出了大农村、大都市的壮美画面，这一景观是中国改革开放、经济发展、社会进步的缩影，给艺术创作提供了丰富鲜活的生活素材。我着力于捕捉城市化进程中，数量庞大的城乡普通百姓如何努力适应时代的发展，如何更好地经营自己的生活，如何调整自己的内心和情绪等，将山城百姓的生生不息的生命活力、顽强拼搏的精神世界、人间百味的生存状态以形象生动的系列油画展现出来，展现出城市化进程中社会的巨变和生命个体的精彩瞬间。

《梦幻之都》是重庆今天发展成一个现代化大都市的缩影，如果拿它和几年前画的《造城》对比来看，会发现《梦幻之都》的色彩相当跳跃，对比也很强烈，整个城市就像被霓虹灯所包围一样，似乎给人一种不真实的感觉。但我想说，这恰恰是我眼中重庆真实的样子。这幅画取材于重庆的夜景，因为这几年在做"光彩工程"，重庆夜间的灯光建设也成为了一个有名的景观，夜晚的重庆就笼罩在这样光怪陆离的色调之中，这样的城市确实是每天存在于我们的生活中，我们就生活在此，所以它是真实的；但它又是梦幻的，不只是因为灯光和这种景观式的视觉效果产生的虚幻错觉，更多的是在这样绮丽的景观背后，还重叠着这座城市以前的样子。因为生活经历的不同，每个人看到的重叠的景象也不尽相同，其实大家所见都是自己的记忆，也就是自己生命的痕迹。在这座城市里，每个不同的生命过往重叠在这样的景观背后，层层叠叠，它能不梦幻吗？在这幅作品里，有很多感悟与思考：我们既是生活在城市中的人，又是城市景观的观众，在一座高速发展的现代化城市中，我们怎样在这里留下自己生命的痕迹？当我们老去或是离开这个世界，我们怎样告诉这个城市，我们曾经来过？我想，我的作品会留下来说出这一切。

我是个土生土长的重庆人，我笔下的这些人物形象，就像我的街坊邻里那样，让我感觉到熟悉和亲切。他们也许是本地人，也许是从外地或者郊区县城过来的务工者，但一旦到了重庆这座城市，就融入了这里的山山水水、风土人情。重庆人有一种乐天的本性，一种知足常乐的天性，即使并不富足的人家，也时常有自娱自乐的消遣，让生活总有盼头，总能踏踏实实过下去。我很赞许也得益于这种乐观的生活态度，因此在我的人物系列创作中，始终以此塑造人物形象。他们的眉宇间或许依稀可见对生活现状的忧心和不甘的情绪，但这些小情绪总是被更加强大的乐观的期待所稀释，最终呈现出来的是对未知与未来的美好期盼，一种对待生命的虔诚。城市中的人世代居住于此，建设一座城市，让它充满生机，得以延续和发展，而让生活于其中的人总是满怀希望地面对生活、安居乐业，就是这座城市最好的回馈与报答，也共同构建起了这座城市现代化进程中的景观社会。

滨江花园 布面油画 100cm×130cm 2023

筑巢 布面油画 130cm×150cm 2023

造成之二 布面油画 130cm×150cm 2023

拼贴的城市之一 布面油画 130cm×200cm 2024

筑巢之三 布面油画 80cm×100cm 2023

巢 布面油画 100cm×130cm 2023

郭志刚　GUO ZHIGANG

1965 年生于陕西，九三学社社员，西安美术学院跨媒体艺术系教授。

图片 / 由艺术家提供 编辑 / 雯子

郭志刚在艺术上的高远志趣在其近年的创作上越发彰显，"一面湖水"系列中涵泳的精神华光映照着这个迷离的现实世界，从"清冽"到"恣肆"再到"潺潺"，从夏商至汉唐、明清，及至当前，文明的活水在微澜间蕴藏着生机与华章。这是郭志刚对东方文明的守望与传承，也是他处在今天的世界依然能够安放身心，不被时代的浊流裹挟的原因。

郭志刚的作品中流淌着一种源自《诗经》的古雅诗意与朴拙元气。《一面湖水·潺潺》中，这种诗意与元气流淌至今天，依然带着"清冽"与"恣意"，洗尽了这红尘浊气，让心神安谧，耳目清明。这个世界越来越纷扰，越来越扑朔迷离，身处在这样巨大的不确定中，人心浮动，不安与茫然成了集体的精神症候。而郭志刚的艺术创作对我们的时代无疑是一种有效地提示——找到我们的文明源泉、我们的根脉，重新聚敛我们的精神与魂魄。只有如此，才能从茫然中辨明方向，循着湖面下潺潺的文明活水，循着那湖底的一束光，于深水静流中，涓涓不息。

而作品《虹》（与郭汉黎合作）则把《一面湖水》中的那束华光引申到了更高远的维度——"山川异域、人如霓虹"，从更宏观的宇宙视野来看今天的世界，文明的生息之光，落在了具体的"人"身上。人是世界的本质，也是世界的虹光。"人"的虹光，来自诗意，也来自日常。不同性别、不同年龄、不同职业的"人"，和宇宙星辰共享华彩的"人"，从三千年的《诗经》中来，也从我们今天的日常烟火中来……

《一面湖水》中潺潺的流光，变成了《虹》中光彩又平凡的"霓虹"，湖中的活水不断，人世的烟火不息，则文明方能永续。

一面湖水·潺潺 （局部）

作品说明：

湖水是东方文化与美学的象征之一，她不仅是承载着人类情感与生命的谷地，也是美学信仰的河床。油画作品《一面湖水》是一部大画幅的交响乐，由"清冽""恣肆"和"潺潺"三个乐章组合的合奏，其中"清冽"是象征夏商周秦的湖之源，"恣肆"是汉唐宋元的风华之貌，而"潺潺"则是明清与民国至今的索求与蕴育。作品以大视野的天地之立心来感慨生命湖面上的回声中有着不懈的涌动。

湖面之上波光摄影的线与色的交织，撼动的不只是千余年时空与人生的文化符号，也晖映着一束光静静伫立在岁月与人生彼此的心灵中，倾听！

人面桃花·暮
墨
360cm×450cm
2024（局部之一）

人面桃花·暮
墨
360cm×450cm
2024（局部之二）

虹 油彩、UV 绘画、亚克力雕刻、LED 灯渐变 240cm x 174cm x 15cm 2024（郭志刚 郭汉黎）

虹 油彩、UV 绘画、亚克力雕刻、LED 灯渐变 240cm x 174cm x 15cm 2024（郭志刚 郭汉黎）

虹（局部）

作品说明：

作品《虹》的画面语言是综合材料，表达上借助画面里暗藏的光带并结合光感应器，1
分钟内，呈现画面由亮渐暗至物象本色，以此视觉形式，体现出山川异域、人如霓虹
的航天人与民众的未来意象。

汪一舟

WANG YIZHOU

图片 / 由艺术家提供 编辑 / 徐小禾

1968 年出生于江苏，现居上海。他幼承家学，学习中国书法、中国画与古代文学，是中国较早学习与研究黄宾虹 (1865-1955) 的艺术家之一，进入大学后主攻油画专业，目前作品以多种媒介和手段传达其艺术精神。艺术家用三十多年时间潜心研究中国上古文明和哲学的起源，这引领他以简单的线条、色彩和浓厚的人文思想贯彻他的作品，并且偏爱以山水为主题，表达了简约、概括、孤傲、脱俗的内心精神。

高山 2024R-10 布面油画 200cm×300cm 2024

山水是人类生存与发展的承载与依靠，也是成就人类文明的重要源泉，在每个人的内心深处，都会有一座向往的山，即便没有那么清晰，也依然存在。我的山没有具体所指，山是精神，是气息，是修养的自然流露，更是一种气质。

———— 汪一舟

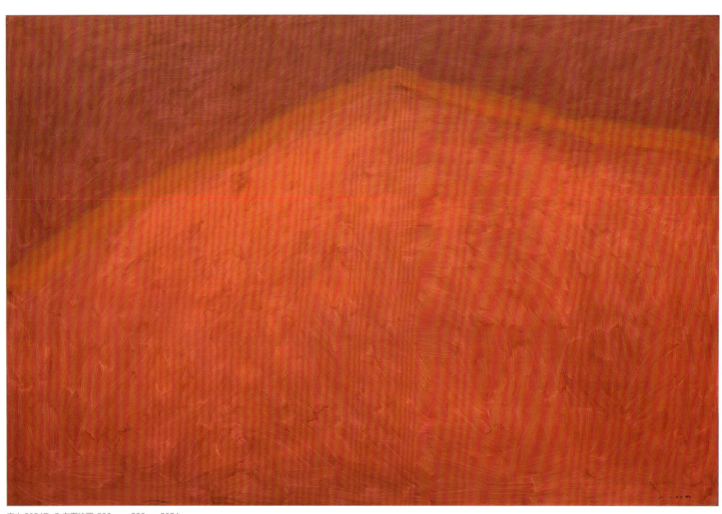

高山 2024R-5 布面油画 200cm×300cm 2024

汪一舟：沉默如迷

文 – 胡少杰

中国人爱山，自古以来，先贤们游山、居山，写山、画山，山成了我们文化的骨骼与肉身。我们对于山的言说过于繁多了，但是山总是沉默的。我们在汪一舟的画里看到的山也是沉默的，沉默的黑色、沉默的红色。沉默如迷，只剩下了山的呼吸。在停止了一切言说之后，呼吸成为了最后的语言。

汪一舟把山从冗杂的修辞中解救了出来，让山回到了它最本真的样子。近些年他在这条孤绝的路上越走越深远，也越走越朗阔。这条路注定是孤独的，也是艰难的。在我们这个时代，多数人都沉溺在浅表的语言玩味以及泛滥的感官愉悦中，汪一舟的同行者，少之又少。

诚然，无论在什么时代，真正触及到艺术本质的人，都是孤独的。汪一舟笔下的简括到极致的"高山"，剥离的是堆叠的形色、也是艺术的迷障。在当代语境中，艺术的本质在混杂的样式与概念中被隐藏得越来越深，大家开始忘记本质，忘记终极的来处与归处。在浮光掠影中，艺术甚至成了一些人矫饰虚妄的拿手好戏。但是汪一舟一直是笃定与清醒的，他在混杂与迷乱之中执着地坚守着对本质的追索。这需要对艺术规律深刻的省察，以及极强的自信心与魄力，才能一步步地抵达艺术的本质。当然，这必然得之不易，也必然经历了一番苦心孤诣的求索以及长时间的磨砺与锤炼。而从结果来看，一切都是值得的。

在汪一舟的新作中，我们看到的山愈发凝练与厚润，黑色系列中表现山的轮廓的两笔亮色，清透却苍劲。红色系列中，抽象成大面积色块的红色山体，像是大地跳动的心房，那些游动的笔触层层铺陈，如血液般鲜润。那两条红色的线，构成了山的形状，也构成了山的骨骼。如果仅从画面上来看，汪一舟已经把语言简化到了极致，但是让人惊讶的是，我们站在画前依然可以获得极其丰富的心理体验，它的静穆甚至散发着一种宗教般的神圣感。这种神圣感，我们在欧洲中世纪的艺术中看到过，在北宋时期大山堂堂的山水中看到过。而到了近代，到了本雅明所说的机械复制的艺术，这种神圣的光韵消失了。如果汪一舟在绘画中重新寻回了这种失落已久的艺术品质，我想这已经超越了个人在艺术上暂时的得失，因为这是超越时代的。

老子曰："大音希声，大象无形。"而汪一舟在庞杂与喧嚣之中，画出了沉默如迷的"高山"，可见汪一舟在艺术上是有大格局的。在纷扰过后，那些光鲜与浮华散尽，山还是山，世事无常，只有高山仰止、深水静流才是恒常大道。在这个祛魅的时代，如何获得神圣感与敬畏心，如何在慌乱中找到心灵的锚点，我想这是今天的我们需要集体面对的问题。

而在汪一舟这里，已经给出了他的答案。虽然他笔下的"高山"是沉默的，但是他的回答是响彻的。

高山 2024R-6 布面油画 200cm×300cm 2024

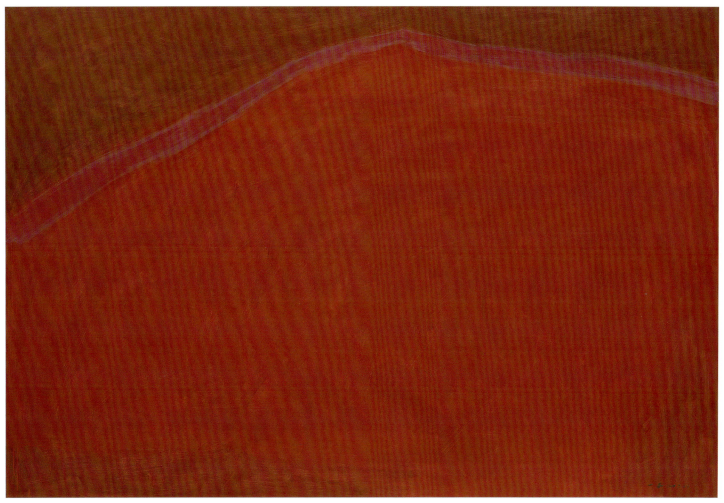

高山 2024R-4 布面油画 200cm×300cm 2024

高山 2024B-10 布面油画 200cm×300cm 2024

高山 2024B-8 布面油画 200cm×300cm 2024

最古老的也即最未来，宇宙之所以有无限的未来，是因为它有无尽的远古。我的创作从不追求时髦和流行，但我也坚决反对守旧。时间在它开始的同时就已经逝去，追逐流行就意味着落后，只有创造经典才能拥有未来。

———— 汪一舟

高山 2024B-5 布面油画 200cm×300cm 2024

汪一舟在为现代人造一座心中的山，去安放东西驰逐的心。这是一座从遥远的牧歌时代而来，容颜不改的山，但它不再是古典图式中用于移情或抒怀的对象，而是在汪一舟的当代进化中，以直接到无法回避的拉近、对视，以对应情感和呼吸的生生笔触，最终在滤净一切多余的描述后，仅剩下简约的大面积色彩与笔触，概括为当代语境化的"山"。

—— 徐薇

高山 2024B-6 布面油画 200cm×300cm 2024

2023

年度艺术家档案

无尽的现场

应天齐　　　YING TIANQI

1949 年生，安徽芜湖人。1998 年，调入深圳大学。20 世纪 70 年代以来，他的"西递村系列"版画等作品曾获得中国文化部、中国美协全国美展铜奖、优秀作品奖，日本—中国版画奖励会金奖，中国美协 80 ～ 90 年代版画创作贡献奖。中国安徽省黄山市黟县西递村还因其代表作而闻名于世，成为了联合国教科文组织录入的世界文化遗产地，当地政府亦因其突出的贡献在西递村建成"应天齐西递村艺术馆"。2011 年以来先后参加了第 54 届意大利威尼斯艺术双年展、第 13 届威尼斯建筑双年展，举办了"世纪遗痕与未来空间"个展，成为华人艺术界首位以个展进入该展的艺术家，2020 年还参加第 17 届威尼斯建筑双年展并出任该展的艺术总监。

图片 / 由艺术家提供 编辑 / 胡少杰

众声之声 装置作品 尺寸可变 2024

从此我再也无犹疑，一直很坚定地认为，艺术就应该从个人的心灵出发，才能真正地寻觅到现实和心灵碰触的那一瞬。只有这样创作出来的作品才具有差异性与独特性并具有人生的意义。

—— 应天齐

应天齐：废墟的悖论

采访 - 胡少杰

漫艺术 = M： 应老师，我们还是先从这次展览谈起，您展览的名称叫作"这不是废墟"，像是一句掷地有声的宣言。深圳本身是一座很年轻的现代化都市，美术馆又是新建的，但是从您展览的布置上来看，废墟般的地面以及那些作为城市遗迹的砖块、遗痕，又像是废墟的证据。这几层关系之间似乎就形成了一种新的张力。

应天齐 = Y： 展览的名称是学术主持王林想到的，我把做这个展览的想法和概念告诉了他，经过讨论之后定下了这个名字。其实从历史与时空来看，我们人类一直在制造废墟，所谓的文明也都是在废墟上生长出来的。战争、瘟疫从来没有间断过，但是新生与创造力也一直在废墟之中孕育。我跟美术馆的人说笑，我说这么漂亮的美术馆 500 年之后是个什么样子呢？可能又变成废墟了。当然，也可能变得更漂亮，历史会改变之前的所有。在布展的时候，要设定一个图片废墟的地面，他们问我什么意思，我说：这个美术馆在未建之前的地面是不是就是这样？他们说是。我说现在还原一个废墟现场。在这样一片瓦砾之上生长出一座现代化的美术馆，这是人类文明与创造力的体现。同样，深圳这座城市也是从无到有，一步步从废墟和瓦砾之中拔地而起。当然，一切最终或许会成为历史的废墟，但是我们要不断地在废墟之上生长出新的东西，这就是文明在历史演变中的推进。所以说，从时间的角度来看，这些都是废墟，但人类文明一直是生生不息不断生长的，从这一点来说，这不是废墟。

M：像是一个巨大的悖论。

Y： 对，人类一直都在面对某种闭环悖论，这是生存现实的境遇形成的。其实，我挺感谢深圳美术馆，他们能够认同我的艺术理念并帮助得以实现，这是深圳这座新兴城市先进文化的体现。我一直认为，艺术创作需要在社会现场中找到一种共识语境，而不是完全采取与社会现实对立的方式。特别在中国，现实的特殊性决定艺术的策略与方法，当代艺术是要提出问题的，要有批判意识，但是艺术家也是人民大众中普通的一员，需要通过努力，争取自由表达的空间，如何争取这个空间，其实需要和更多人、更多的机构一起合作完成。美国波普艺术家劳森伯格就曾说过："艺术最主要的功能是和人们交流与联络感情。"这样的观点从某种意义上看起来也是个悖论。

M：您提到文化和现实的特殊性，可能这就是为什么在您作品中始终有一种思辨性，但是这种思辨并不像西方式的思辨那样，完全以理性为方法和目的，您的思辨中有着一种中国士大夫式的诘问，它是有力的，但是并不咄咄逼人。

Y： 因为我们面对不同的文化传统和现实处境。但我认为并不需要特别采取温和地批判，只是说，有很多时候不必说得太明白，隐喻性、象征性的表述或许更符合我的个性和来自传统文化的属性。我想大多数人自然能明白其中的含义，甚至超越种族、国界。我运用的是国际化的当代艺术语境，说的是中国的事情，或许也有人看不明白，其实也挺好，他们自有不同的解读。当然，我并不会按照所谓西方当代艺术的既定标准去创作，我需要遵循内心感受，遵循我的生存经验，而不是刻意扮演一个士大夫，或者扮演一个外国人说话。

"这不是废墟——应天齐当代艺术展"展览海报 深圳美术馆（新馆）2024

"这不是废墟——应天齐当代艺术展"展览开幕式现场 深圳美术馆（新馆）2024

再说回劳森伯格，1985 年，我在北京中央工艺美院的礼堂里听了劳森伯格的讲座。在提问环节，有个学生问劳森伯格是怎么创作"中国题材"的，因为劳森伯格在中国美术馆的展览有一个厅展出的就是他以中国为主题的创作，叫作《中国夏宫》。作品全是中国内容，比方说展厅中央，一张巨大的照片，呈现北京街头一个广告牌，广告牌上红底黄字写着"只生一个好"，广告牌下是密密麻麻的一大群人如潮水般骑着自行车穿过街头。在展览中我还看到了安徽屯溪的公路地图广告牌，是乡村油漆工手绘的，劳森伯格把它买来放到美术馆的墙上，就成了他的作品。这些作品给我留下了极深的印象，也带给我极大的震撼，所以当有学生问他是怎么创作中国作品的时候，我特别关注。我永远不会忘记他的回答。他说："我在美国的家里有一个房间，堆满了我从中国买回去的各种东西，每当我要思考创作的时候，我就进入那个房间去想，去看，但是我绝不想把自己变成一个中国人。"然后耸耸肩膀开玩笑地说："因为中国人太多了，我不需要变成一个中国人"。这是劳森伯格现场真切的回答，近四十年过去了，我还记得清清楚楚。

那么回过头来说，中国人做中国问题的当代艺术，难道要把自己变成一个外国人吗？八十年代末的时候，我也曾有机会出国深造，但是种种原因，没有去成。现在回想，如果当时出去了，也就没有后来如此这般的作品。当然，一些同道出国去了，自有他们的际遇，在作品中形成不同的艺术表达。但是以我个人的经验来看，或许留在国内的这条道路更加适合我这样的个体。

记得 2011 年参加威尼斯艺术双年展平行展，十几个参展艺术家租住在威尼斯岛上的一个别墅里。这些艺术家分成两拨，一拨是像我这样一直在国内生活和创作的，另一拨则是在国外待了相当长的一段时间刚刚回到国内发展的，两拨人天天为了不同的艺术观念吵来吵去。记得当时我也举了个例子，以说明这种不同，我说当你们在国外游学或开展艺术活动之际，或许我们国内所在的某个单位正在分配住房，可能一个单位只有几间住房指标，大家摆条件评比，自己的条件都达到了优等，分房毫无悬念，但是因为临时出去上了趟厕所，回来房子就被别人分走了。这种赤裸裸的现实，你们没有经历过，所以理解不了。虽然你们也在做关于中国现实相关的作品，但是你们没有亲身经历这些现实生活，缺少对细节的把控，很容易概念化，相关的问题意识和批评难以切中要害。对于我来说，灵感的迸发来源于心灵和现实触碰的那一瞬，那么就必须长时间和这个现实的细节做深度接触。

M：所以说您作品中的这种特殊性和差异性主要来自这些现实的细节？

Y：对，只有真正地介入现实、介入现场，才能获得这些细节的感动。有了这些细节的情感触动而转换成问题意识的作品，才不会只停留在宏大叙事或概念的层面，才会真切、有力，打动人心。当然，这样才能创作出有差异性的作品。特别是在今天这样一个同质化的时代，差异性显得特别重要。前不久我和小汉斯在深圳我的画室碰面，他就一再强调在全球化背景下，差异性的重要。他做了一个"种子计划"，就是把不同的种子保留下来，保住植物的多样性。因为生于这样的网络时代，同质化在泛滥，今天在法国发生的事情，我们在深圳或罗马或世界任何别的什么地方，几乎同时知晓。在信息全球化的今天，如何保留住差异性显得特别重要，我觉得，还得从深入现场细节出发，从我们自身的生存经验出发。

金奖 混合材料 平面装置 450cm×730m 2024

M：如何捕捉这些现实的细节，并且把它转化成艺术表达，这需要艺术家极其敏锐的洞察力，以及对艺术语言的掌控力。

Y：也不用刻意去做什么，生活中处处都是细节。比如说我创作综合材料绘画"长安街"系列，记得当时我在厨房炒菜，听见客厅电视机里在播新闻，说是北京长安街全部换成了金色栏杆，我当时就觉得原来的白栏杆挺好看的，干吗要换成金色的。这之后没多久我又无意中发现新版的人民币，中间有一根金线。就是这些生活中的细节，触发了我的一些关于金色、红色与黑色的思考，想到金色的象征性，想到它在经济和意识形态中的多重含义，进一步才有了我关于《长安街》作品的构思，以及具体的创作。

所以说这些创作都是从现实的细节中来，然后转换成带有更多思考的观念性的形式语言作品，最后几个色块怎么布局、编排，都是为观念内容服务的。所以我一直强调在当代艺术里面，形式就是内容，它不是吴冠中先生说的"形式美"，当代艺术中的"形式"和所谓的"形式美"是决然不同的两个概念。

M：您这里的形式指向的不是美学？或者说它不承载美学价值？

Y：一定不是美学，指向的是内容本身。

M："西递村版画"也不是指向美学？"西递村版画"被广泛认知，似乎惯常是从一种美学范式进入的，但是您却一直对"美"有一种警惕，很多作品中也带有一种反美学的意味。

Y：对于"西递村版画"的美学认定是一个值得商榷的事情。其实"西递村版画"是带有批判意识的作品，它并不是对西递村景观的客观再现，它是主观的表现，而且这种主观表现并不是为了"形式美"，是带着个人强烈问题意识的。画面中用了那么多黑色块，怎么可能是为了单纯地表现美呢？当时，我刚从北京央美学习完毕回到芜湖，在一个三线小城，生活和工作都让我备感压抑，在这个时候遇到了西递村，而西递是中国传统农耕文明最后的投影，当时我就觉得，这个投影很长，也很沉重，它投射到了我在芜湖市文联小小的办公室里。生存在这样的阴影之下，让人喘不上气。我记得在西递买过一本叫作《闺范》的古线装书，书中有很多徽派木刻插图，我很喜欢这些版画，就买下了。买回来我细看了一下里面的文字故事，真的是令人毛骨悚然！这样的故事是给未出阁的青春花季的少女看的，并称之为"闺范"？！

我记得其中一个故事说某女子长得面容姣好，但是丈夫突然暴病死去，开始守寡，书中称有"恶少"在楼下唱歌调情（就是给她唱情歌），这是多么美好的事情，但是第二天该女子把一只瓷碗摔破，用碎瓷片把自己的脸划破，以毁容拒之。还有一个故事讲一女子丈夫去世，守寡闺中，半夜梦见自己与一男人交合（这是正常的生理现象），但她就觉得自己犯了大忌，未忠于亡夫，失去操守，第二天于家中悬梁自尽。这本书里记载的全是如此残忍的故事，而徽州文化中把这样愚昧的行为当成典范，而且这些女子的名字都被刻在了牌坊上进行表彰，如果你了解了这些，你还觉得那些牌坊美吗？

再谈谈徽派民居建筑，本来是营造科学，却赋予保守的文化解读，比如天井的构造讲究"四水归堂，肥水不外流"，又比如用马头墙防火，你家着火了，能够挡住，烧不到我家。高墙上留个很小的窗户，叫暗室敛财，房间连个光线都没有，就是为了聚财。这些都是典型的小农经济农耕文明之下的产物，极其保守、自私、僵化、压抑与沉重，我处在当时的境遇和心情之中，很难体味所谓的"审美"。虽然因为当时整个的社会风气有所好转，

改革开放之后开始打破很多禁锢，我在画里面也表达了这种憧憬与希望，但作品整体还是十分压抑和沉重，这些画并非赏心悦目，与一般的绘画"形式美"或"美学"还是有所区别的，这是解读西递版画之际不可不察之处。

西递村系列之二十四 水印版画 40cm×50cm 1991

西递村系列之十八 水印版画 50cm×40cm 1989

M：可能当时有些人还处在一种伤痕美学的余韵里，在您的作品中接收到的还是那种"伤逝"与乡愁。在这种时代经验之下，形成了诸多误读。

Y：误读或许是存在的。当时西递村版画获了很多奖，同行见了我就问我水印技法，他们都把注意力放在了技法上。理论界的解读则是说关于乡愁、寻根。但是也有一些批评家是能看到本质的。比如易英先生就在文章中写道：应天齐的当代艺术探索起步很早，但是被他的西递村版画给掩盖了。因为西递村版画的获奖、古村落、水印，让大家迷惑了，认为它是技法上的成功，或者仅仅是一种怀旧情绪。但是后来《世纪遗痕》出来以后，再反观西递村版画就发现了它的批判性和问题意识。

当然，"西递村版画"给我带来了很多赞誉，但是今天谈的是我的当代艺术的探索之源，那么就要重新去审视它到底要表达什么。其实我对某些误读一直是难以接受的，成功带来的实际是某种内心深处的苦恼与无奈，我当时甚至萌生出要做一行为艺术，在西递村的牌坊底下把原版砸了，把那些画都烧了的想法。爆发出这样的心态，其实说明当时内心深处已经相当压抑了，所以我得了抑郁症。

M：后来的"砸碎黑色"就是在这种情绪之下创作的？

Y：对，我必须从"西递村版画"中走出来，告别西递！在抑郁症的痛苦中，如果不走出来，或许如同凡高了。那个黑色就像一个梦魇一样，压得我喘不过气来。为了解脱，一开始我是想画一些抽象的碎裂开的黑色，但是那种崩裂的感觉很难用平面的方式充分表达，后来我才想到把玻璃涂黑，然后砸碎它。其实起初并不是想做一个行为艺术，出发点是想把碎裂的黑色变成版画。后来把时间地点选在了世纪之交的深圳，时间和地点赋予了这个行为更宏观的意义。一切都结束了，一切也都重新开始了。在新与旧的交替中，砸碎黑色，现在看来，它像是一个预言，成为我艺术重生的一个时间节点。

之后的这二十几年，无论是我个人，还是这个时代，都迸发出了无限的可能性，一切都不一样了。从那之后我也踏上了影像装置、公共艺术、材料绘画这样一条探索之路。"西递村版画"是一个起点，而"砸碎黑色"则是分界点。

砖魂 芜湖古砖粉末 钢架 玻璃钢 310cm x 96cm x 322cm 2012
第十三届威尼斯建筑双年展现场

零点行为（影像截图）0′56″尺寸可变 2000-2001

M：虽然您后来的创作语言变得很多元，但是从《世纪遗痕》到《砖魂》再到《众声之声》《消失的故事》，一路走来，在极丰富的艺术面貌之内，却隐藏着一条明晰的线索。这条内在的线索从"西递村版画"一直延续到今天。

Y：我并没有刻意去寻求线索的延续性，很多作品都是自然而然生发出来的。比如说我创作的装置作品《砖魂》，一开始我是想用西递村古建筑上的砖头压成粉末然后做成一块大的砖头。当时想得就这么简单。然后我就去了西递村找当地的负责人帮我找一些砖头，但是找了半天就找到了两小箱子，完全不够用。也不能去现拆一堵古墙，那些民居都是世界文化遗产，一砖一瓦都不能随便动。这时候我就想到了芜湖古城的被遗忘的拆迁现场，结果在完成了这件作品的同时又打开了新的创作思路，开始以艺术的方式介入城市改造，进入了更广阔和复杂的艺术之外的社会现场。收获颇丰，就这样一步步往前走，像是被什么神秘力量指引着、推动着。

M：包括您今天的这个展览，各个时期的作品之间既有呼应，又极其多元，而且您的作品有一种特质，就是很容易和所在的空间产生链接。

万人捡砖 行为影像 2014

消失的故事 装置作品 尺寸可变 2024

Y：因为在布展的时候我对很多作品都进行了重新创作，像《消失的故事》那件作品，玻璃箱中签名的砖头并不是 2014 年在芜湖古城签的，那一批砖头已经封存在芜湖古城美术馆里了，不可能拿过来展出。那么我就从布展的第一天开始，让所有进入展厅这个空间的人，不管是领导还是普通员工，都给我签一块砖头，然后放在箱子里展出，等展览结束以后，这些砖头再一一还给他们。每个参与者都很开心，特别是帮我布展的那些工人，他们觉得很有意思。这样一来，这件作品就不仅仅是在这里做一个展示，它就和这个空间，和这里的人，和这里的现场有了互动，有了链接。深圳美术馆永久收藏了这件作品，计划在公共空间长期展示。

M：其实今天的这个展览是一个很好的例证，就是说您作为一个艺术家一直是基于个体的生命感受来创作的。您提到的这些创作方法，并没有依托于那些所谓的当代艺术的逻辑和方法论，而是完全个人化的根据具体的生命经验以及捕捉到的一些现实细节去创作。那么从结果上来看，这是完全成立的，甚至是更加具有艺术史价值的。

Y：2011 年我在中国美术馆举办"世纪遗痕"个展的时候，当时在研讨会上有批评家认为我的作品还是不够前卫，他们还是从一种既定的当代艺术的标准去审视我的作品。因为每个人都有他解析作品的权力。但是刘骁纯老师当时在研讨会上说：应天齐是一个很特殊的个案。他的个案提醒我们，是不是一定要按照西方的当代艺术标准，来评价中国的当代艺术？后来研讨会结束后刘骁纯老师又专门找到我，他说在他看来艺术家分两类，一类是按照艺术的框架和标准去创作的，一类就是像你这样遵从自己的心灵去创作的，无所顾忌，无意法度。这一类特别宝贵，无论在传统艺术中，还是在当代艺术中，这样的作品都是上上境。他的这些话我记得很清楚，刘骁纯老师是中国当代艺术的奠基人，老前辈，我很尊重他的意见，他对艺术的看法和见地于我而言如醍醐灌顶，茅塞顿开。从此我再也无犹疑，一直很坚定地认为，艺术就应该从个人的心灵出发，才能真正地寻觅到现实和心灵碰触的那一瞬。只有这样创作出来的作品才具有差异性与独特性并具有人生的意义。

消失的故事（局部）装置作品 尺寸可变 2024

消失的故事（局部）装置作品 尺寸可变 2024

"这不是废墟——应天齐当代艺术展"展览现场 深圳美术馆（新馆）2024

"这不是废墟——应天齐当代艺术展"展览现场 深圳美术馆（新馆）2024

文明之一 综合材料 167cm×244cm 2009

M：您看重身后的评价吗？比如艺术史对您艺术价值的认定。

Y：我不太关心这个问题，因为当下的艺术本来就是混乱的，在这种混乱的碎片中去厘清所谓的艺术史，本身就很难实现。所以对于中国的当代艺术来说，我一直非常认同，"只有个案，没有历史"。

M：最后评价一下深圳这座城市吧，您在这里生活和工作了二十几年，这座城市给您的艺术创作带来了什么？

Y：我很感谢深圳，它给我提供了一个相对自由的创作环境。深圳是个年轻的移民城市，它没有任何固有的枷锁，对于当时亟需走出西递的我来说，这是一个最理想的地方。深圳是中国现代化的最前沿。1998年刚刚进入深圳大学任教，我甚至忽发奇想过，如果我抛掉我的艺术家与教授的身份，找一个公司应聘或自主创业，我想应该也能够闯荡出一片天地吧。这就是深圳，总能有很多想象，也充满着希望。哪怕在未来的某一天，这里的一切也可能变成废墟，但是只要有想象和希望，这就不是废墟！

"这不是废墟——应天齐当代艺术展"展览现场 深圳美术馆（新馆）2024

艺术家徐冰在卫星工厂工作照, 2023 © 徐冰工作室

徐 冰
XU BING

图片 文字 / 徐冰工作室

艺术家，中央美术学院教授。1981年毕业于中央美术学院并留校任教。被广泛认为是当今语言学和符号学方面重要的观念艺术家，始终以极具突破力的艺术创作拓展着艺术的边界。1999年获美国创造性人才最高奖"麦克阿瑟天才奖"。2004年获首届"Artes Mundi 国际当代艺术奖"。2018年获中央美术学院"徐悲鸿艺术创作奖"。作品展出于中国美术馆、大都会艺术博物馆、纽约现代艺术博物馆、古根海姆美术馆、大英博物馆等艺术机构以及威尼斯双年展，并被广泛收藏。

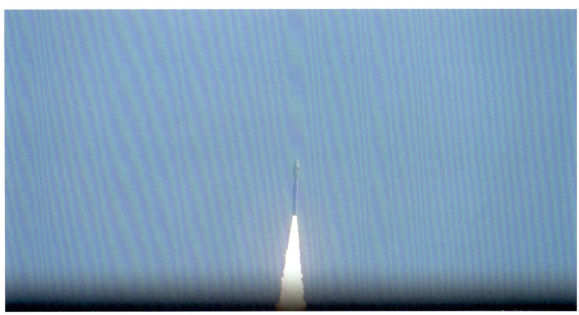

捷龙三号遥三火箭于广东阳江附近海域成功发射 2023 © 徐冰工作室

捷龙三号遥三火箭于广东阳江附近海域成功发射 2023 © 徐冰工作室

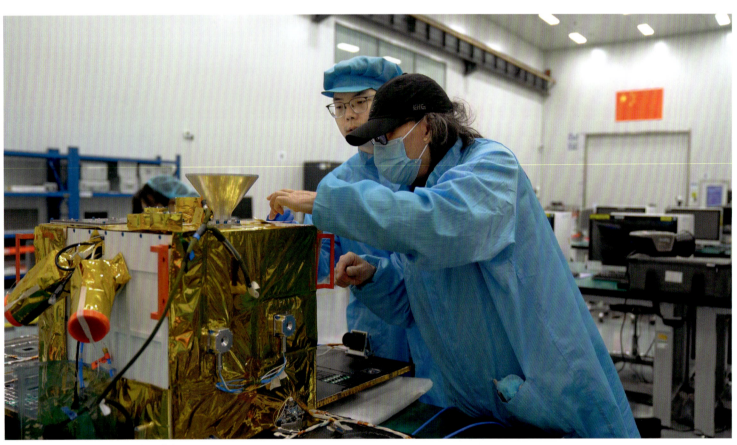

艺术家徐冰在卫星工厂工作照 2023 © 徐冰工作室

徐冰艺术卫星创作驻留项目

2024年2月3日11时6分，中国首颗艺术卫星"SCA-1号"（The first satellite of Star Chain of Arts Project）搭载捷龙三号遥三火箭于广东阳江附近海域成功发射并顺利入轨。卫星帆板展开正常，首轨遥测正常。在此之前在我们头顶上飞行的成千上万颗卫星中，有科学卫星、气象卫星、通讯卫星、军事卫星等等，但却缺少了"艺术卫星"的门类。

"SCA-1号"由艺术家徐冰主导，是"艺术星链计划"的第一颗卫星。秉持参与和分享的理念，徐冰将这颗卫星的理念设定为："通过邀请国内外艺术家参与"徐冰艺术卫星创作驻留项目"，分享这颗卫星的使用权益，创作各自的作品。尝试将太空科技与当代艺术相互介入，把思维触角伸向更广阔的空间，共同探索这个极具未来性的领域"。

"徐冰艺术卫星创作驻留项目"计划邀请（并征集）有宇宙视野、出色思考力的艺术家和各领域人士，为其提供卡门线以外的艺术创作平台。此项目的追求是：通过艺术把视野伸向外太空，目的是以特别的视角回看地球，为解决地球上的问题寻找新的有效的哲学观或方法；为人类或未来星际种族的艺术创作提供预测与实验。该项目由徐冰工作室与北京万户创世文化传媒有限公司合作并负责项目的组织、实施，由北京星移联信科技发展有限公司和成都国星宇航科技股份有限公司提供技术支持。该卫星星体上带有一块面对星辰大海的显示屏幕与一个自拍相机，可以通过地面控制站，将包含视频、图像等各类电子信息，上传至卫星，并通过星上自拍相机摄取其与太空环境同框照片或影像。卫星配备了AI程序、机载计算机等功能，可以与艺术家互动，或将其创作过程在太空中做全程记录。

我们都知道，航天领域的高准入门槛导致艺术界很难接触到太空资源和利用太空科技进行艺术创作。但这种现象在民营太空科技公司出现后的"新太空时代"有所改观，这也是"徐冰艺术卫星创作驻留项目"应运而生的原因之一。我们希望将可获得的太空资源分享给更多艺术家，特别是年轻艺术家，也包括艺术圈外的各领域人士，降低准入门槛、聚集大众智慧，促进太空艺术事业更快地发展。

第一期参与该项目的艺术家，有国际最具代表性的观念艺术家约瑟夫·科苏斯（Joseph Kosuth）、以作品荧光兔子和太空艺术而全球闻名的生物艺术家爱德华多·卡茨（Eduardo Kac）、在MOMA举办过个展的以色列裔艺术家海姆·斯坦巴赫（Haim Steinbach）、活跃于国际艺术界的中国艺术家曹斐、关注地缘问题的韩国艺术家朴美丽（Miri Park）、工程师出身并创作太空艺术的刘昕、科技艺术家张文超、专注加密艺术的刘嘉颖、艺术家组合耿雪＋王基宇、年轻艺术家葛宇路、岳路平、高振鹏、苗颖等，以及自主提交方案的八年级初中生曹正……（更多参与者将随项目进展公布）。他们将利用这颗艺术的专属卫星，在外太空的特殊环境下，在超越国界的共有法律空间中，创造有别于旧艺术的新太空艺术。

为什么要研究太空艺术？因为"太空"这个主题将不同时代、学科联系在了一起，太空艺术有效地映射了每个时代最新颖科技的出现和对人类社会认知的深远影响。早期的科幻作品与太空绘画激发了民众对于太空探索的热情，也间接地推动了美苏太空竞赛与阿波罗计划的实现。而各种太空探索计划反过来又塑造、影响了文化艺术与哲学思考的深化。自第一颗人造地球卫星"Sputnik-1"于1957年发射至外层空间以来，太空叙事一直以竞争为主，各国航天机构的成立，使太空科技迅猛发展，而我们必须看到一个事实：太空艺术并没有匹配太空科技的发展速度，让步于卡门线之下。我们对火箭技术出现至今一百多年内的"太空艺术历史"梳理后发现，由于政治、技术等各种门槛的限制，在全球范围内只有数量有限的利用航天科技创作的太空艺术作品。

追求有益创新、公平竞争是科技发展的动力。如今，在这个太空资源的快速开发期，我们应该如何看待艺术与科技之间的新关系？随着商业航天和太空旅游业的开发、气候变化不可逆的事实、地缘政治的动荡，人类成为多行星种族的愿望变得愈发强烈。有理由相信，在可预见的未来，"太空艺术"这一落脚点，或许也可以成为对未来社会、文化发展的一个踏板，也是对未来艺术可能性的先行实验。

"SCA-1号"艺术卫星装箭过程 2023 © 徐冰工作室

"SCA-1号" 艺术卫星模型 2023 © 徐冰工作室

捷龙三号火箭于山东海阳附近海域成功发射 © 徐冰工作室

捷龙三号火箭于山东海阳附近海域成功发射 © 徐冰工作室

"艺术卫星"迎来太空新伙伴

2024 年 9 月 24 日天空晴朗，10 点 31 分，"艺术星链计划"的第三颗卫星搭载捷龙三号火箭于山东海阳附近海域成功发射。我与团队及合作方"万户创世"的于文德先生、技术支持方董辰晨先生，近距离见证了这次非凡的发射。十分钟后我们在现场获知卫星与主体箭顺利分离和太阳翼打开正常的消息，约一小时后地面收到卫星反馈信号，说明卫星成功入轨。这是一次一箭 8 星的发射，在 8 颗不同目的的卫星中，就有一颗艺术卫星。从 2021 年的"瓢虫一号"算起，这是继 2024 年 2 月 3 日发射的"SCA-1 号"后，"艺术星链"（Star Chain of Arts Project）的第三颗卫星，它将与 SCA-1 号共同运行，为艺术创作者提供更大的工作平台。

"艺术星链计划"的核心是通过发射一系列卫星，建立一个独立、互联的太空艺术平台，充分发挥每颗卫星的功能，试验和拓展在星际之间策展的可能性。试图打破地表与地外，科技与艺术等不同领域的界限，进一步降低太空准入的门槛，将资源向大众开放。

回看 2021 年，我们与"万户创世"以及"星际荣耀"火箭公司发射了第一枚艺术火箭"徐冰天书号"。这是中国民营火箭的第 5 次发射。虽然这枚火箭发射失利，但却开启了当代艺术与太空科技相互介入的新阶段。让太空科技公司了解到，艺术家对借助太空科技创作新艺术如此有期待，而太空科学家和民营火箭公司同样也期待艺术的想象能力对科学工作有所启发。从而更多的太空资源出现了。

首先是 2021-2023 年，我们有机会利用一颗在轨运行的"瓢虫一号"卫星的冗余，创作了全球第一部拍摄于外太空的定格动画《卫星上的湖泊》。接下来是 SCA-1 艺术卫星的出现，这颗卫星的功能从"瓢虫一号"只能播放定帧图片，发展到可播放动态影像。这些新的技术条件和在轨三年的服务期，让我首先想到的是，有必要分享资源给更多的艺术家以及不同领域的人使用。只有这样，当代太空艺术才能有更快的发展。作为个体的每一个在地球上长大的人的想象力必然有限，而更多的思维视角与智慧的合力将是无限的。所以我决定建立"徐冰艺术卫星创作驻留项目"，使其成为一颗全球共享艺术卫星。这颗刚刚入轨的卫星，在屏幕的尺寸与相机的分辨率上都有所改进与提升，可以在全球范围内更好地为艺术创作服务。

我总说现在是新一波的太空热时代。在"艺术星链"第三颗卫星，加入到这个前所未有的事业中来之际，我想在此向大家做个汇报，到现在"徐冰艺术卫星创作驻留项目"都做了哪些事情，也算是一次阶段性的回顾与总结。

2024 年 3 月，张文超利用 SCA-1 艺术卫星创作了《90 分钟的宇宙观》。作品特别探索了地面实体展览与地外卫星联合、互动的创作方式，同期展览"张文超：隐在一座剧场里经过"于東京画廊 +BTAP 开幕。这是一件由卫星航迹数据驱动的太空－地表协同交互影像装置作品，张文超强调当我们在同一条卫星的运行轨迹中审视不同国家的宇宙观时，扁平的叙事结构被分解，巨大的差异与丰富性体现了出来。

2024 年 4 月 17 日，"徐冰：艺术卫星——首部在太空拍摄的动画影片"在威尼斯圣耶利米教堂（Santi Geremia）开幕。展览借助太空硬科技，回应了 2024 年威尼斯双年展"处处都是外人"的主题，将"处处"延至"地外"。正经历着日趋激烈的争斗与撕裂的人类，不管将触角伸向多远的太空，其目的还是回看地球并寻找解决地表问题的、新的、有效的方法与哲学观。

2024 年 6 月 12 日，高振鹏发布驻留作品《地球特产》。在 SCA-1 卫星的屏幕中举办了一场无人类的"狂欢"（开幕式），屏幕中的食物与酒水无声地腐烂着，这腐烂是地球生物独有的。作品让人们意识到一个常识——一颗草莓在外太空的真空环境下是永不变质的。

2024 年 7 月 12 日，耿雪公布了她计划在"徐冰艺术卫星创作驻留项目"中创作的"宇宙聊斋"系列，此系列包括四件作品，并完成了她的首件驻留作品《宇宙·画皮》。太空屏幕中的手，拿着圆规、尺子、笔，在赤裸的人体皮肤上，画下人类计算的各种图示，让我们联想到女娲伏羲、巫术、数学和几何语言、无法验证的高维空间……耿雪兴奋地发现屏幕里控制圆规的手的影子竟与太阳光反映在卫星上的影子奇妙地重叠在一起。其实在这个"创作驻留项目"刚启动时，由于它的全新的形式，又介于多个领域之间，绝大部分人一时不知道如何展开。我们组织了多次太空科学家与艺术家的对话解答，从技术参数和理念上展开讨论。并从我的硕博研究生开始尝试，当首批作品发表之后，大家就会获得直观的感受，原来如何思路都有可能用好这颗卫星，创作出新的艺术。确实如此，随后我们不断收到越来越多的有质量的创作方案。

2024 年 7 月 19 日，刘嘉颖（CryptoZR）发布驻留作品《Solo Mining》。艺术家于 2023 年创作了这件基于比特币早期版本的加密艺术作品，旨在还原早期加密世界的精神状态。2024 年，ZRCOIN 的独立节点在 SCA-1 卫星上运行，这进一步加深了作品中的"Solo"感受——即使在太空中不可能有第二个卫星节点与之通信，也要将"Mining"继续进行下去。她戏称这是"在太空中继续挖矿"。

2024 年 7 月 26 日，SCA-1 卫星播放了"奥运卫星点火计划"方案书。这是一位航天与艺术领域的跨界从业者投稿的、构思于 2021 年却未曾实施的方案，方案具备科学依据的技术可行性。在巴黎奥运会开幕式之际，借助这颗卫星，在太空中分享了这一方案——在宇宙中用卫星点燃圣火。

2024 年 8 月 2 日，高振鹏实施了另一件驻留作品《54321 关机》。当倒计时结束，卫星的显示器处于关闭状态，外挂屏幕像镜面一样反射出卫星所处的宇宙环境。这是一件观念性很强的作品。艺术家在上海繁忙的街头思考着宇宙空间和艺术空间的关系，他突然意识到自己与卫星上的那块屏幕一样，已然存在于宇宙之中，这是一种观念转换引起的自然感受。

2024 年 8 月 8 日，岳路平团队在 SCA-1 卫星上首秀"星辰波洛克"作品《双子座》——利用数字粒子云模拟星尘，营造"双子座"雕塑，并在卫星屏幕上呈现一分钟的"星尘闪烁"秀。该作品旨在跨星球社会和人工智能背景下反思"人类世"。

2024 年 8 月，郝锐昌利用 SCA-1 艺术卫星开启了他的第一期太空艺术计划：在泉州进行了为期 6 天的天地互动项目。在《移花接木》《花城计划：昙花 1 号》中，艺术家挪用宇宙与 SCA-1 卫星太阳能翼板折射的光，在地表空间与参与观众培养了全新的植株与昙花并上传至卫星，与宇宙共享新生命。

2024 年 8 月 30 日，以创作"荧光兔子"而全球闻名的爱德华多·卡克（Eduardo Kac）发布了为"徐冰艺术卫星创作驻留项目"创作的全新的太空艺术作品《无声的圆》（The Silent Circle）。这件作品通过将卫星的生命周期与以下词汇匹配，诗意地表达生命的旅程：1）早晨；2）正午；3）午夜。每个词汇在卫星三年的在轨时间内的相应时刻（2024 年、2025 年、2026 年）每年出现一次。我们可以发现，他利用卫星为载体，但仍然表达着他对生命议题探究的兴趣。

2024 年 9 月 6 日，付俊皓发布了驻留作品《地球观景窗》。作品呈现了一个幽默的故事：一个悬浮在太空的装置，突然被一个异物打碎，露出一位正在观赏"地球"的人类，他挡住了视野，被人赶了出去。随后一位外星人在观众的注视下，地球被外星人掉包偷走了。

2024 年 9 月 13 日，郝锐昌继续他的太空计划，发布了驻留作品《SCA-1 号上的太空步》。该项目将 SCA-1 卫星，看作一个矗立于太空的高速移动舞台，曾是太空步舞者的他，在这颗卫星上呈现艺术的太空步，同时发动地球观众、舞者在各自所处的地表微观空间与"太空舞台"互动，实施了一次特殊的天 - 地双向交互。

2024 年 9 月 20 日，耿雪创作了驻留作品《天谶》。《天谶》借助 SCA-1 发展了她十多年前的一个想法；她感兴趣于《易经》中数与空间的关系，体悟到随机性与绝对性的关系；把地球设想为旋转的硬币，今天借用科技才得以在跳离地球的位置，俯瞰地球，并可以把它当作一个"占卜"的随机性道具；通过数与质料同构的方法发展了"空间折叠"——处于二维与三维之间的折叠几何法则，给我们一种答案，它是一个图谶，不可言说。

"徐冰艺术卫星创作驻留项目"在实施艺术家驻留作品的同时，项目不仅吸引了更多想要参与的各界人士，也引起相关领域的更多关注。北京探月学校开设了"太空艺术社团"，学生们在进行调研，各自选择驻留作品中的一件进行分析，之后会提出自己的创作方案，其中的优质方案将于学期末在卫星上实施。中央美术学院雕塑系的同学们，受到"徐冰艺术卫星创作驻留项目"启发，组建了"太空艺术与天文学社团"也将参与到项目中来，一起探索太空艺术的可能性。香港教育大学正在筹划如何以此作为博士研究的课题，探究理工教育与文艺教育参与一体性的问题。

与此同时，我与"徐冰艺术卫星创作驻留项目"组的同事王钟垚，在撰写有关太空艺术的系列文章，目的是对这个相对陌生的领域，做尽可能客观地了解、观察，也是在实践中的自我学习，并与对此有兴趣的同好分享。这组专题系列文章已完成的有第一篇《太空艺术简史》，文章按照太空科技的发展历史，按时间顺序梳理了数十件太空艺术作品，帮助读者框架性地了解太空艺术在不同时期发生过的各种表述，从而有了对当下太空艺术实践意义的框架性认知。已完成的第二、三篇《谁有权将什么放入外太空？（上篇）》和《谁有权将什么放入外太空？（下篇）》，文章将太空学与艺术学放在同一个语境下进行研究，探讨了太空艺术实践在旧太空时代和新太空时代被制约的现象，以及其背后的政治、科技、资本等因素的影响。本月完成的是《太空中的语言政治》，探讨了语言这一概念在太空领域发展出了更多的意涵，思考太空中语言使用背后的大国博弈，也让我们从科学以外的面向观看到各民族文明存续的愿景。在对相关史料的梳理与分析后，我强烈地感受到，人类从骨子里就有对地外探索的渴望，是如此的强烈与永恒，并始终把命运与无边的宇宙星辰捆绑在一起。这些文章已在理想国 imaginist 发表，太空艺术专题系列内容最终将由理想国结集出版。

在第三颗艺术卫星即将投入使用之际，我借此文想说的是：人类自古就有对外太空的幻想，在并没有任何太空科技的条件下，古人却创作过大量的对外太空奇思妙想的文艺作品。从二战起，再到冷战期间，太空科技进入了急速发展期。但那时，由于太空科技都被各国政府所掌控，艺术家即使有借助太空科技创作艺术作品的渴望，却无权使用。在那时期出现过的个别太空艺术创作，都是违背规定，私下进行的。直到十几年前，以 SpaceX 为代表的私人企业，在太空探索领域崭露头角，太空科技开始由政府主导部分地转向民间。而各国政府都敏感地意识到民营太空科技的发展优势，都采取了鼓励民营太空科技的策略。别看只是这一政策上的转变，却为当代艺术创作开启了一个新的历史阶段。艺术家得以名正言顺地分享太空科技的成果创作艺术。从我们发射第一枚艺术火箭起，在短短 5 年的时间里，全球性的共享艺术卫星以初见规模，也不乏艺术家与其它民营航天公司合作的案例。太空艺术的这些发展，大大超出我的预期，这种发展背后的能量，实则源自这个民营航天时期的到来。

太空艺术的探索之路是一条充满未知的全新方向，尚未完全成形，前方的旅途仍然漫长而充满挑战。然而，我们将始终怀抱开放与包容的态度前行，为更多艺术家和创作者搭建对话与创作的平台，让更多非航天科班背景者借助这个平台自由运用太空技术，讲述他们自己的故事。在这个平台上，太空科技第一次毫无保留地服务于人文叙事，即便这些叙事是个人化的、微小的，它们依然值得闪耀在浩瀚的宇宙中，拥有被看见的价值。

《宇宙·画皮》卫星回传视频 耿雪 2024 视频截屏 © 徐冰工作室　　《Solo Mining》卫星回传视频 刘嘉颖（CryptoZR）2024 视频截屏 © 徐冰工作室　　《地球观景窗》卫星回传视频 付俊皓 2024 视频截屏 © 徐冰工作室

SCA-2 艺术卫星回传影像

2024 年 9 月 24 日，SCA-2 卫星搭载捷龙三号火箭于山东海阳附近海域成功发射。从 2021 年的"瓢虫一号"算起，这是继 2024 年 2 月 3 日发射的"SCA-1 号"后，"艺术星链计划"（Star Chain of Arts Project）的第三颗卫星。

这颗卫星的正面和背面印有用"英文方块字"撰写的"徐冰艺术卫星创作驻留项目（Xu Bing Space Art Residency Program）"。"英文方块字"是徐冰设计的形似中文，实为英文的新书写形式。这些文字用丝网印刷工艺，印在了卫星专用材料聚酰亚胺透明膜的夹层内，不会在外太空的特殊环境下降解。

自从 9 月 SCA-2 卫星成功入轨以来，卫星公司持续不断地优化了它的拍摄性能，反复探索了卫星在多种姿态下、地球占据画面不同比例时的拍摄效果，以提升回传影像的画面质量。SCA-2 将于近日开放给驻留艺术家，助力实现他们的星上创作。

如今，徐冰工作室首次公开了 SCA-2 卫星在外太空运行、拍摄并回传的影像。

这颗卫星的回传影像在构图、分辨率、清晰度以及画幅比例方面均优于 SCA-1 号。屏幕下方的动态信息码，显示了卫星在运行时，经过的经纬度坐标与北京时间。

过去，由于资源极其稀缺，太空艺术项目不仅成本高昂且准入门槛极高，大多为"一次性"项目。但在今天，历史上首次有两颗艺术卫星同时在轨运行。SCA-2 的出现，使得创作者与外太空的关系多了一个层级，在多颗卫星的关联中重新考虑星－地、星－星互动。

它们的存在不仅打破了以往太空艺术项目各自独立的局限，也将推动星上策展的探索，借艺术视角探讨"太空可持续性"，通过连贯的叙事和持续的交流，为"徐冰艺术卫星创作驻留项目"提供更多资源与更广阔的创作平台，让人们在一个可以利用卫星创作的全新未来，重新思考艺术的本质，并为太空探索带来更广泛的文化和社会影响。

SPACE - - - - - - - -
ART - - - - - - - -
RESIDENCY - - - - - - - -
PROGRAM - - - - - - - -

用"英文方块字"撰写的《徐冰艺术卫星创作驻留项目（Xu Bing Space Art Residency Program）》

"艺术星链计划"的第三颗卫星装箭过程 2024© 徐冰工作室

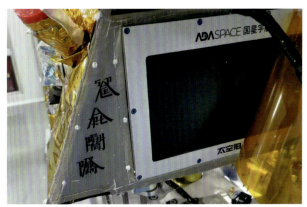

"艺术星链计划"的第三颗卫星表面印有"英文方块字"© 徐冰工作室

施 慧

SHI HUI

图片／由艺术家提供 编辑／徐小禾

1955 年生于中国上海，现居住于杭州。1982 年毕业于浙江美术学院（现中国美术学院），1986 年开始从事当代艺术创作，作品以棉、麻、植物、宣纸、纸浆等纤维材料为特征，以当代艺术意义上的创作构架以及对材料运用的敏感和娴熟技能，使创作趋于纯化和成熟。施慧的作品在中国当代艺术的图式中，呈现出独特的视觉特征，体现出东方精神的文化底蕴。施慧曾参加的重要展览包括：第三届和第十四届上海双年展、"生活在此时——29 位中国当代艺术家"展（德

国柏林国家美术馆，2001）、首届广州三年展"重新解读：中国实验艺术十年"（广东美术馆，2002），"间——中国当代艺术展"（法国蓬皮杜艺术中心，2003），并在德国科布伦茨路德维希博物馆（2013）举办个人作品展。2007年获马爹利非凡艺术人物奖、2014 年获 AAC 第八届艺术中国年度影响力大奖（雕塑）。出版有个人作品集《素朴之诗》《施慧》等。施慧现为中国美术学院教授、博士生导师，杭州纤维艺术三年展艺术总监。

书非书 2 棉线、木板 40cm×40cm×40cm×16 2022（作品参加 2024 年"塑造东方"雕塑艺术邀请展 / 最葵园艺术中心 杭州）

《书非书 2》作品说明

书艺，中国国艺之精粹。书艺之要，首在点划意象之中。二千年前，卫夫人《笔阵图》有言，"夫三端之妙，莫先乎用笔"，此笔之意，经天纬地，横若千里阵云，点如高峰坠石，撇是陆断犀象，捺存百钧弩发，竖累万岁枯藤，横折钩或如崩浪雷奔，或如劲弩筋节。这七笔直如用笔出入斩斫之意图也。

循此意图，《书非书》以纯白棉麻的线簇，塑写于木板之上，又跨越界面，塑于体块之间。如是塑书不唯形簇生动，点划中亦蕴着丝瀑辗转，朴厚绵长。又界面相交，体块相错，书形尽在塑体的变动之中，穿插翻转，复有建造的韵味。"笔阵图"在此尽得其意矣！

此书，非书，非常书，胜常书！

手札 手工纸、宣纸、缝纫线 34cm×28cm×5.5cm×18 2023（作品参加 2024 "纯白之思" 施慧艺术展 /Bank 画廊 上海）

《手札》作品说明

手札，亲手写的书信，所谓亲笔信是也。杜甫诗言："道州手札适复至，纸长要自三过读。"说那亲笔的信啊何等珍惜，如若漫漫的长卷，须三遍过读！

这里的手札，是用针线手绣而成。针眼起落，线脚有情。字虽莫辨，行间却满满的存意，莘莘然一派"手"的滋味！绣艺，中国悠久的文化。那反复缠绵的秀色，正是绣艺的底蕴。史上久有绣画一脉，曾与笔画相抗。苏杭一带至今还有绣画之家，秘以《绣谱》相传，非一般女红手活相比。穿引之中，变化莫尽，自有绣神相寄。如是风神，注入手札自不仅"三过读"，恐百拂千娑，亦不为多。

绣之手札，手绣之凝神也！日常之风神，札在其间。

施慧：书写"时间"

文 – 马少琬

如果要在影响人类文明进展的行为事件中，抉择出最重要的影响因素，莫过于"书写"与"阅读"。这两者几乎可以视作任何文明本身的承载。且不说，中国典籍中屡次提及的"书写"的开端传说，仓颉造字，"天雨粟，鬼夜哭"；甚至，那些塑造了我们当下所身处的现代世界的重大事件，如推动社会变化的宗教改革，促进知识传播的学术共和国，都来自书写方式的改变和阅读的变化。正是书写与阅读，让文明拥有了跨越时间、沟通空间的力量，让个体拥有了涵泳性情、砥砺人格的寄托之所，使得"理绝于中古之上者，可意求于千载之下；旨微于言象之外者，可心取于书策之内"。但是，在信息时代，这种深度的书写与阅读经验才能产生的美感与人文意涵，都已经日益被破碎化的互联网阅读、泛滥的视觉图像景观所取代。更别说，以"视觉"呈现为载体的当代艺术创作，似乎更为远离传统的"书写"与"阅读"审美体验。施慧近年的几件重要作品，却一下子扎进书写与阅读的主题中去深耕，更是以"编织"这一创作方式，对中国文化中的"书写"传统进行转译。而且，试图用极为当代的方式，也是更具日常性、普遍性、本质性的方式，唤醒现代人日渐疏离的传统审美经验和人文阅读体验。

施慧以"编织"作为创作方法，编织一词，早已超出日常语境之外，正如论者所说，它是施慧"理解世界的方法和路径"。在某种意义上，书写亦是一种编织；或者说，中国的书写，一直都涵盖了一种身体、心灵的编织意味。"写"之一字，在中国文化中有特别的含义，并不是仅仅指书写。"写"是一种比"绘""画"更高层次，超出物象描绘之外，更具形而上学意味的身心律动。书写这一行为，以不同的媒介，作用于不同材料之上，就形成了不同的美学风格、意境、风神、韵味，并且与人格、情感相连通。正如青铜铭文与碑刻的发现、收藏、玩读，不但在宋代促成金石学的兴盛，还在清代形成了对于"金石气"的书法气韵的独特感受。包括晚清甲骨文纳入书写的尝试，每一种材料书写方式的发现，都有可能成为独特的艺术审美乃至人文风尚开拓的契机。这种可能性，是回到自然之本初，由承认媒材的物质性，承认其独立的审美价值和创造价值，由书写的方式、材料、媒介共同唤醒的。

施慧的《书非书2》，甚至将对书写材料的发现，回溯到了"结绳记事"的原初，结绳的形式，却形塑出书法的笔法，呈现出气韵的流动与使转的意趣。白色的棉麻线簇、黑色的方形木板，黑白两色和材料的单纯，亦从物质形式本身，呼应着传统艺术中书法才能带来的独特体验。如果说《书非书2》肇始于篆籀和楷书点画之厚重，《另一种书写》又与之不同，呈现出行草一般的外溢的流动、使转与性情。这件作品采用了新的形式和材料，如果不计入作为界框的钢管，参与书写的材料，只有黑色的蜡线。"绘事后素"，纸张那样作为承载的纯素底色，都进一步被取消，而以纯虚的空间代替。但是如书法一般丰富的文化和精神指向，却丝毫没有减损，反而呈现更多的可能性和开放性。而且展出空间和陈列方式带来的光影，同样参与到作品的建构和观者的"阅读"体验之中。

手札 手工纸、宣纸、缝纫线 34cm×28cm×5.5cm 2023

手札 手工纸、宣纸、缝纫线 34cm×28cm×5.5cm 2023

读碑 宣纸、纸浆、棉线 260cm×110cm×17cm×3 2023 – 2024（作品参加第60届威尼斯双年展 / 威尼斯处女花园 中国国家馆 意大利）

《读碑》作品说明

读碑的灵感源自于《读碑窠石图》。该图传为北宋李成的绢本墨色画：枯树纵横，石碑兀立，跬成一片荒寒冷寂之气，暗示着对遥远历史中沧桑往事的追怀。中国早期绘画中"读碑"的主题是一种怀旧的表现，以文人画的方式绘就的读碑图，彰显着文人雅士的身份和胸襟。《读碑》这件作品用宣纸进行编织，塑造成碑的样式，以素白之风表现古朴和清纯，传达出一种古老和优雅的气息。

可以说，施慧从材料与媒介本身所窥见的，那种物质本身的天然纹理与质感，本身就附着着"文化"属性，正是中国文化传统中致力发掘的生命力的来源。所谓人"纹"，人类文化的创造，往往来自对物质之"纹"的体察、抽象与模仿。只不过，传统的语言程式，沿着一条线性的道路不断阐发，历经千年，其可能性已经被开发殆尽，而施慧则回到这种材料更本质的纸浆、纤维材质，在不同的方向上重新演绎那些在传统书论、画论中几近成为陈词滥调的美学术语，赋予它们新的生命力，带来前所未有的新鲜感和活力的同时，也让早已脱离笔墨经验的现代普通观者，也能体验到这些传统审美表达的意境。

施慧的书写，不仅在空间中流动，也在生命和时间中流动。《手札》即是如此。手札，作为古代之书信，透露的是书写的情境。它通过书写留下的身体律动，在书迹中坦露情感，倾吐心事，传递情谊。它饱含期待与珍视，跨越空间，历经时间，让情感和生活在人与人之间流动。在习惯了即时通讯，只注重传递效率，只关注讯息内容本身的当下时代，施慧的作品则让我们看到，哪怕剥离了要传递的内容讯息，手札这一形式和物质，也可以成为人最珍视的情感的载体。重要的不只是手札的言说，而是手札的"手迹"，一如手绣之中投入的大量人工痕迹、时间与耐心。如果说《手札》侧重的是书写者的表达一侧，《读碑》则完全从阅读一侧，从文人传统中的"读碑"意象，以一种意想不到的材料进行了重构。

碑，是将原本书写于易朽破的纸上之文字，转刻于坚硬的石块之上，用以铭刻久远。施慧以宣纸和纸浆的形式，将碑的形式再次转译，但却丝毫没有改变那种与时间进行拉锯的张力。纤维的质感与石块的形态，坚硬与绵柔、铭刻与遗忘、屹立与倾颓，以及对时间的抵御与时间中的断裂衰败……这一系列的精神意象与感怀，跨越时空，交织汇集。

施慧的作品，是以不同的方式，去呈现材料本身震撼人心的力量、击穿心灵的力量，把握材料和物质本身的生命脉动，用一个艺术家的创造力，将这种洞察放大、转移，让当下时代更多的人得以看见。材料不再只是一种任人挥洒、随意揉捏、肆意改变，以达到自身目的，表达自我的工具。材料本身即是一种有机体，有自己的文化性，有自己的温度，有自身的生命，有属于自己的生长。这种"纤维"，本身的生长、制造，就已经蕴含自然和人对于"时间"的书写。这一时间，不是物理的时间，而是柏格森哲学意义上的"生命时间"，不是一个个现在的接续，而是来自生命内在的感知。现在，即过去在当下的展开和呈现，亦已蕴含了向着未来展开的种种可能性。一如我们在施慧的"书写"中，在纤维物质性的编织中，所感受到的——在当下生活的日常感与亲近感中，体验到一种对往昔的唤醒，以及对未来无限可能的迎接。

另一种书写 蜡线 钢管 180cm×70cm×10 2022
（作品参加 2023 年"东望西张"汉字艺术三年展 / 中国国际设计博物馆 杭州）

《另一种书写》作品说明

笔墨的书写是中国人独有的书写，真草隶篆，千姿百态。以籀篆为体，点按如危石，撇捺为飞矢，提按使转，挥挥洒洒，纷纷然一个世界。

《另一种书写》，纯然用线，集线成束，聚束成形，凝形而成风势。这风势或呈黑色的瀑布，叠瀑飞泻，破空而出，循下百仞之渊；或呈墨空惊雷，轰鸣十面，电闪千铿，浮于天渊之上。昔苏子瞻有诗言："天外黑风吹海立，浙东飞雨过江来。"苏轼于有美堂暴雨中所见钱塘江潮，正是这般风势。

《另一种书写》，非笔墨的书写。汰除笔墨，流溢风神。

另一种书写 蜡线 钢管 180cm×70cm×10 2022

（作品参加 2023 年"东望西张"汉字艺术三年展 / 中国国际设计博物馆 杭州）

展望　ZHAN WANG

展望在 90 年代末依托中国当代社会语境提出"观念性雕塑创作"并强调"观念即物质"。聚焦于艺术家的思维也就是"想法"，让他在雕塑创作的同时涉足装置、影像等跨领域的实验。"他的艺术具有以简单材料形态营造复杂问题的特质"——黄专语。自 90 年代开始的代表性项目有《葬——中山装》（1994-2003）（未完成）、《94' 清洗废墟计划》（1994）、"假山石改造"系列（1995）（持续中）、《公海浮石》（2000）、《镶长城》（2001）、《ATM 搜神机》（2008）、《素园造石机——一小时等于一亿年》（2010），《有限 / 无限》（2021）（持续中）等。"不碰涂"系列是艺术家最新的平面实验作品。

摄影 周赛兰　　　　　　　　　　　　　　　　　　　　　　　图片 / 由艺术家提供 编辑 / 雯子

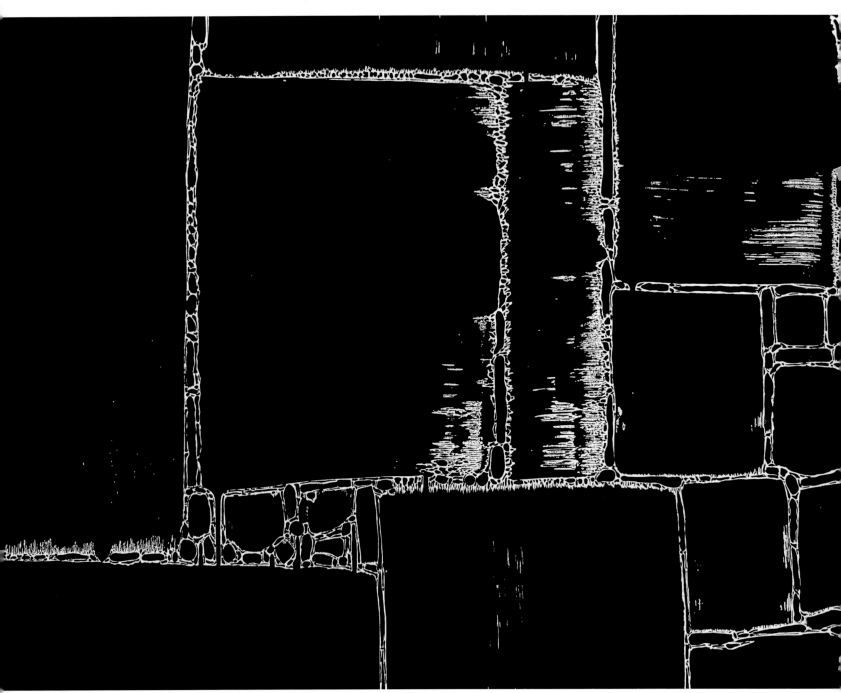

"不碰就不会全黑"局部

展望：限制与自由

采访 - 胡少杰

漫艺术 =M: 展老师，我们今年的主题叫"远与近"，因为最近几年我们越来越多地受到来自远处讯息的影响，同时又经历了长时间的空间上的隔绝。这两种生存经验让我们不断在"远与近"中切换，即感受到远方的嘈杂，又常常因为物理限制而被动地和自我相处，有了更多内观的时间。想了解在您的创作中，这两种不同的生存经验哪种更能触发您的创作？

展望 =Z: 其实很难分清楚。因为我们一直处在一个混杂的现实之中，我们的感知、思维、行动，都是受到外在因素和内在因素的综合影响。一个艺术家，虽然每天待在工作室里，但是不可能不被外界的声音影响，只是说我的大多数创作不是一种及时反馈式的，我更多的是基于对世界的长期观察和认知，而不是应激反应。当然，我也有一些在特定情况下及时性的创作，比如我在隔离酒店做的那件作品，它就是在空间限制的情况下，一种自我观察和对远处那个宏观世界的综合反应。再比如我疫情期间画的画，我给自己设定了一个限制，就是画的时候"笔不碰笔"，我想看一下在这种极端的限制之下，我画的过程是否也可以获得一种自由。当然，这些都是一种临时创作，有很大的即兴成分，它们在多数情况下很难形成语言体系。

艺术家要在限制中寻找自由，限制无处不在，近处有，远处也有，但是无论是在远处还是近处，艺术都可以提供自由的可能。

M: 这种自由来自对限制的解构，还是对限制的适应？

Z: 它其实是用解构的方法来建构新的自己。一旦建构起来那么就意味着新的限制的形成，所以它是一种不断解构，不断建构的过程，在这个过程中就能获得自由。

M: 德里达的解构主义？

Z: 其实在创作的时候，根本想不到什么解构主义。特别是早期的创作，我们那个年龄看不了那么多书，也没有那么多翻译著作，大部分是道听途说而已。我觉得更多的是来自真实感受，一种天然的反叛。艺术家骨子里都是叛逆的，是带有破坏性的，这是一种真实的生命驱动，和哲学上的解构主义有本质的区别，只是说在形式上有一定的相似性。艺术家并不会基于哲学概念去创作，解构只是一种反叛的方法，并不是目的。

M: 那目的是什么呢？

Z: 目的就是建构，其实解构的过程就已经在建构了。但是这样很容易又落入到解构主义的范畴里。所以我更多时候还是基于一个艺术家具体的思维和观念表达来谈艺术创作。因为哲学很多时候是在寻找一个确定的答案，但是艺术是没有答案的，艺术是产生在不确定之中。维特根斯坦说"语言的边界就是世界的边界"，而我认为在语言的边界之外，艺术开始了。也就是说哲学到不了的地方，才是艺术的诞生地。所以我反对把艺术当成哲学的图示，

"不碰就不会全黑"展场全景 黑色墙面涂料 防水腻子 木板 金属框架
240cm×240cm×240cm 2024 798C5 非盈利空间

"不碰就不会全黑"展场全景 黑色墙面涂料 防水腻子 木板 金属框架
240cm×240cm×240cm 2024

不碰涂 九宫格 纸本水墨 50cm×50cm×9 2022-2023

我看到很多人按照哲学理论去创作，最后画成的哲学插图，没有意义。艺术的问题要靠艺术自身来解决，靠哲学解决不了。我一直认为艺术家是要有自己的知识结构，它会给你提供滋养和储备，但是到了创作的时候就应该最大限度地把它丢掉，只有这样作品才是自由的、鲜活的、打动人的。

M: 维特根斯坦说"把能说清楚的说清楚"，那艺术就属于说不清楚的那部分？

Z: 对，说不清楚。但是有一个前提，就是艺术开始之前，要把该说清楚的说清楚，而不是直接奔着说不清楚去。也就是说在进入真正的艺术的范畴之前，要把能说清楚的说清楚。那个是艺术的前提，但不是艺术本身。所以说艺术家需要了解哲学、科学，了解这个世界过去发生过什么，以及现在正在发生什么。这些是你的艺术之所以成立的基础，在这个基础之上，那个说不清楚的东西才有可能出现。

M: 那您认为艺术需要解释吗？如果说不清楚，怎么解释它呢？

Z: 艺术需要解释，但是艺术真正的价值不在解释之中产生。解释是后置的，它不可能发生在艺术产生之前，也不可能同步发生。但是解释是必要的。只是这个工作一般不应该由艺术家来完成，所以说我们需要真正有见地、有洞察力、有感受力的批评家，而不是套用术语的批评家。

M: 您用笔不碰笔的方式画的这些新画，其实和您之前的作品在方法论上是相通的，比如您那些观念性的雕塑作品，它们都是在一个极其理性的设定之下，获得的一个偶然性的结果。结果看似是自由的，但是却是在极其严格的设定之下产生的。

Z: 对，方法论是一致的。想实现自由，就先自我立法，限制越明确，自由度就越高。必须先给自己立法，然后再画。我拿杆笔，在白纸上随便画，看似百分之百自由，但是非常邪门儿，一笔下去，要么齐白石，要么张大千，要么梵高，要么塞尚，根本躲不开。

我一看这么画不行，因为我也不是带着目的性画的，我主要是玩儿，封控期间，很多事做不了，就在纸上画着玩儿。但是我发现越没有限制越不自由。我开始思考人到底有没有自由意志，在一种看似自由的设定之下是不是真的能够获得自由。我试着给自己制定一个规则，就是笔不碰笔，因为画过画的人都知道，在画的过程中笔不碰笔是很难的，需要极其理性。然后在明确的规则之下，我就不去想什么形象，什么笔法，一通瞎画，画出来的东西五花八门，各种不同的图案，在这个过程中，感觉非常好，而且真的感受到了自由。

我之前的作品同样是在这套方法论中完成的。你比如说"隐形"，我设定了一个对限制的限制，就是说那个过程需要严密的科学计算，但是我要求在设定好科学数据之后每次的结果都不能重复，这就是说我的限制变成了"必须自由"。这对合作的科学家来说是很难做到的，因为科学就是要追求准确的、统一的结果。我要改变科学家的观念，记得有一次我们在讨论的时候，他很难理解这种"不重复"的设定。因为科学是不能有随机性的，它靠的是公式，是精密的算法，追求的唯一目的就是准确的可重复验证的结果。

M: 它是一个悖论，最后怎么实现的？

Z: 后来是把公式与公式之间每一次的碰撞设定成不一样的，最后就可以输出完全不同的形状。所以这也是一次艺术与科学的碰撞与交流。等于是用艺术的方法论把科学的逻辑给改变了。在科学的范畴里，按说是不可实现的，但是通过艺术的方式就实现了。话说回来，这本来就是艺术创作，科学只是一个工具，所以在这里科学要符合艺术的逻辑，这没有问题。但是科学本身是严密的，是有一套严格的规则和逻辑的，是容不得乱来的。我就是借用科学来完成我的艺术。算是一次艺术和科学的合作实验。

另外我也不认为我这算是科技艺术，科技艺术是另外一个系统，它应该是把科技当成艺术创作的一种语言，我完全不是，我主要还是基于艺术本身的语言逻辑来工作，只是说我正好遇上了科学，那就借用了一下。其实整个过程中也有很重要一部分是手工完成的。包括我另外的一些作品，很多都是手工制作的。

M: 在您的创作中您依然看重"手工"吗？

Z: 并不是，还是要看情况。在观念性雕塑这个概念里，无所谓手工不手工。但是必须有制作性。我所谓的手工指的是软性的，通过手感接触去完成，而制作就是可以用机器，比如用磨光机、切割机进行加工。但是要说清楚，经过制作的材料和现成品不是一个概念。装置艺术用的是现成品完成的，是利用现成品自身的意义去重新组合。而观念性雕塑不是，观念性雕塑是要用原材料制作一个世界上原来没有的物品，同时把观念转化至这些材料或制作中。所以说，这是两个概念，经常混淆，虽然它们都占据空间，都有别于传统雕塑，但是装置艺术和观念性雕塑是两回事儿。

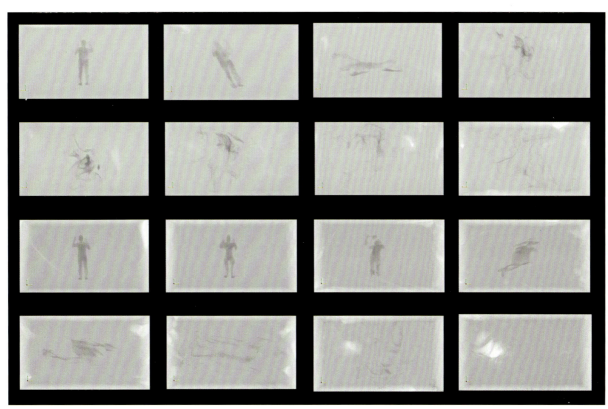

隐形 影像截图 2016-2017

隐形 23# 不锈钢 镀黑钛 120cm×105cm×90cm 2022

隐形系列"超越边界"展览现场 萨默塞特宫 英国伦敦 2019

隐形 不锈钢 173cm×73cm×60cm 2017 "展望·埃迪亚物"个展 北京长征空间

隐形 火山石 250cm×88cm×52cm 2018 "展望·埃迪亚物"个展 北京长征空间

M: 不同的原材料也都自带意义和属性，在创作中怎么处理观念和原材料的意义之间的关系？

Z: 其实在选择这种材料的时候，你肯定是被它的属性和意义所吸引的，觉得它和你要表达的观念是契合的，和你作品的时代气息也是契合的。比如说青铜，它自身有一种古典气质，而铝合金符合现代主义，那么不锈钢呢，它像一面镜子，这种自带镜像的特质，一下子就把人拉到了后现代的语境中。这就是它们自身所附带的时代意义。当然，材料是一个很复杂的课题，总之是要利用好材料本身的意义和属性，通过制作，最后建构出一个全新的物体来。

M: 那您觉得的"物派"的作品属于装置艺术还是观念性雕塑？

Z: "物派"这个名称其实是不严谨的，它其实要强调的不是物，也不是观念，它强调的是自然材料和工业材料放在一起形成的那个"场"，这种"场"形成于物和物的关系之中，重要的是关系，而不是物本身，这比较符合日本式的禅与道的思维。名词很难定义艺术，它有很多说不清楚和误读的地方。"物派"也有它的历史性，它是那个时代的产物，面对的是那个时代的问题（六十年代的东西方文化碰撞问题）。每个时代的艺术需要面对不一样的问题。

隐形 不锈钢 喷火枪烤色 1200cm×1000cm×600cm 2017 "展望·境象"个展 龙美术馆（西岸馆）

M: 面对新的问题是否意味着需要使用新的艺术语言？比如进行技术的迭代？

Z: 艺术语言当然需要更新，但是艺术语言的更新并不意味着必须进行技术迭代。技术只是工具。如果需要用到新技术，可以大胆地尝试，但不是说为了彰显新技术而去做艺术，那就本末倒置了。还是咱们前面说到的，重要的是方法论，不是方法。

M: 所以您不担心技术迭代的问题？比如说 AI 技术，您认为它会给艺术带来冲击吗？

Z: 我不担心。因为前面我说了，艺术是要追求那个说不清楚的东西，AI归根到底是靠科学、靠算法支撑的，它还是处在可以说清楚的世界里。当然，AI 一定会给艺术带来一定的冲击，会让艺术家有一些危机感，但是我认为这种危机感是可以促使艺术向前发展的。回看我们的艺术史，每次技术迭代，都会给艺术带来危机，但是，艺术并没有消亡，而是一路向前。

M: 那对您来说，您认为现在真正的危机是什么？

Z: 对于我个人来说最大的危机就是创造力的减弱。

M: 减弱的原因是什么？年龄？

Z: 有年龄的因素，但是更主要的原因是现在已经建构了一个成熟的系统，那么如何在这个基础之上继续推进，这就会变得很困难。哪怕一小步，都要付出巨大的努力。就是说"从无到有"容易，但是"从有到有"，会很难。

M: "从有到有"就会变成一种"有"的延续，变成惯性？

Z: "从有到有"并不完全是一种惯性和重复，而是在已有的基础上继续推进，过于浪漫的人会误以为凡事皆可"从无到有"，其实错了，我们更需要的其实是怎么把这个"有"进行迭代，这样才更有乐趣，当然人都免不了活在惯性之中，人不是神，不可能时刻都是崭新的。所以只能保持警惕，随时调整。我也才 60 岁，要保持兴奋，无论是"从有到有"还是"从无到有"，我相信都还存在着很多可能性。

粒子雕塑 五件组合 不锈钢 111cm×71cm×113cm 2022 © Zhan Wang. Courtesy Lisson Gallery. Photography by George Darrell.

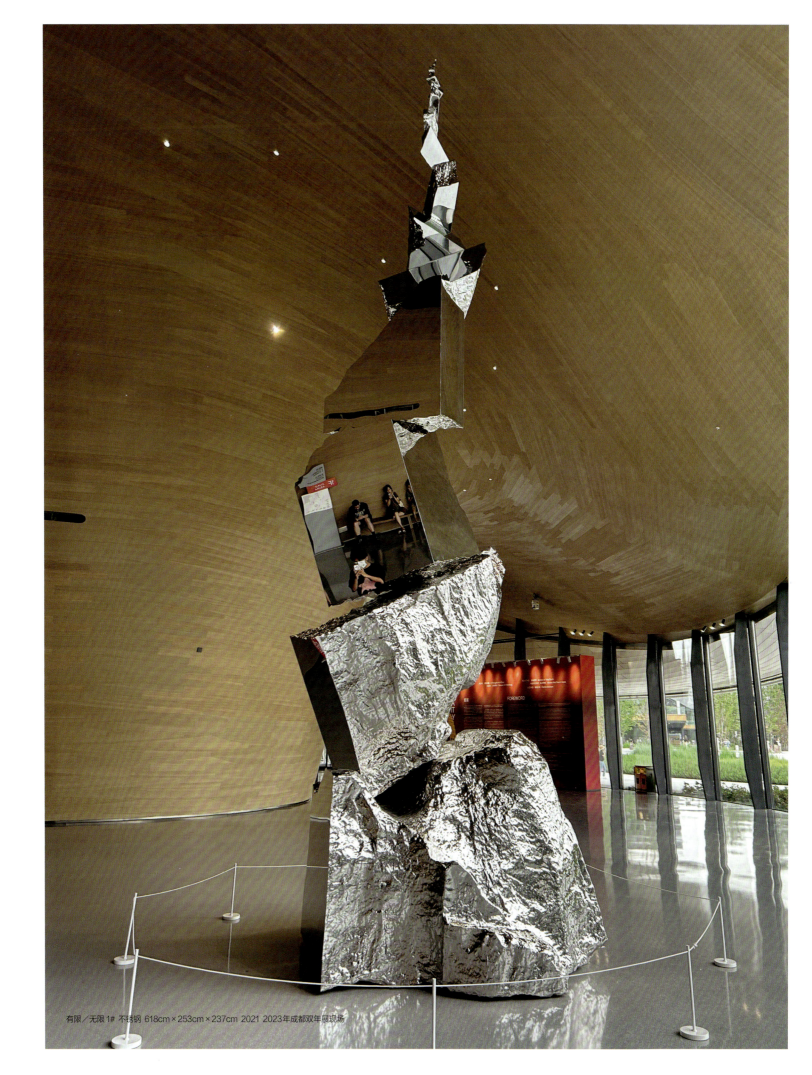

有限／无限 1# 不锈钢 618cm×253cm×237cm 2021 2023年成都双年展现场

秦 冲　　QIN CHONG

1968 年生于中国新疆。创作以绘画、装置、行为为主，并进行多媒材实验艺术创作。他于 2007 年提出"黑白主义"，并在第 56 届威尼斯艺术双年展之际在"个人结构"展主持了关于"黑白主义"国际研讨会，就全球化之后人类文化核心是什么进行了讨论，进一步推进了他的"黑白主义"学说。秦冲代表作有《极限》《水墨演义》《丢失》《黑白联合国》《无所谓》《人类撞击地球》《一步之遥》《泪》等。作品在德国、中国、香港、台湾、日本、韩国、新加坡、意大利、瑞士和美国的博物馆、画廊及国际艺术博览会上展出。现工作、生活于柏林和北京。

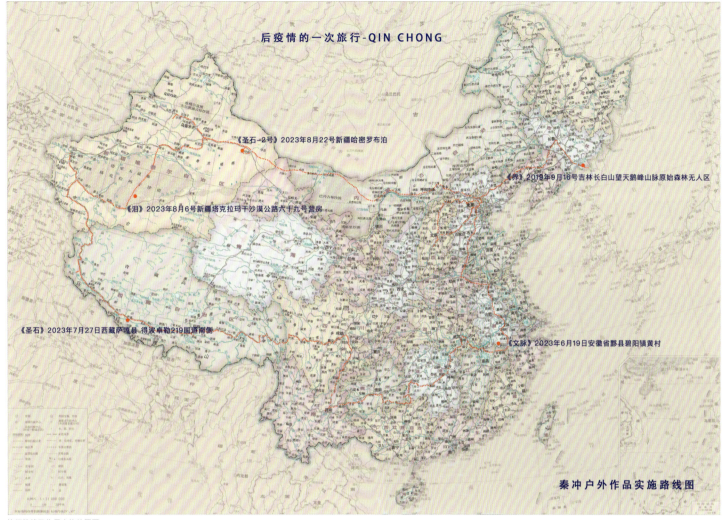

《圣石-2号》2023年8月22号新疆哈密罗布泊

《界》2019年9月16号吉林长白山望天鹅峰山脉原始森林无人区

《泪》2023年8月6号新疆塔克拉玛干沙漠公路六十九号营房

《圣石》2023年7月27日西藏萨嘎县 得波卓勒219国道南侧

《文脉》2023年6月19日安徽省黟县碧阳镇黄村

秦冲户外作品实施路线图

旅行路线及作品实施位置图

后疫情时代，艺术家的一次远行

采访 - 马少琬

　　无论是独立自驾远行，还是在无人区创作，发生在艺术家秦冲身上，都会激起许多"故事"，足以令人按捺不住探究的欲望。如果两者同时发生：自驾开往未知之地的远途中，同时开启一系列全新的创作，会碰撞出怎样的精彩？这就是 2023 年夏天秦冲一次全国范围的自驾远行，一次以"远行"作为方法的艺术创作。这次的新作并不像往常一样，诞生在工作室或者展览现场。甚至这些作品的诞生、存在、消逝，从头到尾都没有艺术界的"在场"；但恰恰因为其无人"在场"，而似乎更具有了一种无声的力量。如此，更是令人平添了许多好奇……

　　作为一个拥有稳定的创作环境、松弛的创作状态的艺术家，为何突然起了一个人以自驾远行进行创作的念头？行程中的各种复杂环境和事态，本身就是一个挑战，更何况还要进行构思与创作？而且，在创作媒介和方法的选择上，秦老师向来不避烦难，总以最适合表达思考为要务，创作过程难免"工程浩大"，颇需人力与物力。一个人又是如何完成的？

　　此行结束之后不久，秦老师便由于工作安排等原因，一直未在国内，未及详谈。因此，得知秦老师回京的消息，即刻相约做了一次访谈。聊起此事，虽然相隔半载有余，但是谈起旅行中的种种经历，创作欲望被激发的种种情境，秦老师依然如同回到了现场，总会不自觉被那一刻的感知所点燃。

马少琬＝M：秦老师，2023年您进行了一次长途自驾旅行。仅仅一辆车，就一个人出发，从6月中旬走到9月初，走遍大半个中国——从北京，过河南开封，到安徽，再到江苏、湖南、湖北，一直到云贵川，又到西藏、新疆，一路穿越塔克拉玛干沙漠，罗布泊，最后走内蒙古，回北京——历时近三个月，行程2万多公里。期间创作了一系列极有分量的作品。这样跨越空间、历时较久的远行方式，非常不符合人们对于艺术家的想象和认知，反而有些类似于人类学家的田野工作方式。不但在艺术家中极为少见，对于您也是第一次。是什么促使您选择在这样的时候，踏上一次充满挑战的旅行？

2021年3月26日元典美术馆/《困》装置作品

秦冲＝Q：很早之前就有这一想法，离开原有的工作方式，到户外进行创作。但这次彻底走出工作室实施远行，一个重要的契机，是过去三年的疫情。这场人类罕见的疫情影响了地球上几乎所有人。转瞬之间，我们仿佛回到了"昨日的世界"，许多曾经享有的行动自由，短时间内全都消失了。全球自由流动的图景，被对病毒的恐惧、警惕和防范所带来的自我封锁所取代。

个体生命的权利和活力，在"必须受到保护"的名义下被遏制。个人活动的空间逐步被压缩，从国家之间的相互封锁，到城市之间的封锁，再到乡村之间的封锁，最终发展到连走出家门和房间都受到限制。

这种氛围和环境下，被封锁和压抑的不仅是人的身体和行动，还有人们的心灵、理性以及表达自我、亲近自然的天性。人的天性被抑制得越久，就越容易爆发。只不过，有些人可能会将之化为歇斯底里的情绪，或者通过语言和肢体的暴力来发泄；而我则选择将这些被压抑感受释放出来，转换为艺术创作。

疫情期间的两件作品，2021年的《困》和2022年的《7+3》正是来自这种表达，都与人在空间中的限制有关。其中一件作品《困》，它是一件类似命题性的创作。当时，国门封锁，行动受限，甚至连嘴巴都要被N95口罩遮住的情况下，创作参展本应是一个难得自我表达的机会，却被展览方告知，参展作品尺寸不能超过50×50厘米。这一限制再次触及了我内心压制已久的情绪。如何在这种处处受限的情况下，最大程度地呈现自己的感受和想法，成了创作最大的兴奋点。

最终确定的方案，是从自家院子的草坪中取出一方冻土（50×50×180厘米）作为参展作品移置在展览现场。这方冻土的长、宽、高与一个人在地球上占据的空间相当。顶端的小草，还保留着一丝草坪原本的生机与枯荣。它指向的是对我们此刻生存境况和存在现实的一种理解。

另一件作品创作于2022年7月我回国时，从柏林到上海。由于疫情期间的隔离政策，我一到浦东机场，便被一辆全封闭的面包车接走，送至上海的一家隔离酒店。在被限制在隔离酒店房间的日子里，随着时间的推移，我能够清晰地感受到自己每日状态的变化，情绪的逐渐放大。正是在这段时间里，我创作了行为艺术作品《7+3》。

被困于一个极为有限的房间内，这是疫情期间许多人都有过的隔离经历。在这种环境下，我无法漠视现实生存所带来的深刻影响，就通过创作对此作出了回应。

2023年疫情结束，社会全面放开后，长期的压抑亟需被释放。对于处于极度受限状态的我来说，更为迫切的需求是离开和释放，逃离喧嚣的城市和病态的世界。在这种背景下，无目的的独自旅行和摆脱工作室束缚的想法交织在一起，促使我开始准备踏上远行的旅程。

2022年7月21日－7月31日上海皇廷世纪酒店1803房间/《7+3》行为作品

2001 年德国北部波罗的海边 Cismar 小村庄 /《桥》户外装置作品

M：确实如此。经过这次全球大疫情，我们一下子进入了一个与之前完全不同的时代，很多人称之为"后疫情时代"。这一时代背景，让这次远行的意义显得不同寻常。但是，您刚才提到，很早就有了完全抛开工作室的环境，在行旅中去创作的想法。这一想法开始于何时？

Q：远行的想法，最早可以追溯到 1990 年未能实现的一个心愿。那时刚毕业，我和两位同学计划骑自行车从北京到新疆。当时并没有太多考虑，只是凭行一腔热血。然而，最终由于种种原因未能成行。此后，这件事似乎成为了我内心一颗未能发芽的种子，一段需要完成却未曾开始的人生旅程。三十年后的后疫情时代，这个心愿被重新唤醒，并最终以一人一车自驾远行的方式得以实现。我把这次远行中的创作命名为同名个展。

离开工作室到户外创作在早期作品中已有显现。我尝试在陌生的环境中创作，并利用当时的条件和资源。比如，2001 年我创作了《桥》，这是我第一个户外创作的案例。《桥》这件作品创作于德国北部波罗的海名叫 Cismar 的小村庄，一座连接教堂和墓地的桥上。这里气候温和，人们热情坦诚。在欧洲，像 Cismar 这样的村庄通常有一个共同的文化特点：每个村庄都有一座教堂，而教堂附近便是墓地。村民们世代在这片土地上生活，生生不息。每个孩子出生后不久，便会到教堂接受洗礼，以求平安；长大成人时，他们在教堂举行婚礼，祈求幸福；当他们年华老去，也会最终安葬在教堂旁边的墓地。

当时，我计划在四个不同的场景中完成一系列创作。在 2001 年创作《桥》之后，2002 年我又计划在瑞士索洛图恩（Solothurn）进行创作。索洛图恩是一座直径约两公里的古老小城，步行可遍览全城，充满了人文气息和诗意。然而，由于客观原因，这一计划未能实现。直到 2019 年，我在长白山原始森林中完成了户外装置作品《界》。然而，2020 年疫情的突然爆发，使得这一计划再次中断。

直到 2023 年，我终于在安徽黄村完成了《文脉》这一作品，这次创作使得原本中断的计划在新的时代语境下得以重新激活。

M：在远行中，时代和个人所要面对的不确定性，似乎更加强烈。《文脉》这件作品是在怎样的背景下创作的？您是如何选定安徽黟县黄村作为第一件作品的实施地的？

Q：在后疫情时代，我感到一种无法抑制且迫切需要释放的冲动。这种冲动无法通过预先规划的详细路线或精心设计的作品方案来实现。因此，这次远行并没有一个具体的创作计划。虽然我最初计划把安徽作为我创作的第一站，但具体的实施地点和方式都是随机决定的。经过几天的走访和探索，我最终选择了位于黟县的黄村，这个古老的村落作为我的创作地点。

今天，随着城市化和现代化的迅猛发展，许多文化遗存已成为旅游资源或商业景观。黄村却保持着丰富的历史建筑和浓厚的文化氛围，未经过度开发，也未沾染太多商业气息。村中保存完整的徽派建筑和地域特色的人文风貌令人印象深刻。

黄村的历史、传承与演变，体现了典型的中国宗族社会文化特点。这个村子的历史可以追溯到宋代，因黄

2019 年 9 月 16 日长白山望天鹅峰 山脉原始森林 /《界》户外装置作品

2023 年 6 月 28 日 安徽省黟县碧阳镇黄村 /《文脉》户外装置作品

姓家族聚居而形成。千百年来，通过耕读、科考、经商等途径，黄村从一个小村落发展成为历史底蕴深厚、人文荟萃之地，曾涌现出许多历史文化名人，包括清末篆刻大家黄士陵。宗祠、庭院、民居等一座座徽派建筑，见证了黄氏家族延续千年的兴衰与荣耀。

我们通常将文化传承视为一种历史叙事，强调的是文化史料，习惯于从历史记述中寻找文脉。因此，人们重视修族谱、修地方志、修史书。然而，真正深层次的文脉并不在空洞的文字里，而是在这片土地上的人们的生活里，以及他们所依存的建筑和环境中。那些山水之间的青瓦白墙、徽州风物、乡间生活、语言风俗，才是最难以斩断的文脉载体。

当我们置身其中时，对自身文化血脉的意识会变得尤为自觉。在黄村，你会发现文化艺术、历史与人们的日常生活之间并没有那么大的断裂。我们与祖先和文化传统之间的距离，也并不像想象中那样远。这里的村民生活在数百年历史的徽派建筑中，使用着沉淀了历史时光的文物。他们不仅很好地保存了这些文化遗产，还享受着与文化根脉相连的氛围。

作为一个艺术家和当代都市人，当我感到这种人与历史的连结，文化根脉在地域生活中的流动时，内心深受触动。因此，我产生了一种创作的冲动，想要以艺术家的方式，将这种人与历史的连结、文化根脉在生活中的流动呈现出来。

M：《文脉》这件作品，借助水的透明特性，让生活于其中的人，也让那些仅仅将之视作一种人文景观的游人，重新意识到当下的我们与地域文化、文脉传统之间，那种切身的、生存性的联系。这种在地性创作对于文化生存性的指向，是再多单纯的文化保护行为也无法做到的。这让我想到，上世纪 90 年代一家美国博物馆曾经将一整座清代徽式建筑整体搬迁，运送到国外精准还原。很少有人意识到，这种脱离了原有语境的展陈和文化保护，恰恰是一种对文脉的剥离。哪怕再精致的还原，也不过只是一座往昔的"遗迹"和废墟。同样是面对文化遗存，艺术家看到的却是生命力的流动和与当下的连结。而且，作为习惯于工作室环境的艺术家，一个人在陌生的环境下创作，肯定要面对许多现实难题，实施的过程，应该并不会很顺利吧？

2023 年 6 月 28 日 安徽省黟县碧阳镇黄村

从左至右：傅跃（非遗）刘博（策划）王承远（画家）孙福昌（村书记）秦冲（艺术家）耿耿（艺术家）温永锋（作家）王林（摄影）

Q：相反，这次作品的实施不仅非常顺利，还让我深切感受到当地人对艺术和人文的热情。在开始创作前，我首先去拜访了村长，与他打了个招呼。出乎意料的是，他在听了我的作品方案后，不仅非常欢迎，还表达了希望通过艺术家的创作为当地的文化生活增添活力，渴望带来更多文化交流和外界关注的愿望。村书记对艺术进村的接受度也非常高，立刻帮我协调了作品所在巷子的住户。

在创作过程中，当地居民非常友善，不仅送来食物和饮品，还在实际操作中给予了我许多帮助。当作品完成时，村里还邀请了一些当地的文化界人士来观赏，并希望作品能尽量多保留一段时间。

M：从创作结束到被拆除，虽然整个作品的存在，可能只有短短十来天，观看者也仅有本地的村民和本地文化人，不像都市里的展览那么万众瞩目，但这样的作品似乎才更有生命力。这样的艺术更像是从自身的文化根脉中自然生长出来的，也更符合艺术一词本应生长的土壤和存在方式。第二件作品《圣石》的创作，似乎更加具有偶然性，是在怎样的情境下创作的？

Q：黄村作品的顺利实施让我对原本没有把握的计划增添了信心。《圣石》这件作品源于我在西藏一路上的所思所感。进入西藏后，我接触到的那里的文化与地貌，都是我前所未见的，带来了一种全新的体验。

自主地快速闪过。我不禁思考：如何与此处的天地对话？注视着两侧荒石凸显的景观，穿行在茫茫山野荒无人烟的戈壁滩时，我将一块不起眼的石头涂成了金色，将最近几天的感悟和思考都在这一瞬间附着到了这块石头上……后来途经新疆罗布泊，并在那里创作了《圣石·2号》。

M：这像是一个人类文明起源、演进的隐喻——一起神圣的缘起，一切意义重大的转折，都起始自一个不起眼的行为，如同一块石头被投入湖面，开始泛起阵阵涟漪。例如佛教最早的精神象征，只是菩提树、法轮等抽象符号，后来才有了佛塔，佛像，以及越来越多的经典，众多的派别，八万四千法门……虽然是一个很简单的艺术行为，一个偶发性的创作，一个在旷野的千千万万块石头中，随机选择为一块石头涂上了金色，但是这个不起眼的举动，却让整个天地的景观和意义，从此发生变化。一块圣石的形成过程，是文化从一个最初的追问开始，走向漫长塑造的开始。一个偶然的行为，穿透了人文与自然，也穿透了传统与当代，宗教与世俗，自我的渺小与天地的厚重。您在新疆塔克拉玛干沙漠中创作的作品《泪》，是否也与这种偶然的碰撞与激发有关？

2023 年 7 月 27 日西藏萨嘎县得波卓勒 219 国道南侧无人区 /《圣石》户外装置作品

走进拉萨和日喀则，我参观了许多从未见过的藏传佛教寺庙，也见到了各种各样的朝圣者。有的骑自行车，有的拉着车，还有一路磕长头徒步而行的朝拜者，他们的旅程可能要持续很久。这片无人的旷野和无声的高原，以及虔诚的宗教文化，给我带来的冲击可想而知。

一路向西，车窗外的景色如同影像一般，飞速从眼前闪过，变成各种信息碎片，在我的脑海中相互碰撞，以另一种形式在脑海中回荡、穿梭。此时此刻，天地自然、宇宙万物、时空与文明、宗教与人类、历史与个人，都同时向我袭来。在面对这片原始自然的天地和古老的宗教文化时，我不禁思考：从大城市来到这片空旷的大自然，从现代文明科技中走向这种原生文明生态，作为一个个体，我在追求什么？我希望达到什么？我的理想和想法是什么？在昏暗的寺庙中，堆积如山的经卷和念诵经文的喇嘛，他们又在追求什么？而作为整体的人类，我们究竟在追寻什么？我们真正想要的是什么？

这一切如梦中的碎片般毫无规律地跳跃，像播放中的幻灯片一样，不由

站在一望无际的大漠之中，注视着这条早已干涸的河床，一片几乎生命绝迹之地，然而作为一切生命源泉的水滴，经过千年万年的流逝后，再次在此处出现。一时之间，我心中悲欣交集，感受着这片大地所承载的无尽时光与历史。

M：沙漠与胡杨在西域本就有一种与生存有关的特殊文化意义。而水滴的出现，不但成为一种沙漠的奇观，也赋予此时此地以浩瀚的时空感与生命感。它把沧海桑田的空间流变之感，与人对自身生存的关怀，联系了起来。

更有意思的一点是，将此次的三件作品放在一起看，刚好回应了人文思考的三维度：《文脉》，探讨的是我们该如何面对自身的文化根脉，面对的是我们当下生活和文化传统的关系；《圣石》探

2023 年 8 月 6 日塔克拉玛干沙漠中央/《泪》户外装置作品

Q：在藏区的行进经验中，我对作品的呈现方式有了新的思考，不再是刻意的心态，而是让它自然而然地找到合适的位置。第三件作品《泪》便是在塔克拉玛干沙漠中创作的，同样具有极大的偶然性。

塔克拉玛干沙漠是中国最大的沙漠，位于世界上最大干旱地带的中心。刚来到这里时，我对于作品的构思并没有明确的方案或头绪，唯一可确定的是作品将诞生在沙漠之中，可能会以水作为媒介。

从进入沙漠的那一刻起，我便开始寻找合适的地点。在茫茫沙漠中独自游走时，偶然间发现了一片不同的沙漠地形，一层一层延伸，如同河床一般，清晰可见。远处还伫立着一棵根系外露接近枯死的胡杨，这是我在这片沙漠河床遗迹上看到的唯一一棵胡杨树。它孤独地挺立在那里，那一刻我便决定在这片河床遗迹上呈现《泪》这件作品。

事后经过查阅资料，我了解到，今天被称作"死亡之地"的塔克拉玛干沙漠，并非一直是这般荒芜。不谈地壳运动所带来的沧海桑田，这里曾是古地中海的一部分；而沙漠的形成，也不过只有四五百万年的历史。更别说在千年之前，这里曾经河流纵横，古城林立，充满生命与生机，尽管这些都已经被流沙掩埋。那条干涸的河床遗迹，以及孤独的胡杨，似乎正是这些生命历经千年万年的见证。

作品《泪》如此幸运，而我也如此幸运——在茫茫的大沙漠中，跨越千年万年的时光，与这片古河床相遇，本身就是一个不可思议的机缘。于是，我在这里驻扎了下来，开始实施我的作品。

讨的是人类对自然、宗教与文明的追问与沉思；而《泪》，进入了更广的关怀范围、更大的时空尺度，超脱人的自我中心，去探讨自然与生命。

但是，这样的创作，必须要将自己置于大自然。避开城市，考验的不但是艺术家语言的运用能力，也有艺术家的户外生存和应变的能力。这三件作品的创作，打开了更多的可能性和新鲜感，为生机的流动留下了足够的空间；但同时也意味着，将自己置于不可预测的危险之中。这一路上，是否有特别危险的时刻？户外工作方式会带来怎样的困境和危险？

Q：出行前，我做了很多设想，家人和朋友也都担心我一个人长途旅行会遇到问题。我开玩笑地说："不遇到问题，回来怎么给你们讲故事呢？遇到问题，人生才会有故事。"确实，旅途中会遇到许多问题，甚至是危险，但同时也能体验到前所未有的美好。无论准备得多充分，出发后还是会有意想不到的事情。

在安徽创作《文脉》之前，我曾因大雨被困在山区好几天。从成都开车前往西藏的途中，短短几个小时后，我从海拔约五百米的成都抵达了海拔约四千三百米的高原。傍晚时分，我请了一位藏民向导带我深入山中过夜。独自享受这片空旷的自然环境，安静的山脉中没有动物的踪迹，天空中一团乌云悬挂在车子上方。我独自坐到伸手不见五指，此时的所有想象与感受都回归到自身，仿佛"我就是整个世界"。带着这种奇妙的体验入睡了。

然而，凌晨两点多，我因身体不适而醒来，胸闷、头痛、呼吸困难。我

意识到这是高原反应。车上没有氧气瓶，我的血氧值只有72，如果继续入睡，可能会有危险。此地没有道路，无法自救。幸运的是，我进山时留了向导的电话。约四十分钟后，向导骑着摩托车赶来，将我送到主路往回开直到身体能够承受的海拔高度。第二天一早继续驾车西行。

从西藏前往喀什，翻越塞力亚克达坂时，我在海拔约五千米的高度遇到了降雪和大雾，能见度不到十米。就在这时，山体落石导致车子底部机油箱损坏漏油，发动机熄火。当我急忙下车查看车况时，才发现自己还穿着短裤。西部的晚上九点天还没完全黑，但气温已经急剧下降。

大约二十分钟后，一辆工程车下山经过。司机帮我打了救助电话，但救援中心表示，晚上九点后山路封闭无法通行，救援队要到达我的位置需要大约五个小时。无奈之下，我只能等待第二天的救援，最终在山顶度过了一个漫长而寒冷的夜晚。

一个星期后，八月初的塔克拉玛干沙漠让我终生难忘。白天，沙漠中的气温高达45摄氏度以上，环境恶劣至极。然而，为了完成作品《泪》，我毅然决然地在沙漠中央停留了四天，忍受着身体的极限。嘴唇因干燥而开裂，但我坚持完成作品，最终将汗水化为作品永远留在了这片沙漠之中。

西藏萨嘎县得波卓勒 219 国道

M：我注意到，您这三件作品，并不像其他装置那样，是利用材料从无到有的"制作"，而是立基于已有的自然，或者自身文化传统，有一种先天的整体感。如果用架上绘画来形容，厚重的历史文化，以及震撼的自然天地，就像作品的"画布"和底层肌理，成为了作品的一部分。而很多时候，这种跟自然的联系，与古老的文化传统的联系，对于生活在城市里的我们来说，往往是处于一种遮蔽的状态。

Q：在艺术创作中，作品的厚重感往往源于其背后所选择的文化背景、环境、空间、媒介选用及其所携带的文化内涵。这些元素共同为作品注入了深度和力量。然而，真正赋予作品生命力的是艺术家对这些媒介的深刻理解和精准运用。只有当艺术家能够准确地通过媒介表达思想时，作品才能与观者产生强烈的共鸣，展现出独特的艺术魅力。

罗布泊

西藏无人区

塞力亚克达坂

2023

年度艺术家档案

涵泳的质态

梁铨

LIANG QUAN

图片／由艺术家提供 编辑／徐小禾

1948 年出生于上海，祖籍广东中山，中国抽象绘画最具代表性艺术家之一。毕业于浙江美术学院附中，又赴美国旧金山艺术学院学习，曾任教于浙江美术学院（现中国美术学院）版画系，工作于深圳画院。现退休生活于深圳。

梁铨是中国最早将传统水墨结合抽象创作的艺术家之一，构建了东西方美学语言贯通却相互区别的个人表达。写实和写意的思考用细碎的言语辩白，在形与无形之间重建秩序，细节的极致调和以至"空"的境界。水墨轻重有序的晕染，形的消融，真实被层层措置与堆叠的细节阐释，以一种近乎消失的方式置于现实中再次显现，空白意味着无限。表达上的让步和不明确指向，用不对抗不强加的态度应对瞬息万变，梁铨以其最具代表性的水墨拼贴，铺开淡然悠远的禅意。他用综合材料拼贴贯通西方抽象艺术和中国传统水墨，因深刻的东方精髓和独特的风格备受瞩目。

标溪（古岭组画）色、墨、宣纸拼贴 120.7cm×90.8cm 2021

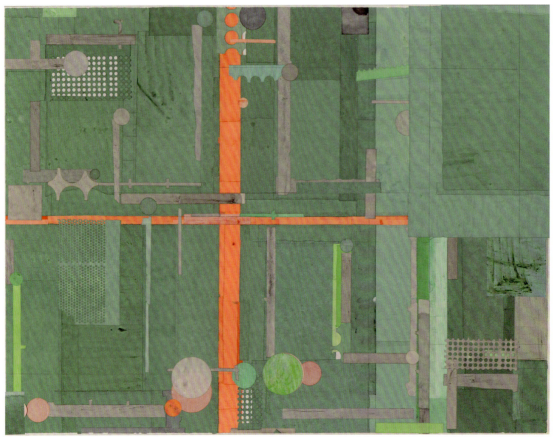

惠明（古岭组画）色、墨、宣纸拼贴 122.8cm×160.6cm 2020

健壮（古岭组画）色、墨、宣纸拼贴 60.8cm×90.8cm 2022

梁铨：时机

文 – 杨紫

鸟多闲暇，花随四时。

—— 庾信《小园赋》

　　梁铨家我去过两次。他家悬在深圳 90 年代兴建小区的高层，沿着路尽头一幢，路边塞满泊车。他家也是他的工作室。他请我喝茶，看画，也看茶渍浸润的桌垫，桌垫下藏着花杂的票据。他请我看他家窗外的绿树林。聊到一个钟头，我就找个话头，起身告辞。两次都是这样。他讲的东西很多。

　　第一次拜访是去年八月。他不太讲自己的画。他讲旧金山留学的经历，讲旧金山肇始的湾区具象画派，讲理查德·迪本科恩，还有他的"海洋公园"系列。二战后，西海岸的具象画派与纽约抽象绘画并行发展；"具象"不同于苏联的写实主义，倒偏向于对东海岸抽象绘画骄傲、肃穆、宏伟气质的区分。被认为隶属于该画派的迪本科恩，画了静物、人与风景。然而，与其说迪本科恩的绘画轻巧、灵动，带有西海岸的爵士乐风味，不如说，此时他绘画中的坚实感别具一格。1964 年秋到 1965 年春，他游历欧洲，在苏联的美术馆看到马蒂斯的两张 1914 年创作的绘画《科勒尔的法式窗户》和《圣母院一景》。它们深远地影响了迪本科恩。

　　1966 年，迪本科恩开始创作"海洋公园"系列。"海洋公园"是加州城市圣莫妮卡一个小区的名字，迪本科恩的工作室坐落于此。"海洋公园"系列历时十八年，有一百三十多幅画作，尺幅很大。他回归了抽象领域，虽然有人说，这些画残留着风景的影子。线条齐整或透迤地切开画面，让柔和的大块色域在画面摊开。颜色在色块的边界内缓慢地变幻，在深处浅处，明处暗处，较量着。分野领地的线条也受到了类似的侵扰。一些暗淡的、局促的线条毫无征兆地掉落在它们身上，浮现在它们旁边，一个一个，像逗号，打断它们悠长的、自恋的咏叹，又好像在为那咏叹添写华彩。这一切的一切，尤其是他处理画面结构的图式，让我想起马蒂斯 1914 年的绘画。这么说来，绘画并非得是"进步"的、"全新"的。在一个对的时机，旧貌换新颜。但什么又是"对"的时机？

　　第二次拜访是在今年二月初。梁铨聊起了 70 年代的事。那时他生活在浙南的景宁县。那边乡村的名字很美，有大均、标溪、梧桐。两边是绿的山，山下是绿的水，半山腰无人踪的羊肠小道，连接这些乡村。为了见挂记的人，他常沿着这些路走上个八十里。他登上古岭，见到仙姑庙，玲珑漂亮，穿过庙洞，继续走。沿途过河，他要等船夫撑船过来，一等半天。上了船，水悠悠地漾，竹篙抵住水下的鹅卵石，叮叮当当。下船了又走。在无尽的绿色间行走。一个来回四五天。

"梁铨：故岭"展览现场 坪山美术馆 2023

沙湾（古岭组画）色、墨、宣纸拼贴 160.6cm×122.8cm 2022

梧桐（古岭组画）色、墨、宣纸拼贴 120.7cm×90.7cm 2022

虚空（古岭组画）色、墨、宣纸拼贴 60.8cm×90.8cm 2022

一晃半个世纪，梁铨再没回去景宁。遥遥相望，念兹在兹，比拜访或许面目全非的故地，更能保质回忆。2021年之后，他画了十几张"古岭组画"。他唤它们作沿途的地名。"古岭组画"由极少的、极单纯的元素组成。对梁铨来说，圆形的墨点实验在90年代就开始，约在2000年之后的"茶渍"系列中形成矩阵。随后的一些创作中，艺术家也曾减少晕染的偶然性，让它们趋向几何化。块状的宣纸拼贴亦源于90年代，随意的边缘在三十年的发展中规整起来，果断起来。"古岭组画"中，绿色代替墨色，并同样富于变化。拼贴的厚度证明了画家对精确的执着。梁铨对画面的更动，每次只推进一点点，不冒进，也不停滞。可能，他一直在画同一幅画，那张画缓慢地生长着，掉落下来的蜕皮，让我们看见他各个阶段判断的变化。他的耐心凝结成他的画。

　　"海洋公园"和"古岭组画"以确切的地点命名，不足以说明两组绘画的题材是风景。描画风景题材，与描画穿越风景时画家积攒的意识状态，两者有微妙的区别。前者，画家描画风景，并将个人的视觉经验和理解注入风景。换句话说，风景题材具有符号性和象征性，又指向普遍的日常经验，它是一个既涵盖固定能指所指链条的绑定，又相对敞开的图像门类，观众有解读的空间，创作者有贮藏"私货"的地方。而"海洋公园"和"古岭组画"中，我们看见语言本身，即便这种语言暗示了一些特定景色。比如说，梁铨提炼了一套语言的语库，一套能够凑到一起表意的"偏旁部首"。这语言已经定型了，很少人能听懂。它们占据了观众观看的界面。对于不够了解他的观众而言，这语言是陌生的。"海洋公园"里憾人的直线和斜线指向马蒂斯描绘建筑与窗棂的词源，梁铨的词源更复杂，更加捉摸不定，也更个人化。他倾注了一生的工作时间实验这套系统的各个部分。

　　"古岭"是梁铨在2021到2022年在家中绘制的。他家算不上空旷，工作时，他需要和画面保持亲密的距离。想看绘画全貌时，他就用iPad拍作品，在屏幕上看大效果。他依照写生的对象是他与这世界接触的过往，以及重读那段过往的当下心境，是极度个体化的、难以言表的东西。梁铨从画面接收到讯号，发现自己不满意之处，不符合过往与当下心境之处，补上补丁，就能重来。他用拼贴，是校准时间的手段。这时间是浸染了主观味道的。

　　他捡起对的语言，对的偏旁部首，召唤一刻对的时机！那时机过去了，又回来了。猎手一般，他拉近自己与他想要在虚空中抓住的表意效果之间的距离。无间地贴近一个时机，多美妙。那片绿色，那些部件，即兴的颤动，暗含了一种立体主义的时空穿梭视角，是运动的，且距离拉得很大：极度退远，再贴近，甚至投身于对象的表面，然后漫无目的地游走——种种经验，种种细致，都被压缩于一块画面。"古岭"是一张事无巨细的地图，告白了他曾独自达到的秘密之处。他带领观众翻山越岭，踏没太多人知道的青。

艺术家梁铨于展览"故岭"现场导览 坪山美术馆 2023

"梁铨：故岭"展览现场观众观展 坪山美术馆 2023

"梁铨：故岭"展览开幕论坛 坪山美术馆 2023

朱建忠   ZHU JIANZHONG

图片 / 由艺术家提供   编辑 / 雯子

1954 年生于江苏南通市，1982 年南京艺术学院美术系中国画专业毕业。原就职南通书法国画研究院，现为东京画廊签约画家（北京）。现工作、生活于南通市。

间 · 度 2405 纸本丙烯 39cm×68cm 2024

在我的经验中，很多惊喜都是从对绘画的破坏中来的，所以我说绘画从破坏开始。不是说要刻意破坏，而是不回避破坏，因为破坏了就要修补和调整，就要在画面上折腾，那么越折腾就越有意思，惊喜就可能蕴藏在折腾之中。所以破坏也是一种生成。

———— 朱建忠

间 · 度 2401 纸本丙烯 45cm×68cm 2024

空不是无，空是有。所以我刷了二十遍、三十遍，最后看似什么也没有，但是有时间的累积，有我生命信息的累积。

——— 朱建忠

朱建忠：破"空"而生

采访 - 胡少杰

漫艺术 =M：从作品的命名上看，您的作品似乎有两个面向，一个是像"空·度""间·度"这种没有具体文本指向的、抽象的命名，一种则是"松入风""初雪"这种依然保留了文本指向、有一定叙事性的命名，这两种命名方式背后有什么不同的原由？

朱建忠 =Z：其实就是根据画面取的名字，也没有想那么多。因为我画画的过程有很多偶然性，最终的结果很多时候都不是预先设定的。至于最后是保留了物象，还是只有一个抽象的空间，主要是要看画面的生成与变化以及我的心境。其实画画的过程是很具体的，它需要随时根据变化去调整，我画画常用宿墨，用刷子一遍一遍地染，染完正面染反面，然后边等画干边观察，所谓完成是画面的呈现符合我以为的我们的绘画里余白、空白的存在，空的存在，不同的空白、空的存在决定了是不是需要有物象的植入。松或水杉等物象的植入也还是要争取不要破坏了那个空的存在，这个空可以说是我的一种心理空间或者精神空间。所以作品命名实是没有文本指向，只是画面形制的归类。

M：所以您的近作中那些没有具体物象的画面，并不能用抽象绘画的逻辑去理解它？比如您作品中的方块，它除了形式上的功能之外，是否还能提供一种象征意义？

Z：从什么角度去理解，是观众的事情，我不做引导。因为每个人都有他的观看方式和理解渠道。只是说我不是用抽象绘画的逻辑去画的，我有我的思考和感受，这种思考和感受如果被观众所体察到，从而建立一种精神上的连接，那么我是幸运的。如果观众从另外的角度进入并且也有所得，说不定更有意思。

至于画面中的方块，更多时候是一种修补方式。有时候感觉画面不均衡，有的地方画坏了，可能就会用丙烯或者油画的底料去覆盖，去修补，然后画一个方块出来，有了这个方块，就像是在"空"中又造了一个"空"。有的时候我也会画一条线，这条线从实入虚，从有入空，从有限进入无限。

M：像是一种时空的剪切和穿插？您是有意在画里制造一种重叠时空的感觉？时间和空间是否也是您的一个探索方向？

Z：我关注过一些关于多维时空、平行世界的说法，也看过一些相关的书。我大概相信有多维时空的存在和其他好多可以想象的，但是它并不是我在绘画中要刻意表达的主题。就绘画来说，时间和空间它是一个绕不开的因素，但在绘画中所能呈现的"空"其实是一种天地间的无限，或者说是一种"人"的意识和天地之间的连接，那么这里边是不是还有时间和空间？

M：所以说在您看来艺术最终极的追求就是和天地之间建立一种连接，从而能够进入一种"无限"之中？

Z：其实这个东西还真不是一种"追求"，因为很多时候"追求"也求不来。我认为是自然而然，过程和心性对了，机缘也对了，那么自然就能达到那种境界。我认为不仅仅是艺术，所有领域，到了高些的层面都是要和那个背后的东西建立一种连接，然后才能获得"无限"，获得自由。

M：那个背后的东西您指的是"道"？或者说形而上的一种绝对精神？

Z：那只是被具体化了，其实很难说清楚。在我这里就是我所说的"空"，它很难定义，它可能是一种看不见摸不着的无限的能量，或者说是一种天地之间的"气场"。

M：所以您的作品中既有一种永恒性又有一种流动性，这种悖论式的平衡很有意思。

Z：中国传统绘画讲意境，讲气韵生动，它是一种在画面上流动的气场，在画面上四溢散漫。我的画中有这种流动性，但是同时我想往更深处走，就画面说，我说的空它不仅仅在平面上流动，还要往不见尽头的深处流动。这样它就打破了空间的局限，可以进入一种永恒和无限之中。其实平面艺术家很多都不满足于两维空间的限制，只是采取的方法不同，比如像丰塔纳，他那一刀就非常彻底。

M：您对西方艺术家关注得多吗？这种不同文化语境之下的艺术样式和思维方式对您的创作会产生影响吗？

Z：这几年出去得少了，疫情之前的几年经常出国看各种展览。我喜欢看原作，看现场，因为只有进入到那个空间里才能体会到作品的气场。像罗斯科、基弗、塞拉，还有好些画家都是我很喜欢的西方艺术家。但是我从来不懂研究他们的技巧，看到原作也不会趴在那里看个不停，我主要是感受他们作品中的那个生命体，试图和他们的"心性"相通。其实和我们看中国画一样，就是体会古人的"心性"。我在泰特现代美术馆第一次见到罗斯科作品的时候，我并不知道是罗斯科，很偶然，我也不懂英文，但是当时就被震撼到了，非常打动我。就是这种最直接的相遇，不需要任何视觉之外的文本介入，才是最能和作品背后的人建立心性连结的方式。我们和这些古今中外的大师能够建立哪怕一点点连结，哪怕是误读，就能获益很多，他们会不断地给我们提供滋养。其实不仅仅是和这些大师先贤们相遇，我们和身边的人，我们的老师、朋友相处也一样，就是用最直接的方式体会他们身上发光的地方。这肯定也是一种提升自己的方式，在无形中就会让自己变得更好。

空 · 度 2401 纸本丙烯 136cm×68cm 2024

间 · 度 2410 纸本丙烯 136cm×68cm 2024

M: 所以您的作品并不仅仅是一种东方式的精神图示，它面对的是一种更普遍性的人类共通的问题，但是用的是一种东方的方式。

Z: 对，比如说一些精神性和宗教感比较强的东西，就很容易打动我。九十年代我第一次出国，去法国卢浮宫，最喜欢的还是中世纪的绘画和古希腊的雕塑。中世纪的那些宗教绘画中的专注和敬畏，很能触动人心。那种虔诚我们现在的人肯定做不到。古希腊的雕塑带给人的那种安宁、祥和，一下子就把人带到了几千年前的时空之中。所以，我觉得能够触动人心的艺术无关于西方还是东方。因为我们有共通的人性、共通的精神诉求以及共通的情感，当然也要面临共通的问题。

M: 在您的作品中几乎看不到和现实相关的呈现，就是有一些物象，也似乎是世外之景象，那您的绘画和时代现实是一种什么关系呢？它是否可以理解为一种安静的抵抗呢？

Z: 我们活在这个世界上，和周围的生存环境必然会产生深度的关联，外界的纷纷扰扰，瘟疫、战争此起彼伏，没有谁能够独善其身。那么你如果忠实于你的感受，就必然有表达的需求，只是每个人的方法不同。我们中国的传统绘画中讲究文人的气节与风骨，讲究心怀天下，讲究直抒胸中逸气，只是说后来这种文脉断掉了，剩下的只是一些笔墨样式，情调趣味。不过也没办法，现在没有人真的会在绘画中直抒胸臆了，环境变了。但是只要你还保留着一份文人气节，一份残存的风骨，那么就还会心怀家国天下，只是在今天这个语境中，家国天下已经不再是一国一族，而是整个人类。因为人类的命运是相通的，悲欢也是相通的。这一切都会反应在我的画中，但它是无形的，是以一种精神意念的方式存在的。

M: 您作画的过程是不是比较漫长？因为您提到要反复地刷，这个过程您是一种什么状态？会进入到一种无意识之中吗？

Z: 不会，因为需要一边刷一边观察和调整。很多时候画着画着感觉不顺眼，就会把它反过来，或者画破了，就需要修修补补。这个过程存在很多偶然性的因素。我喜欢这种不确定的状态，我觉得能够预测到结果的工作，太没意思了，所以我在画之前不会设定结果，只有这样才会有惊喜，才会有生气，而不是变成一种固定的套路，去完成一种标准模式。在我的经验中，很多惊喜都是从对绘画的破坏中来的，所以我说绘画从破坏开始。不是说要刻意破坏，而是不回避破坏，因为破坏了就要修补和调整，就要在画面上折腾，那么越折腾就越有意思，惊喜就可能蕴藏在折腾之中。所以破坏也是一种生成。

M: 所以您也不会刻意追求作品的变化？因为您一直处在变化之中。

Z: 对，我觉得一切变化都来源于"人"的变化，因为我在变，所以我的画必然也在变。我一遍一遍地刷，一遍一遍地画，其实画的都是我的生命信息。我的所思所想，我的悲喜，我的感悟体会，包括我对气候的感知，对四季的体察，都会留存在画面中。所以说我从来不追求所谓的创新和改变，因为一切都在变化中，只要你忠实于自己，忠实于这个世界，那么就不可能停滞。

空 · 度 2201 纸本水墨丙烯 194cm×250cm 2022

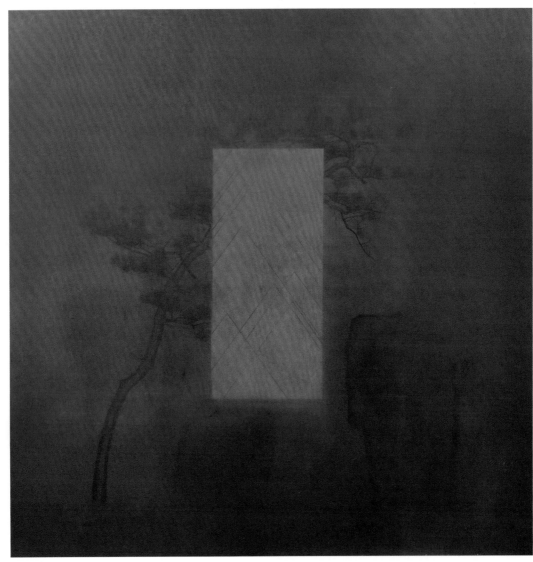

松入风 2402 纸本水墨 193cm×190cm 2024

M: 那么您画面中的"空"，其实也是一种生命气息流动的场域。

Z: 空不是无，空是有。所以我刷了二十遍、三十遍，最后看似什么也没有，但是有时间的累积，有我生命信息的累积。

M: 所以说这也是您这么多年来一直和绘画相依相守的原因？

Z: 主要是也干不了别的。画了那么多年，还是想着把画儿画好。人活着总归是要实现点什么，我作为一个画家，那么就想把画儿画好，这是我的本分，这样起码对得起自己。如果多少年后，人们发现有个老人还留下了一些好作品，在他们看来画得还蛮好的，那么于我而言还是蛮令人开心的。

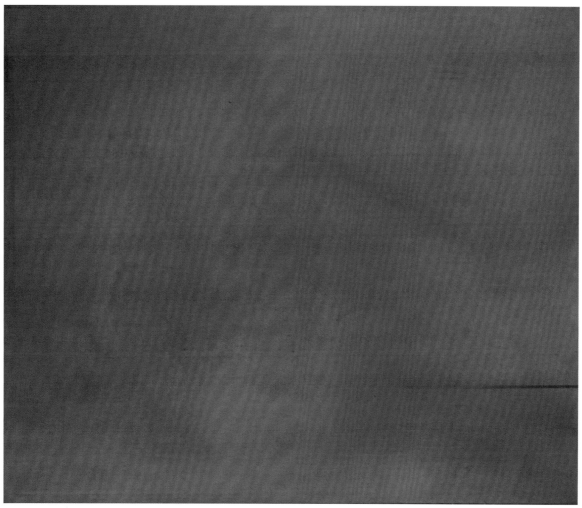

间 · 度 2304 布面水墨丙烯 100cm×120cm 2023

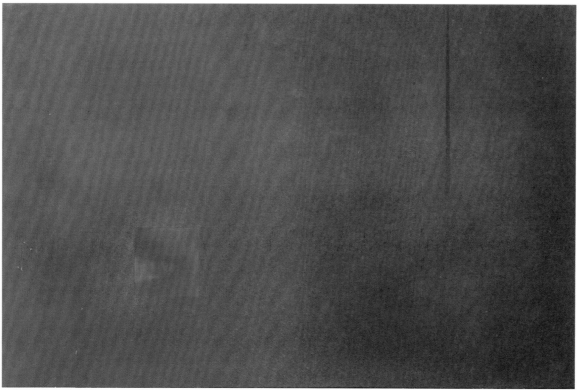

间 · 度 2302 纸本水墨丙烯 35cm×55cm 2023

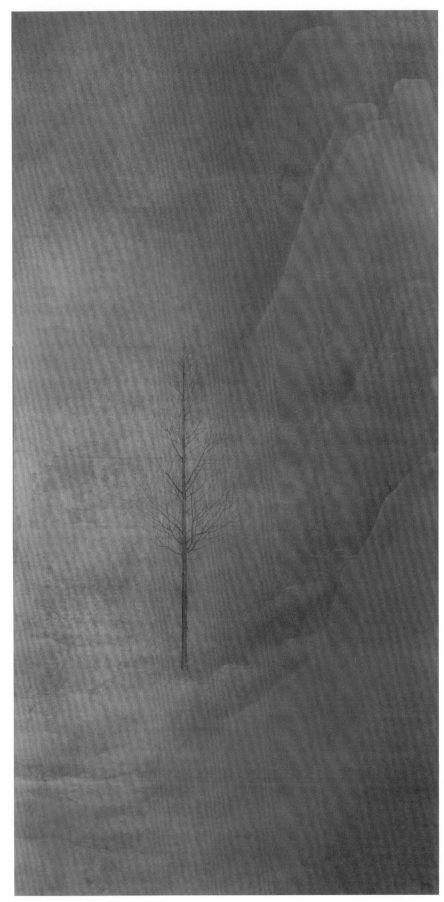

初雪 纸本水墨丙烯 250cm×125cm 2024

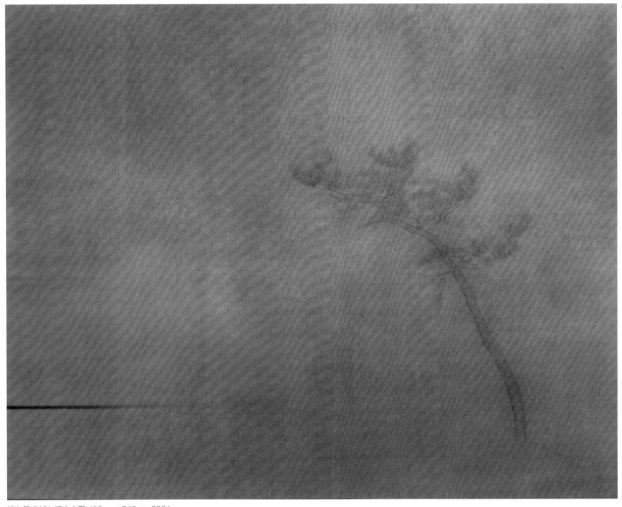

松入风 2401 纸本水墨 190cm×240cm 2024

张朝晖
ZHANG ZHAOHUI

1965 年生，先后在南开大学，中国艺术研究院，纽约巴德学院，和中央美院读书，获得多个高级艺术学位；童年开始学习传统书画，成年后转向艺术史论研究和美术馆策展，中年开始专注于水墨艺术当代转型研究和创作，出版画册，专著，译著二十多本（册）。曾多次获得国内外重要艺术奖项，展览遍及世界各地，作品被包括芝加哥艺术博物馆，福冈亚洲美术馆，丹佛艺术博物馆，德国北方艺术中心，北京中间美术馆，南京德基美术馆在内的十多家著名海内外艺术博物馆收藏。生活工作于北京和纽约。

图片 / 由艺术家提供 编辑 / 雯子

"木林森" 展览现场 美国马萨诸塞州雷诺克斯镇东来山庄 2024

微观世界 宣纸水墨 68cm x 52cm 2019

艺术家需要自信、笃定、纯粹、真诚，才能在探索的旅途中逐步与艺术中的自我相遇；回归自然不仅是回归本心，而且艺术原本就是自然的本质所在。

—— 张朝晖

张朝晖：自然而然

采访－胡少杰

漫艺术 =M: 张老师，您的作品中一直有一条线索，就是以艺术的方式关切自然与生态，这在您近期的创作中尤为凸显。这背后有什么原因吗？

张朝晖 =Z: 其实原先一直没有注意到，只是最近在回望自己的创作历程时发现的。过去的十几年，每个节点的作品都和对自然的关切多少有些关联，逐步形成一个比较清晰的演变逻辑。这不是从先入为主的观念出发，而是从自己艺术探索历程所浓缩的数十年亲身经历，生活历练以及人格塑造中一步一步自然形成的。

当然，近些年关于气候灾难增多，生态环境恶化的问题确实也越来越迫切，每个人都能感受到。因为对自然缺乏敬畏和人文教育的缺失，导致资本的任性和恣意以及人们物欲的过度膨胀，已经超过了自然环境所能承载的负荷，从而产生一些严重的生态、气候和环境灾难，以至于严重影响甚至威胁到人类的生活。这对任何个体和政体都是一种警告。所以人类的生存发展与自然的关系成为当代社会的一个普遍而急迫地关切，艺术作为人类的敏感触觉，也必然会做出回应。

M: 所以您在作品中是在倡导和提示一种与自然和谐相处的方式？比如"木林森"这件作品，它被放置在原始森林中，像是它们的一部分。

Z: 创作"木林森"这件作品的灵感来源主要是与特殊的生活经历有关。在疫情期间，我大概有两年多的时间是住在偏远的马萨诸塞州的森林深处，经历了那里的春夏秋冬，观察和感受到以前未曾经历过的事情，它给了我很多直接地冲击和震撼，例如第一次经历了将近零下四十度的酷寒，第一次见到了一米多厚的大雪，第一次见到了真正的莽莽苍苍的林海雪原。看到了阳光照射之下冰挂的颜色，以及融化的细节，还有湛蓝天空中漫天飞舞的如沙之雪。这种纯净的自然体验深深地触动了我，深刻地感受到真正的自然魅力；而且在现实世界中真切感受"冰清玉洁"的审美意象。而此时外面的现代文明世界却因为微小的病毒而运转停顿，很多人遭受到精神和肉体的惨痛折磨，抗疫的种种魔幻场景让人联想到各种未来和灾难主题电影中的各种恐怖场景，这真是一个很大的讽刺。

那段时间画了不少与冰雪、森林有关的抽象水墨作品，试图记录那一段独特的生活经历。当策展人许玉富先生跟我说起这个展览计划时，与我的想法一拍即合。作品安置在森林中一年，其最终的状态是艺术与自然的合作，也可以说是自然的力量对作品的完成的参与、加工、打磨和修改润色，一年的时间里会发生多少变化，一年后的情况会怎样，都令人好奇，充满期待。而且，这个艺术项目与我 2012 年在河南林州的太行山里实施的水墨计划"山水中的山水"关联起来。

M: 这种深入其中的感受与聆听方式让我想到了中国古人和山水的相处方式，您觉得这和中国山水画中的"可居可游"有相通之处吗？

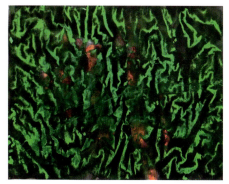

有机状态 宣纸水墨和颜料 60cm x 82cm 2021

有机状态 宣纸水墨和颜料 56cm x 47cm 2021

"水墨再思考"展览开幕现场 纽约 456 画廊 2024

"水墨再思考"展览开幕 与批评家里查德·瑞恩（左）和 Lilly Wei（右）

双人展"树：万物互联"开幕现场 北京红门画廊 2024

双人展"树：万物互联"开幕现场 北京红门画廊 2024

Z: 中国山水画中的"可居可游"有它特定的心理学和社会学背景，那些寄情山水的文人骚客大多都是在官场或科举考场上失意的人，才退隐山林或者笑傲江湖，试图在其中获取一种心灵的抚慰，用今天的话说就是某种疗愈吧。比如五代山水大家荆浩在林州太行山里隐居避乱沉醉于山水，并画出著名的《匡庐图》，写出《笔法记》，这就是一个典型的例子。但是我所在的美国马萨诸塞州保护最好的原始森林与中华大地的山川风物不同，历史文化传承更是迥然有异。在纯自然的环境中，不光人要走路，动物也有它们活动和生存的路径，所以路并不一定非得跟人有关，路只是自然世界的一部分，是野生动物生命运行的轨迹。而且，每每大雪后的清晨，城堡周围都会留下各种野生动物的成串的足迹。所以只有带着这种单纯的、没有目的心境沉浸在自然的怀抱，才能真正地触及到自然世界各种生命的秘密和神奇，深邃与博大。所以，从今天看来，中国文人骚客的山水情怀更多的是文化的，文学的，更多想象的成分；而我那时生活的美国马萨诸塞州原始森林的感受是人与自然直接面对的，可以说是以现代物质文明视角来思考人与自然的关系。

M: 所以说山水更多时候是一种文人士大夫的想象景观，而您也并不是说在美国找到了您的"辋川"。

Z: 或许不能用既有的文化情愫和想象去表述完全不同的世界，我们生活在当下，早已经不需要传统士大夫式的心理寄托了。对我来说，更多时候是一种由生活经历建构的生存现状，然后对这种现状进行深入地思考和感受，以更坦率的眼光去探测另外的世界。

2020年的夏秋两季，疫情正处于高峰期，我们被困在新泽西的老式公寓，隔着哈德逊河相望的，就是高楼林立的曼哈顿下城的中心地带。我们经常在河边遛弯，对岸仿佛是一座钢铁水泥和玻璃建构的参天丛林。傍晚时分，它的万家灯火的倒影映照在哈德逊河的荡漾水波之上，也形成技术人工结构与自然地互动，留下深刻的记忆。那时我也画过哈德逊河的河水。对于一个受过传统的中国审美训练的人，我能敏感地感受到水的那种微妙的美，但是它又在一个工业化高度发达的现代文明背景之下，所以那是一种不曾有过的审美经验。波光粼粼的河水和曼哈顿的高楼盒子组合在一起，极具反差，又彼此映衬。

蒙德里安生命的最后十年是在纽约度过的，他说纽约是按照数学建构起来的，在他看来纽约全是盒子的组合与叠加，但那些盒子是人造的，是服从于人类在密集环境下的生存要求的。这些盒子按照数学建构起来，而数学又来自于自然的构成法则，而纽约又是极简主义艺术的诞生之地，代表人物贾德 (Donald Judd) 的作品就是各种盒子的组合，里维特 (Sol LeWitt) 的作品是三维空间的格子组合，而且著名当代艺术理论家罗莎琳 (Rosalind Klauss) 专门写过一篇论述格子与现代艺术的文章，很有影响力。于我而言，曼哈顿的现代丛林和马萨诸塞州的原始森林都是我对西方现代文明世界的生存生活经验，而我的艺术也根植于这些经验与感受中。另一方面四十多年前，我生活在北京香山颐和园一带，在那里获得的中华传统文明的滋养肯定熔铸在我的审美基因中，两种势力在我后来几十年的艺术生涯中不断相互作用，共同参与到我的思考、研究和艺术实践中来。

M: 这么说您的创作既不是为了寻求中国古典的山林逸趣，也不是为了回归到西方的自然主义之中。对现代工业文明的观察与反思，其实也主要来自您个人的生活体验与审美经验，而且您创作的指向并不是单纯的以回归自然的方式对现代文明进行某种批判？

光线空间 宣纸水墨 150cm x 98cm 2017-2024　　　　光线空间 宣纸水墨 149cm x 97cm 2018-2024　　　　光线空间 宣纸水墨 190cm x 125cm 2017-2024

解构书法 宣纸水墨 138cm x 70cm 2024

解构书法 宣纸水墨 138cm x 70cm 2024

人类生存发展与自然的关系成为当代社会的一个普遍而急迫的关切，艺术作为人类的敏感触觉，也必然会做出回应。

———— 张朝晖

留白 宣纸水墨 109cm x 89cm 2024

留白 宣纸水墨 87cm x 86cm 2024

Z: 以我的个人经历来讲，不存在这种两极对立的问题，而且对于任何批判，我都保持警觉。我觉得两级之间有很多灰度空间，那才是最具可能性的所在。以开放与包容的心态，去自由地感受你所经历的一切，而不是陷入到一种非此即彼的立场纠结之中。敞开心扉，开放而自由，随心所欲，随遇而安，真诚地面对生活，感受变化的世界，踏踏实实地创作，而不是仅仅停留在虚妄和简单化口号之中。而且艺术家需要自信、笃定、纯粹、真诚，才能在探索的旅途中逐步与艺术中的自我相遇；回归自然不仅是回归本心，而且艺术原本就是自然的本质所在。

M: 您不强调观念，但是您的作品一直在传达着您的观念。

Z: 没有必要强调，我觉得艺术家不要用文字去强调，而是要让作品自身去说话，让别人在看作品的时候能够感受到你内心真实的表达。或者说是在一些年后，人们或者艺术家自己在追溯或者回顾艺术创作历程的时候，观念才能逐步浮现出来。所以说，杰出的艺术家和艺术佳作往往是后世追认的，而不是当下自我标榜和市场操作出来的。另外观念也是需要特定艺术的语言来表达的。例如"木林森"作品需要安置在森林的纯自然环境中一年的时间。这期间任何自然的力量，无论来自是雨雪风霜，沐浴日月之光，冷暖变化的作用，还是昆虫，苔藓或霉菌的侵蚀，都被看作是艺术作品的一部分，也就是说，"木林森"是艺术家与自然之力合作完成的，而且这一年的制作过程与结果同样的重要。这样，从观念的角度再重新界定艺术的边界，以及艺术与自然的关系，这个关系也是六十年代美国的"大地艺术"和日本"物派艺术"所特别关注的。

M: 但是您并不是仅仅去表达一种个人感受，在您的很多作品中都能看到您对普遍性地关切，您只是以个人的生命经验为依据，然后触及的其实还是一些很根本的问题，比如现代文明与自然的关系这种宏观的议题。

Z: 这种普遍性的问题就是我们切身的问题，我们处在同一个世界，没有人能够回避这些问题。只是说我不轻易地去判断什么，作为艺术家，我更想以作品的方式去提供一种视觉化的反思和很直觉性的表达，以体现某种参与意识和更广泛的人性，自然和社会的关切。艺术家应该是文化人，而不是手艺人。而今天的文化人不是看学历和专业知识技能，而是对当今世界的深刻认知和准确观察。

M: 面对这种普遍性的，复杂性的问题，您却选择了水墨这样一种相对单一化的艺术语言，而且一直持续了这么多年，这背后的原因是什么呢？相对于其它媒介，在您看来水墨有什么特殊的优势？

Z: 其实主要原因是自己孩提时代就浸淫在水墨书画的传统艺术环境和氛围中，有种天然的酷爱。虽然后来的几十年艺术的视野逐步扩大，也一直没有停止过关注和练习，现在回想起来，都是很自然地选择，因为只有真正喜欢的东西才能持续地深入探究下去。2009 年我策划了一个叫"水色"的展览。当时我正在读博士，研究水墨画的时候发现一个很有意思的现象，就是在过去的一百年里，水墨画最大的一个变化就是"水"增多了，当然"水"本身也有它独特的意涵，我就把"水"从水墨画的传统中抽离出来，引申到了一个当代艺术的语境中去考察，因此提出了"水的审美敏感性"的概念。后来我开始水墨创作，一开始就是画水，之后一步一步地打破那些笔墨规范，简化成了单纯的线条，才有了我后来的这一系列作品。现在看水墨相对于其它媒介，如果说有优势，那么可能就是它始终离不开"水"，而"水"是最自然的媒介。这是我用objecthood这样的极简主义的观念来重新审视水墨艺术之后的发现。

当然，墨、毛笔、宣纸，这些也都是一种很亲近自然的物质，作为文化遗产，它们本身又承担着东亚的思想观念和审美传统。日本的"物派"，韩国的"单色"绘画，都放弃了毛笔和墨，选择了用西方艺术的材料和媒介。但是我作为一个东方人，还是很自然的阶段性地选择了传统的工具，不过我的想法并不会受到工具或材料的限制；如果今后条件允许，时机成熟的话，作品也自然会以意外的形式来表达新鲜的直觉感受，这是无法预测的，因为艺术的精神是开放而自由的，因此才能生成不曾存在的数据。

M: 今天不仅仅是技术多元化，思想同样也是多元化的，在这种情况下，如何让自己的创作具备当代性？

Z: 我觉得判定艺术是否具备当代性，就是看它能否触及当下的普遍性问题，能否以开放的形式给不同层面的人提供一种共通和普遍的经验，提供一种沟通的方式。比如说《你和我》，很多不懂艺术的人都很喜欢，特别是小孩儿，他们觉得很有意思。因为它既具备趣味性，又有哲学意味，不同圈层的观众在作品中都能有所获得。我曾说过，艺术家的创作其实就是不断编码的过程，你的编码越复杂，就越有吸引力，因为它可以提供更多的，没有标准答案的解读。从这个角度看，我一点也不担心 AI 技术发展对艺术的挑战，因为 AI 只是在现有的人类认知和掌握的庞大数据库中按人的指令提取相关数据进行排列组合并满足实际的功用而已，至少目前我理解的 AI 技术是这样的，以后怎样，不能瞎说，而艺术家的工作是生成新的数据。

其实人们根本性的问题都是共通的，当代艺术需要用一种包容的形式去处理这种普遍性的诉求和关切，有时候是暂时说不清的。因为艺术关乎生命本能中的直觉性的东西，而能完全说清楚的东西是知识和理论的内容，已经就不是直觉了，与艺术创作的核心问题关系不大了，所以歌德说"理论是灰色的，生命之树常青"。

M: 所以说您认为这个世界在多元性的背后是由一种普遍性的本质存在的？艺术想要实现价值最大化，是要触及那个本质的？

Z: 对，应该有本质的存在，左右着这个世界的运转，以诸如上帝、佛祖、真主的不同名义。艺术家应该有敏锐的直觉能力触碰和感受到这个本质存在，但还不可描述，只能通过艺术去把握和表达。可描述的就成了理性知识，知识是对既定事物的总结，艺术是前瞻性的，它代表着无限开放的多样的可能性。

M: 那您回看这二十几年的创作历程，您已经把握住这个本质了吗？或者说是一个越来越接近的过程？

Z: 其实作为艺术工作者的生命，五十多岁的年纪其实只是刚刚开始，未来还需要几十年的锤炼和砥砺，保持对未知的好奇和随心所欲，随遇而安是不错的状态，以后的事情就以后再说吧。

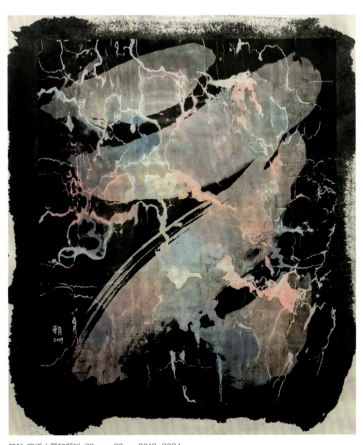

笔触 宣纸水墨和颜料 79cm x 63cm 2019-2024

笔触 宣纸水墨和颜料 80cm x 75cm 2019-2024

写意抽象 宣纸水墨 97cm x 147cm 2024

痕迹 宣纸水墨 140cm x 133cm 2015-2023

摄影 / 王坚

吴国全　WU GUOQUAN

又名老赫、黑鬼，1957 年生于湖北武汉，1983 年毕业于湖北美术学院，现生活工作于武汉。画坛宿将，当代水墨领军人物之一。

图片 / 由艺术家提供 编辑 / 雯子

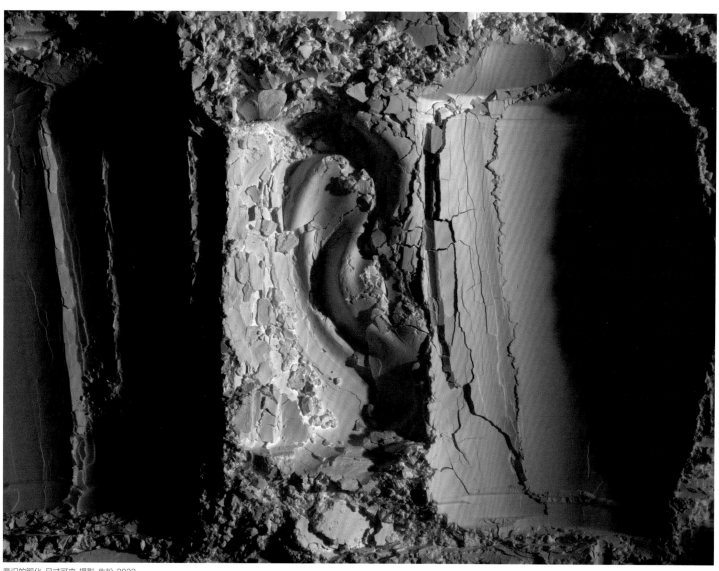

意识的孵化 尺寸可变 摄影 生粉 2023

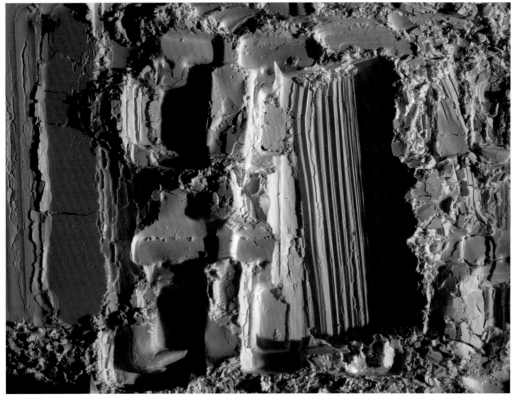

意识的孵化 尺寸可变 摄影 生粉 2023

意识的孵化 尺寸可变 摄影 生粉 2023

吴国全：流变与生成

采访 – 胡少杰

漫艺术 =M：请大概谈一下您以生粉为创作材料的摄影作品，这个系列是以影像的方式作为最终的呈现结果的，为什么会选择摄影作为您的表达语言呢？而不是以材料本身直接作为最终的呈现语言。

吴国全 =W：2014 年，在我编辑《十墨》画册的过程中，在该画册封面和内页已经用了多幅生粉作品，而且我还在当时的文件夹上写着：这是一个可以向深处发展的材料。生粉，这种细腻与粗犷并存、轻盈与沉重交融的物质，为我打开了一个全新的艺术世界。我用不同光洁度的物体通过按、揉、挤、压、撞等手法，将生粉塑造成各种形态，既能做出各种凸的形象，也能做出各种凹的形象，这样为我捕捉其在光线下的微妙变化进行了铺垫。

在我的整个创作过程中，摄影一直扮演着很重要的角色，而且我有一种说法：人们常说美如画，其实很多的画都不及好的摄影。在我的创作中还有一个有别于他人的做法，就是一个事情一次不把杆子插到底，而是同时做多个事情，让其互哺。

这次新作我选择了摄影作为表达语言。摄影能够真实而精准地记录生粉在光线下的每一个瞬间，这些瞬间既是生粉本身的物质性的体现，又融入了我对其进行艺术加工和再创造的心血。通过摄影，我能够将生粉的物质性与我的艺术想象完美地融合在一起，使得作品呈现出一种独特的视觉效果。

在近十年的沉淀后，我再次与生粉相遇，重新探索其作为艺术材料的潜力。这次的探索不仅是对生粉本身的深入挖掘，更是对我自身艺术语言的一次重新定义。我发现生粉不仅仅是一种材料，它更是一种能够触及我灵魂深处的媒介。在与生粉的互动中，我学会了在平凡中发现非凡之美，重新审视日常生活中的平凡之物。

M：是什么原因让您发现了生粉可以作为您的创作原型材料的？它的哪些特质吸引了您？

W：实践过程中，我逐渐认识到生粉具有其他材料所不具备的特质。当生粉被压实后，其表面展现出细腻光滑的特点，甚至能产生一种类似包浆的玉石质感。这种质感为我的作品增添了一种独特的视觉效果，使其更加引人入胜。

此外，生粉在受到外力挤压时，会产生裂纹。这些裂纹的形态非常特殊，与其他材料产生的裂纹有着明显的区别。生粉的脆弱性，使其裂纹呈现出玻璃般的易碎感。如同酥皮（一种饼子，叫酥皮）和北京煎饼果子里的薄脆般易碎裂。这些裂纹不仅为作品增添了一种动态的美感，还成为了我表达某些主题的重要手段。

M：在您的近期作品中，生粉系列的摄影作品似乎与您先前的水墨画在形态上形成了有趣的对话。尽管两者都展现了褶皱与波纹的元素，但生粉所呈现出的破碎与挤压的物质性，似乎与您水墨作品中的"诗性"形成了鲜明对比。您如何看待这种材料特性所带来的艺术效果上的差异？

W：在艺术的创作旅程中，材料的变换往往伴随着表现技法的革新和艺术理念的升华。我的"生粉"系列摄影作品，正是在对水墨艺术的深刻理解的基础上，尝试通过新材料的介入，将水墨的内在精髓以崭新的面貌呈现出来。这一过程不仅是对材料独特性的深入挖掘，更是对艺术表达边界的一种勇敢的拓展。

水墨画以其深邃的韵味和诗意般的意境在中国传统艺术中独树一帜。在我的水墨创作中，我追求的是那种如丝如缕的纸面流动感，它仿佛暗合着某种不可言说的自然律动，如同暗物质在神秘力量的引导下进行的有序迁徙。

而生粉，作为一种全新的创作材料，其固有的特性为艺术创作注入了新的活力。生粉在被挤压时所展现的破碎感，为作品带来了和水墨截然不同的物质性体验。我试图通过生粉的这一特性，塑造出一种既坚韧又脆弱的艺术形象，这既是对水墨竖波纹形态的一种遥相呼应，又在一定程度上对水墨的诗意进行了重新的解读和表达。

M：褶皱和挤压作为一种视觉语言其实很契合当下时代的精神状况，特别是在您的新作中，生粉被挤压后的破碎感，很难不让人联想到我们的生存处境，那么对时代现实的揭示和反应是您创作这个系列作品的初衷吗？

W：在艺术创作中，褶皱和挤压不仅是物理形态的变化，更是我作为艺术家对时代精神的深刻把握与独到表达。特别是在当下这个充满变革与挑战的时代，这些元素似乎成了我们内心状况的直观写照。当观众面对作品中生粉被挤压后的破碎感时，很难不产生对自身生存处境的共鸣。那么作为艺术家，是否正是出于对时代现实的揭示和反应，才选择了这样的创作路径呢？我想答案是不言而喻的。

褶皱，作为一种视觉语言，在艺术史上并不鲜见。然而，对它的理解和运用却随着时代的变迁而不断深化。在传统水墨画中，褶皱往往被用来表现那些看不见却又无处不在的气韵生动，它们像是暗物质或暗能量，在画面上有规律地游走，赋予作品灵动的气韵。但这里的褶皱更多的是一种笔墨技巧，是对自然物象的抽象化表达。

直到后来，受到法国哲学家德勒兹的影响，褶皱被赋予了更多的哲学思考和象征意义。德勒兹的褶皱理论不仅关注物质形态的变化，更强调其背后的动态过程和生成性。这种理解使得褶皱不再仅仅是一种物理现象，而是一种能够表达复杂内心世界和时代精神的视觉符号。

在这样的理论背景下，我开始尝试将褶皱和挤压等元素融入到自己的作品中，以期通过对这些物理现象的深度挖掘，来揭示和反映当下时代的现实状况。我不再满足于简单的材料替代和表面形式的创新，而是希望通过这些符号的运用，让自己的作品具有更深层次的内涵和意义。

这些褶皱和挤压不仅为作品增添了形式上的美感，更为其注入了象征性的意味。它们不再仅仅是画面的构成元素，而是成为了表达思想和情感的载体。每一件作品都像是一个酵母，当它被拿出来供人欣赏时，就会激发出无尽的思考和解读。不同的批评家、不同的欣赏者可以从各自的角度去理解它、阐释它、把玩它，从而获得不同的审美体验和思想启迪。

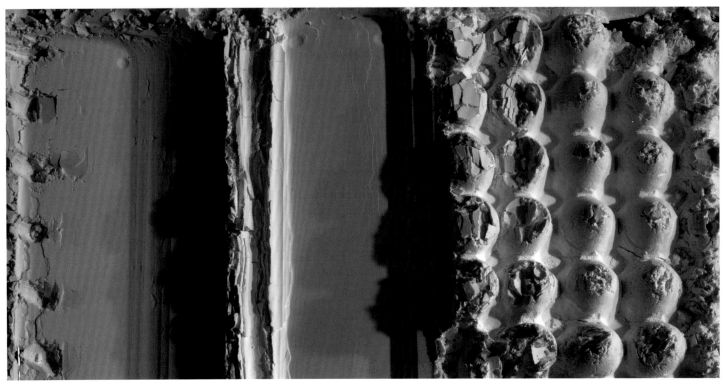

意识的孵化 尺寸可变 摄影 生粉 2023

与此同时，这些褶皱和挤压也与我们的现实世界建立了更为紧密的联系。它们不再是孤立的艺术语言，而是成为了连接艺术作品与现实世界的桥梁。通过对这些元素的运用，将艺术与生活、感性与理性、形式与内容有机地结合在了一起，以期作品能够具有更为深刻的社会意义和时代价值。

我想到了基弗，他所画的那些画现在看起来和战场上的废墟并无二致，是一种另类的写实，而我的这些作品则是一种内伤，表面上没有那么激烈，是一种打了引号的漂亮，但实则是坍缩、脆弱、崩坏、沦陷。

M：其实熟悉您创作脉络的人可以得知，您在早期的创作中带有很强的批判性和破坏性，只是后来这种指向被更多地隐藏在了语言的内部。而如果观众在您的这批新作品中重新捕捉到这种批判性和破坏性，是否也是准确的，有效地观看？

W：在艺术创作的世界里，每位艺术家都以独特的笔触和视角，在时间的画布上留下深刻的烙印。他们的作品，既是个人思想的结晶，也是时代精神的写照。当我们追溯艺术家的创作脉络时，不难发现，早期的作品中往往蕴涵着强烈的批判性和破坏性。

这种批判性和破坏性，如同锋利的刀刃，直指社会的痛点，剖析人性的复杂。它们以鲜明的姿态，挑战着既定的规则和框架，呼唤着新的思考和变革。然而，随着艺术探索的深入，这种尖锐的指向逐渐被语言的内在力量所包裹，变得更加含蓄而深远。

这种转变，并非艺术的妥协或倒退，而是艺术家在持续与世界对话的过程中，对表达方式的精进和深化。他们不再满足于表面的批判和破坏，而是致力于通过更加丰富的艺术语言，挖掘生活的本质，呈现人性的多维。

因此，当观众在我的新作品中再次感受到批判性和破坏性时，这并非简单的重复，而是在更高层次上的艺术凝练和表达。这种感受，需要观众以更加敏锐和深入的视角去捕捉和解读。它要求观众不仅要看懂作品的表面形式，更要理解其背后的思想内涵和社会价值。

在这个意义上，观众的观看方式也需要随着艺术家的创作转变而升级。只有当我们以更加开放和包容的心态，去接纳和理解艺术家的多元表达时，才能真正领略到艺术的魅力和价值。因为，好的艺术作品，总是能够在触动我们心灵的同时，也引发我们对生活和世界的深刻思考。

M：无论是您新水墨的作品还是这次的摄影作品都是在二维的平面范畴中呈现的，接下来有没有可能会把这个概念延展到三维空间中？因为在您以往的创作历史中，您已经有过多次创作三维作品（装置、雕塑、行为）的成功经验了。

W：在艺术创作中我很少去限制自己。无论是什么材料和工具，只要适合我的艺术表达，那么我就会付出大量时间精力，深入研究它，然后熟练掌握它。这样我的艺术表达就有了技术上的保证。

意识的孵化 尺寸可变 摄影 生粉 2023

意识的孵化 尺寸可变 摄影 生粉 2023

竖波及竖波的变奏 尺寸可变 摄影 生粉 2023

竖波及竖波的变奏 尺寸可变 摄影 生粉 2023

　　我从不被材料、工具和观念所困扰，这可能和我的基因和专业有关吧。我是学工艺美术出身，专业是设计花布，这个专业在美术学院里面叫"染织系"（可能现在这个系已经没有了，改成了服装系）。这个就比较有意思了，这样就不存在非要效忠于中国画，也不存在讨好西方油画，更不存在做雕塑和版画等语言的附庸。因为我自认为是人类的一份子，所以想怎么用就怎么用，完全看我的精神之河流到了哪里，我的艺术就服务到哪里。

　　我的艺术历程使我对二维和三维空间产生出了一种"诗性"的游离感，一种另类的自由感。

　　我的整个艺术历程实际上是自然呈现了一种生命力，它是一直在流变的，而不是僵死的。如果在今天这个背景下，还是僵死地看待这个极富魅力的世界，而不是立体地全身心地去拥抱她，岂不是枉来这个有趣的世界一遭吗？

　　所以我的作品不仅对空间进行探索，也对艺术观念和艺术的表达方式进行实验。我的创作过程充满了变数和不确定性，这种灵活性使得我的作品总能带给我惊喜和启发，并为后面的作品改写基因，使我对还未出生的新作品充满期待和幻想。

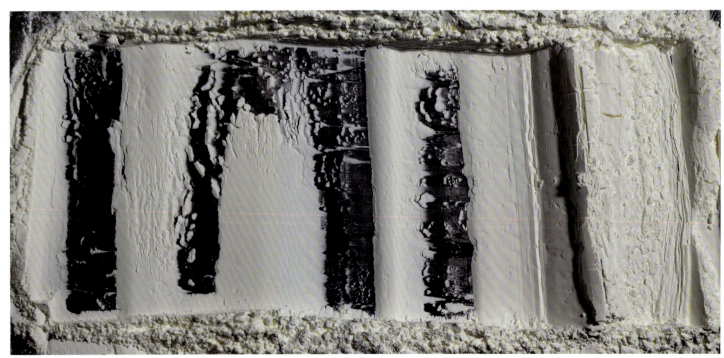

竖波及竖波的变奏 尺寸可变 摄影 生粉 2023

M：在您的新作中还有一个系列是以马口铁为原型材料的摄影作品，它冷硬和柔韧的冲突感让人印象深刻，这在您同样表现竖波和褶皱的水墨作品中似乎也能感受到。那么马口铁系列的作品是否可以算是您水墨作品在语言上的一种扩展和深化？

W：在探讨艺术家的创作材料与艺术语言之间的关系时，我们不难发现，每一种材料都承载着艺术家对世界的独特理解和情感的表达。在马口铁系列摄影作品中，我用马口铁冷硬与柔韧的冲突感，展现一个别具一格的视觉世界。而这种冲突感，与我同期创作的水墨作品中的竖波和褶皱有着异曲同工之妙。

马口铁，这一寻常可见的工业材料，被赋予了新的生命和意义。其坚硬、冷峻的质感与柔韧、可塑的特性形成了鲜明的对比，这种对比在作品中被捕捉和放大。每一张照片都仿佛在诉说着马口铁背后的故事，同时也在探索着材料本身的无限可能。

在我的水墨作品中，可以清晰地看到竖波和褶皱的元素，我希望这些元素不仅能与马口铁系列作品中的冲突感相呼应，而且在水墨的语境下更能被赋予新的内涵和解读。那么，马口铁系列的作品是否可以看作是我水墨作品在语言上的一种扩展和深化呢？答案是肯定的。从艺术创作的角度来看，不同材料之间的运用和转换，实际上是艺术家在探索自己艺术语言的过程中的一种尝试和突破。马口铁与水墨，虽然在物理性质上截然不同，但在艺术家的创作中，它们却被巧妙地融合在一起，共同构建了一个独特而丰富的艺术世界。

此外，我的这种跨材料的创作方式，实际上也是在对传统艺术语言的一种深化和扩展。通过运用现代的材料和技术手段，我将传统的水墨艺术语言融入到当代艺术的语境中，使其焕发出新的生机和活力。我希望这种深化和扩展可以为观看者提供新的艺术审美体验，为理解和解读当代艺术提供了新的视角和思路。

对马口铁这个问题，我实际上还想实现这样一个想法，就是多种材料来完成我的一个符号的建设。我想通过我的不懈努力，把竖波建立成我的个人符号。就像丰塔纳的那一刀，罗斯科的块面，莫兰迪的瓶瓶罐罐，蒙特里安的格子等等。在艺术语言上，我希望是一种深化，是一种演进。我感觉到几个不同的材料都在做同样一件事情，它有一种立体的感觉，有一种从里到外，从上到下，从左到右的那种立体感。我的艺术表达是一种有建设性的，不断深化的语言实验。

M：您经常会在日常生活中发现一些通常被大家忽视的事物，然后通过您的艺术语言进行转化，赋予它们新的艺术价值，从 " 无意义 " 中发现意义，这似乎是一种 " 化腐朽为神奇 " 的能力，想听您聊一下，您是如何获得这种能力的？

W：这种能力的培养，是一个漫长而充满挑战的过程。它要求我时刻保持对生活的敏感和好奇，我时常在深夜被某个灵感所唤醒，然后迫不及待地将其记录下来。

我在互联网上面下载了五六十万张图片，看了不计其数的电影。从电影的角度去研究造型、研究色彩、研究空间。我做的新水墨，实际上很少用到传统的绘画工具。而大部分都是我自己制造的各类工具，大概有一百多款。我的工作室里面有各种电动工具，没事的时候是左弄弄，右弄弄，不断地琢磨，不断地寻找那种特殊的表达。我听读了大量文、史、哲的书籍，并养成了随时做笔记的习惯。我为了熟练地掌握造型这档子事情，留下了可能不下几万幅的手稿（我有很多新的方法来创造新的形象，这个以后我会逐步地把它们呈现出来）。

你想想看，什么工具、什么材料、什么风格、什么主义，在我这儿应该是很清楚的，而且我在做我自己的作品时，尽量去消化这些资料，我搅拌我所占有的各类资料，在新的艺术作品中尽量去体现这样的流变。

M：您在赋予"日常之物"艺术化的意义的同时，是否也意味着您把主流认知中"艺术"的含义给解构了？

W：我们现在所见的无论是音乐史、绘画史、雕塑史还是文学史、哲学史，它们所记录的都是那些独特的、创新性的内容。这些内容之所以被载入史册，正是因为它们在某种程度上突破了既有的框架。而这种突破为艺术领域带来了新的思考和启示。因此，当艺术家将目光转向日常之物，并试图从中发掘出艺术价值时，他确实是在进行一场对传统艺术观念的挑战和解构。这种解构并不意味着对传统艺术的否定或背离。相反，它是对艺术的一种扩展和深化。通过将日常之物艺术化，艺术家不仅可以提供新的审美体验，也引发了大众对艺术的重新思考。这种思考促使大众重新审视艺术的定义和边界，进而推动艺术的不断发展和创新。

另外改写"艺术"传统内涵是我的生活的乐趣所在，不然生活太乏味了，做先锋或实验艺术这也算是不能承受生命之轻吧！

开疆拓土总是男人想干的一件事吧！

M：您认为艺术和日常生活之间是一种什么关系？另外在今天这个时代，艺术还需要边界和标准吗？

W：艺术与日常生活，两者之间的关系既是微妙的又是紧密相连的。从古典到现代，再到当代艺术，西方美术史的发展为我们提供了一个观察这种关系的绝佳视角。那些写进艺术史里面的艺术家，已经为我们做了这方面的阐释。

艺术没有边界，它的疆域是不同的艺术家用自己一件又一件作品扩展而成的。从看得见的东西到现在更关注看不见的东西。从表达那些用写实手法能做到的事情，到现在去表达更多的是形而上的内容，或者说是表达那些更多所谓精神性的、灵性的东西。

人类走到今天，从整体上说，吃、喝、拉、撒、住、行这些东西基本上得到解决，那么这些形而下的问题基本上解决以后，可能要有更大的意识空间让这些形而上的东西在这里舞蹈和狂欢。

M：摄影在图像的获取和制作上相对于其他的艺术语言已然相对容易，而进入 AI 时代，图像的获取和制作将会更加简便，那么您对这种新技术的急速介入怎么看？会有危机感吗？

W：说没有危机感，应该是一个违心的说法。但是 AI 已经来了，我们实际上是在一种无可奈何的情况下走出来的，不可能什么事情都顺着我们的意愿。即便是有了互联网，有了智能手机，处理图像比从前不知道要快多少倍，但是真正有创意的、有个性的艺术家是很少的。所以说即便有危机感，但是我们已经选择了这个有挑战性的工作、这个事业、这条路，那我们没办法，我们要为我们的选择付出任何代价。

M：在您看来，在这个科技和理性专制的时代，艺术如何突围？作为一个有着数十年创作经验的资深艺术家，您对艺术的未来是悲观的，还是乐观的？

W：说真心话，我反倒有点庆幸。就像当年有了照相机，实际上它逼着写实绘画走出了自己的新路子。现在还有录像、电影，还有 AI。那就看你是被它捆绑，还是能够调动它为你的表达服务。如果在如今的局面下，艺术就完全没有了出路，那么也可以说应该是到了艺术寿终正寝之时了。

不过我不相信，不相信时代的夹缝中没有属于艺术的一丝光亮。

竖波及竖波的变奏 尺寸可变 摄影 生粉 2023

竖波及竖波的变奏 尺寸可变 摄影 生粉 2023

远古光影的散步 尺寸可变 摄影 生粉 2023

远古光影的散步 尺寸可变 摄影 生粉 2023

远古光影的散步 尺寸可变 摄影 生粉 2023

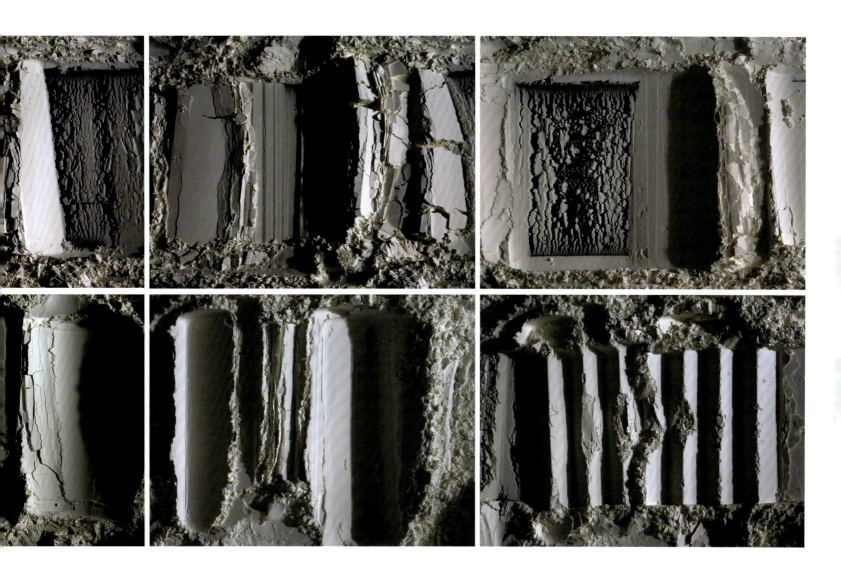

2023

年度艺术家档案

自在与生长

徐 累

XU LEI

徐累工作于中国艺术研究院文学艺术院，中国工笔画学会副会长。他于 1984 年从南京艺术学院中国画专业毕业，随后参与了"八五新潮美术运动"，初涉"超现实主义"和现代"观念性"绘画。自九十年代初，他从激进的"新潮美术"重新返视传统，融合东西方画法独创了新的工笔画风格，较早确立了中国画"当代性"的范例，这些具有个人气质和辨识度的作品，以图像的寓言重新延续了文学传统的"修辞"意义。他的作品在借古开新方面不断有所发现，力求让中国传统文化中的"原理"与时俱进，将知识谱系与时代编程合议而呈新境。

图片 / 由艺术家提供 编辑 / 雯子

世界的重屏（局部）绢本 220cm×300cm 2022

徐累：时间的"显影"

采访 – 胡少杰

漫艺术 =M: 徐老师，您的作品一直在使用一种打破时空的拼接或者并置的方式，这种图像的并置是要传达一种什么观念呢？是在强调对话、融合？还是在提示当下世界的一种错位？

徐累 =X: 一开始还是在寻求东西方的融合。二十世纪以来，中国的艺术家一直面临着这个问题，即如何处理东方和西方艺术的关系。二十世纪前期，像林风眠、刘海粟、徐悲鸿那一代艺术家，面对西方艺术的冲击，做了相应的尝试和变革，他们的主要成就是"绘画语言"上的融合，或者嫁接。确实，这是一个艰难的课题，不是每一个艺术家都有才情处理好，所以很多人被这个矛盾困扰。八十年代国门打开，现代对传统的冲击更加迅猛，焦虑感也更加严重，如何平衡好东西方的冲突，仍然是中国艺术家首先要面对的问题。

我也不例外。对于东方和西方，或者传统和现代，我属于两者都不想偏废的那种，就像赵无极说的"我有两个传统"，所以一直尝试两边游走，找到在两种文化类型之间不偏不倚的立场。在我早一些的作品有中国传统的格式，也有欧洲早期文艺复兴的影子，我隐约觉得它们之间有秘密的联系，相辅相成，当然，我对超现实主义比较亲近，是因为它的底色是诗，与中国艺术的诗的想象气质相通，不过若以现代艺术的角度，我更喜欢"观念艺术"，所以，我是想法优先于画法的人。

在以上准备工作的基础上，近几年我又有一些转向，想在这种东西方文化比对之上，如何再超验一点，即超出"个人性"，在更高的维度上回望为我理解的知识系统，用更通识的方式来传达我们中国文化传统中的"原理"，那些司空见惯的却非常具有未来性的"超前"观念，当然，仍然是用绘画的图像意义进行"显影"的。做得恰当了，那些普通人、异邦人就能看得懂我们中国人是怎样思想的，而且思想得很高妙。

M: 这种"显影"的内容具体指什么呢？

X: 刚才说了，其实中国传统的文化和艺术中有很多非常有价值的"原理性"的东西，以今天的眼光看非常"超前"，既是历史的产物，又很具有未来感。我想做的工作，就是把它从历史的迷雾中"显影"，所以这不仅仅是一个整理发现的过程，同时也为了建构一个带有"原理性"的实践模具。比如，我们看过电影《盗梦空间》，里面关于时空的设定是套盒式的，一层里面又抽出一层，这不就是我们传统绘画中的"重屏"概念吗？

其实中国绘画传统中，一直在探讨时空问题。平面中做出四维空间，这是很难想象的。我们的古人很智慧地运用了"长镜头""交叠""错置"等等修辞手法，比如说《韩熙载夜宴图》《重屏会棋图》《十面灵璧图卷》《康熙南巡图》，各有独特的叙事模式，背后其实是一种很超前的"时间观"，也就是我们今天所认知的量子物理时间，时空秩序是可以被打破、纠缠、交叠的，或者可以穿越的，在这方面，古人们早已树立了模范，并且形成非常好使的"观念"，只是这些"观念"被长时期的笔墨为上给遮蔽了。所以，在传统的问题上，我们不能纠缠于表面文章，还要叶底探花，站在今天的立场去理解更深层、更基本的问题。

《世界的重屏》在"照见天地心——中国书房的意和象"大展现场

M: 您提到了时间，其实在您的作品中，时间往往是以一种非常态的状态出现的，这种把时间进行"交叠""穿插""并置"的方式，仅仅是一种修辞？还是说您确实对时间本身的秘密感兴趣？

X: 可能因为受到的教育，或许也因为天性，我对"时间"的问题一直保留猜想和探讨。过去读古诗，大部分是伤怀与凭吊的内容，逝者如斯夫，我们历来对以水流年比较敏感，最终变成文学艺术对"时间"的专注，包括技术性呈现的逻辑。所以，若讲到"时间"的形态，今生就要提到前世，对我来说，就是"传统的复活"，这差不多也是"文艺复兴"的主题。

自然而然，"时间"的问题，就成为我创作的一条线索，通过这扇门，大略能了解我的意图。去年在苏州做了一个个展，"时间三体"，分别梳理了关于自己的三种时态体验。

空城的追忆 纸本 65cm×85cm 2005

世界的尽头 纸本 132cm×325cm 2009

第一部分是"定格"，那个时段用了老照片的概念，"此曾在"的时光瞬间，过往的时间。第二部分是一种平行时间，也就是图像的"对仗"，"开始"与"结束"，"隐"与"现"，这些遥远"距离"之间的穿梭。第三部分就是最近在做的，关于东西方经典的互视，所谓"时间的折叠"，用美术史的知识系统，也就是用文本学链条和语境网络组织的"元宇宙"的世界。这三种时态，对应了我的三个创作阶段。所以说，"时间"确实是我关注的内容，但是并不是说，通过认识我的作品就能够认知时间本身，"时间"终归是抽象的，在我这里只是象征，或是修辞，或是理解的工具，这里我引用意大利学者乔治·阿甘本的一种说法，意思很明白不过，"任何有关历史的概念总是伴随着某种时间经验，这种经验隐含在历史中，是历史之所以存在的条件，因此我们需要阐明它。同样，每种文化首先都是一种特殊的时间体验，如果不改变这种体验，就不可能有新的文化。因此，真正的革命其最初任务绝不仅仅是'改变世界'，而是终究要'改变时间'"。

M: 在您展览中呈现的这种和时间的对应，是一种事后的暗合？还是说在您的创作中，它一直是明确的？

X: 既不是一种事后的暗合，也不是刻意追求对应，"时间"概念一直存在于我的意识之中，创作的时候，会不知不觉坠入它的深渊。这也是我很晚才明白过来的，有一次读到关于诺兰电影的分析，讲到他始终在探讨怎样叙述"时间"，每一部都有独特的实验角度。我一想，自己不也是一直在纠缠类似的问题吗？早期作品中，帷幔作为一个固定的"装置"，其实就是一种"时间"的隐喻，内部是一把椅子，一只游荡的鹿，昔日重现的定格，而我则是一个未来时间的偷窥者，一个回望者。那个时候更多的是一种追忆和寻觅，是个人情感的表达，就像古典怀旧诗。而到了近些年的"平行时间""折叠时间"，个人情感已经退位给共性经验，不是回忆，而是"未来"的想象场域。

M: 所以说在您的作品中，这种挪移、并置，以及时空的交叠，目的并不是一种对现有秩序的解构？或者说，它并不是基于后现代的一种观念表述。

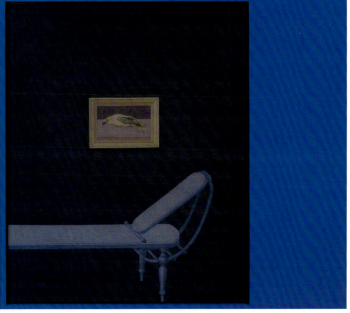

世界的床 -2 绢本 52cm×123cm 2017

月亮的距离 纸本 56cm×113cm 2023

月牙定理 绢本 183cm×276cm 2023

X: 绝对要遵循一个原则，当开始酝酿画意的时候，不能理论先行，而应该感性作用，有趣的，朦胧的，有皮有肉，总之，大体知道方向在哪里。但到了后来，还是得想通一个问题，为什么潜意识中是它而不是别的？这就是有意识建构的所谓框架了，理性必须起作用，对认识自己，或者融入历史，不仅言之有据，同样也是发现本体。

我从来不会基于任何一种理论观念去创作，不会把创作当成对某种文本的视觉化呈现，不过，如果后来读到与我的想法很接近的理论阐释，我会特别高兴。不久前读到瓦尔堡的理论，特别兴奋，觉得他一语道破我的心思，比如他说，"古代在后世艺术中的返回，第一，从来不是以完整的古代形态，通常只是作为整体的一个碎片出没于文本的边缘；第二，离不开后代艺术家的想象，并且是根据自己的生活来想象"。他说的是文艺复兴，不也是在提示我们目前工作的意义吗？原来历史就是反复无常，我们总能找到一种稳定的规律作为依据，"古风的来世"是经典的话题，只是做法不一而已。

M: 这种基于直觉和趣味的视觉表达，它仅仅是一种图像的制作？在这个过程中，绘画本身还重要吗？它扮演一个什么样的角色？

X: 绘画性当然重要，虽然笔墨不是我追求的主要目标，但是依然要靠绘画性来完成图像的意义。关于"图画"，"图"与"画"，过去的命题是有微差的，"图"主要是服务公共性的说明，"画"主要是为了个人性的痕迹，但是，对于好的作品，两者是水乳交融的，也很难区分。在二十世纪以前，"绘画性"多半是"图像"的外衣，让人误以为表面是唯一，到了今天，"图像性"反过来是"绘画"的外衣，所以对它的讨论变得优先了。所以，处理好两者的平衡，便要求艺术家更在"图像性"上有所创见，毕竟"图像性"也包含了"观念性"，同时，"绘画性"也是"观念性"的一个重要元素，没有人敢放弃对它的重视，即便是所谓的"坏画"。

M: 这个工作还是基于绘画本身的一些标准来完成的？

X: 当然，构图、色彩、笔法、节奏……但不再只是"趣味"。"趣味化"对中国人来说驾轻就熟，我认为这是最大的绊脚石，我是很看轻表面上的一点笔墨"趣味"的，自鸣得意，不求前路。当在"图像性"的角度研究绘画时，你会看到更别致的东西，因为理解的角度是不一样的，这就重新收获了对绘画的理解。中世纪绘画就是一个例子，由于当时普遍文化水准不高，"图像性"有益于公众去理解，所以中世纪就是一个"图像的世界"，赵孟頫、达芬奇也都是图像与绘画合体的大师。因为要画树，我把注意力集中在达芬奇一棵树的笔法上，画着画着，竟看到里面的塞尚，或者看到了董其昌，就是解析了隐藏其中的美术史的通道，没有什么东西方的隔阂，如果这也是"图像性"的话，纯粹是"绘画性"给我的结论，重新认识、体会它，才能发现它们的共有之乡。

M: 这个过程是顺利的吗？会有失败的时候吗？

X: 做任何事都不会是一蹴而就的，但再难的过程也是快乐解题的过程，很像是关于文化记忆的"文化科学"研究。马友友有一段话说得很贴切，"我相信最好的科学家，实际上是艺术家，最好的艺术家，也是科学家。正是一丝不苟的永无止境地对某些事物的研究，引导着每个领域的人们，找到真理和普遍适用的东西，科学家使用工具观察事物，尝试用一个假设来做实验，如果你发现在一个实验中是正确的，如果你找到完全相同的上下文，它几乎总是可以复制的、留有余地，也许还有意外，在艺术和音乐方面，你几乎就像科学家一样，研究内在的灵魂"。所以，与科学家一样，过程中的失败，每个画家都会碰到，如果是一张走不下去的画，它的生命根本就不需要苟延残喘，丢在一边就是了，不过，也有努力抢救使精气神更好的时候，这时，快乐是双倍的。

M: 所以在您的画里那些陌生的、差异的，甚至是黑色幽默的东西，在一定程度上被您的和谐与平衡给化解了。

兴会 纸本 50cm×110cm 2021

世界的云和山 绢本 90cm×66cm 2021

云世界 绢本 48cm×150cm 2024

X：画画的过程就是调理的过程，也是找平衡的过程，一直不停。其实我的苦恼也在此，总是要追求完满，有时候并不好。瑕疵也能带来意外和惊喜。但又能怎么样呢？如果我画油画，这是允许存在的，但工笔画很难。只好在画之前放入一些小"恶"的念头，开一些"小玩笑"。但我可能还是很难逾越个体的"缺陷"，仅止于调皮而已，不敢像杜尚那样"大不敬"。

M：您还是太"文雅"了。

X：可能我还是奉行"经典主义"。

M：但是您的这种"经典主义"却是很容易被当下的观看者所接收到的，它可以直接切入到今天的文化语境中。您近些年的作品更加容易进入，更加

明了。您前期的作品似乎更多是内观的，而近几年的作品似乎更开放、更纵深、更高远。

X：这可能与岁数有关。年轻的时候都讲个人主义，不想着与大众发生关系，甚至主动回避。由于私人情感多一些，看上去就有点晦涩，有点曲高和寡。十多年前，我忽然意识到需要一次转身，想让自己的艺术能与更多人的情感产生连结，并且要与宏观的历史语境产生连结。如此，就需要让语言更直观、更明白，让不同层面、不同文化背景的观众，相对简单地接收到我要表达的信息。当然，也有人提醒我，这样可能会失去艺术家的神秘感，还是应该自私一些，应该个人一些。但我已经不这么认为了。总要有些人主动做搭桥的工作吧？当我们意识到今天这个位置，从古今中外四面八方取得信任，尤其从自己文化传统中拿到原理性的工具，能以"全球化"的眼光创造一种看法，

没有理由再无动于衷。要追踪先人在历史中的在场，就必须先从世界各个角落，通过比照把它们找出来，将它们聚拢到一起，使其成为"辩证意象"的东西，我认为是很有必要、很符合时代精神的事。

M: 所以，您觉得放弃神秘感，放弃个体性，也是值得的。

X: 对，这个问题我之前有过困惑，但是现在我很确定，这与拥有"个体性"与"神秘感"并不矛盾。"个体性"与"神秘感"变成一种历史观有什么不好？其实这个工作做起来并不容易，从来都是由简入繁易，由繁入简难，格局大不同。

M: 但是我们的文化中有太多务虚的部分，那些虚无缥缈的，不可言说的部分，很难说清楚。

X: 正是因为这一点，我们更要说清楚，用更普适的道理，更简洁的语言，把传统深不可测的东西说明白，说得有趣，说得深入人心。

创作毕竟是一个复杂的过程，理解和观看作品同样是复杂的、多层面的，但是，在更多人已经获得的知识背景中，如果恰当地找到最大公约数，比如利用某个"原型"，就会容易很多。我现在就以这种思维逻辑开展工作，比如直接取达芬奇的手稿，或者赵孟頫的画，以挪用的概念进行超时空的"并置"，用杜尚的说法，就是"现成品"，用中国画史的说法，就是"仿"，都能说得通，给不同文化背景的观众，彼此添加"陌生"的东西，与"熟悉"的东西平等相待，也就容易相互理解了。这实际上就是"太极图"的原理。我以为，今天的"原创"不是无中生有，而是有中生情，生机，生"创见"，这是"全球化"视野下的固本开新，提供中国式的当代经验，恰如其本分。

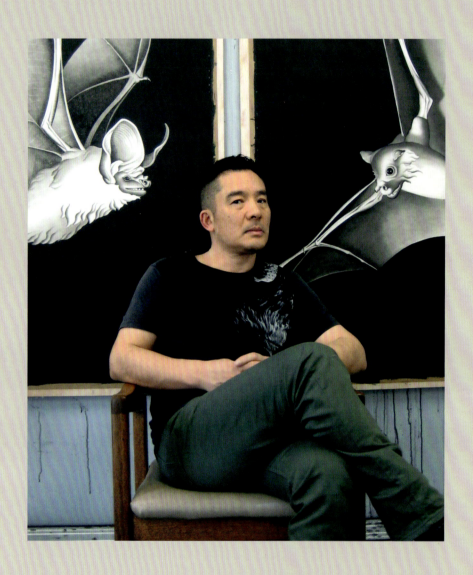

宋陵

SONG LING

图片 / 由艺术家提供 编辑 / 徐小末

1961 年生于杭州，1984 年毕业于浙江美术学院中国画系（现中国美术学院），进入浙江画院任专职画师，1985 年参加了"85 新空间展览"，主要作品"人·管道"系列，并在 1986 年和张培力、耿建翌、王强等一起创建了中国当代艺术早期群体之一"池社"，代表作品"无意义的选择"系列，成为八五新潮美术运动中活跃艺术家之一。
1988 年宋陵移居澳洲墨尔本，在墨尔本参与了最早的关于中国当代艺术的各种展览，在澳洲全国举办过十七次个人展览，曾被评选为最应关注的澳洲当代青年艺术家，作品被多个公共机构及美术馆收藏，包括澳洲艺术银行、澳纽银行、澳洲白兔美术馆、澳洲迪肯大学、美国亚太博物馆、龙美术馆、星美术馆和余德耀基金会。
2014 年和 2015 年，宋陵分别在北京今日美术馆和浙江美术馆举办了大型回顾展"重现的镜子－宋陵 1985~2013"，2023 年在上海昊美术馆举办了十年回顾展"我也开始有欲望了"，现生活和工作于杭州和墨尔本。

野生动物 5 号 水墨纸本 130cm×90cm 2016

野生动物—残·食 2 号 水墨纸本 172cm×90cm×3 2018

它们互相撕咬、扑杀，在冰冷的水泥森林里只有弱肉强食的森林法则。这种野生的、原始的欲望让人不安，但是同时也不断地激发我的表达欲。这十年是我过往几十年的创作生涯中最有表达欲望的阶段，一直到现在，这个欲望依然在驱动着我，它一直存在。

—— 宋 陵

宋陵：持续的"欲望"

采访 – 胡少杰

漫艺术 =M: 宋老师，回国十年了，去年也做了一个具有总结性的展览，集中展示了这十年间的创作和思考，展览的名字"我也开始有欲望了"源自您刚回国时的感受，那如今呢，十年过去了，这个"欲望"一直存在吗？发生什么变化了吗？

宋陵 =S: 展览的题目源自我和展览学术主持鲁明军老师的一次对话，其实是一句自我调侃，但是也反映出我十年前刚回国时的心理状态。因为我在澳洲生活了二十多年，习惯了波澜不惊的缓慢节奏，但是到了 2014 年，我回国后发现，无论是我身边的人，还是整个国家，都有一种对所谓"成功"的渴望，我被这种充斥着欲望的气氛震撼到了，无可否认，这种膨胀的欲望让整个社会都充满着一种混杂的、原始的生命力，这让我着迷，但是也让我警惕。所以我调侃说"我也开始有欲望了"，而在这种欲望的推动之下我创作了"野生动物"系列。特别是 2015 年开始画的《野生动物—残·食》，它们互相撕咬、扑杀，在冰冷的水泥森林里只有弱肉强食的森林法则。这种野生的、原始的欲望让人不安，但是同时也不断地激发我的表达欲。这十年是我过往几十年的创作生涯中最有表达欲望的阶段，一直到现在，这个欲望依然在驱动着我，它一直存在。只是相对于十年前，肯定有了一些变化，因为这个世界在变化，我也在变化。

M: 这种变化也反映在了作品上？

S: 当然，因为作品是艺术家存在的证据，艺术家的所有变化都会在作品上找到蛛丝马迹。一切变化都是自然发生的，欲望、思考、生命状态都在悄然变化。大概是 2014 年到 2017 年，我画了"野生动物"系列，然后 2017 年又开始画"虚构"系列，2018 年开始画"临摹"系列，到了疫情期间，又画了"物事生非"系列。这些作品就是我这十年的一个印迹，它们有着不同面貌，因为它们产生于不同阶段的思考和触发。这种变化带来了各阶段作品间的差异，我觉得差异很重要，它让我的艺术一直处在一种流动的变化之中，而不是固定为一种僵化的语言范式。

M: 变化带来了您作品的更新和差异，那不变的是什么呢？各个系列的作品之间，有没有什么是一直贯穿其中的，不变的？

S: 我的作品中一直有一个内置的线索，就是表现这个世界的"异化"。其实不仅仅是回国后这十年间的创作，如果追溯的话，这条线索的开端源于我八十年代的创作。这种"异化"当然也是来自欲望，来自物质的膨胀和精神的坍缩，我们就生存在这样一个异化世界之中，无论什么时刻，"异化"从不缺席。

M: 您作品中的"异化"，是一种带着批判态度的揭示？还是说只是一种客观的描述？

S: 我不想去明确地批判什么，当然也不仅仅是一种揭示。因为我们就是处在这样的环境之中，我选择这样去表达，一定是有我的判断，但是它又不仅仅是一种简单的价值评判。我想我的作品一直是开放的，如果你从我的作品中体会到了"异化"，并且感同身受，或者感受不到而另有体会，我觉得都是有意义的，因为艺术的价值就应该是多元的，是生长的、流变的。

M: 同样是表现"异化"，八十年代和当下的区别是什么？包括"欲望"，今天的"欲望"和当年的"欲望"有什么区别？

S: 其实没有本质的区别。变化的只是我个人的心境、阅历。对应到我的创作上就是几个不同阶段的不同系列。八十年代创作那批作品时我还很年轻，当时也不免受到了比如超现实主义、未来主义这些西方流派的影响，在形式语言和观念上较早地找到了一条路径，但是当时思考得自然不如现在深入和成熟。而那个时候的"欲望"是一种来自生命冲动的自发欲望，是一种带着蓬勃的生命力的表达欲和创造力。如今的"欲望"是一种对这个世界的持续好奇，对不确定性的持续探究，我们处在这样一个复杂的生存环境之中，作为一个艺术家，定然是要发出自己的声音的。所以，一切都在变，一切也都没变。

宋陵个展"我也开始有欲望了"展览现场 昊美术馆 2023

安眠 1 号 水墨纸本 70cm×91cm 2016

安眠 3 号 水墨纸本 70cm×91cm 2016

M: 您长期的国外生活经历对您的创作有什么影响呢？

S: 我是 1988 年去的澳洲，澳洲是一个移民国家，它的文化很多元，环境也很好，可以很安静自在地生活，但是创作的话我更喜欢待在中国，因为中国的可能性更多，更有激情，它和我在澳洲的生活形成了很大的反差，所以我 2014 年回来的时候，这种反差给我带来了很大的冲击，让我的创作欲望被重新激发出来，一直持续至今。其实这些年我一直是两边跑，大部分时间在国内创作，累了就去澳洲待一段时间，休息一下，这样既可以让我保持足够的创作能量，也可以让我在不同生活环境的切换中，保持一种新鲜感。

M: 这种两地切换的生活方式，是否也给您提供不同的观察视角，比如您在国外回望中国本土的时候，远观会更冷静、更抽离？

S: 或许会吧，空间上的远观同样也是一种精神层面的远观，这种远观既是一种抽离，也是一种回望。人离开一个地方，必定会不断地回望，这种回望反而可能更接近真实。但只是远观和回望是不够的，你需要再次回到那个地方，切身感受它。所以我觉得我现在的生活和创作方式挺好，既可以远观，也可以近观，随时切换。

M: 可能这就是为什么在您的作品中既可以感受到冷峻、抽离，又可以感受到一种隐藏的涌动的生命力。

S: 冷峻和抽离是我的表达方式，但并不是我表达的目的。艺术一定是流动的，因为艺术家的生命是流动的，这个世界也是流动的。比如我在疫情期间创作的"物事生非"系列，在我们被限制自由的时间里，那些日常中没有生命的小物件，它们的坚硬与锋利被我"异化"成了一种流淌的状态，把它们从原本的物态中解放出来，或许也可以看成是一种生命的隐喻。

M: 但是您在"临摹"系列中，那些原本富有生命意趣的虫、鸟，被您给"异化"成了机械的、冷硬的、几何化的模型，这是为什么呢？

S: "临摹"系列其实有一种对传统的反思，临摹是学习中国画最常见的方式，甚至很多时候是一种创作方式，比如很多流传下来的经典的中国画其实是对前人的仿作。在我的这个系列中，我是完全按照原作去布局的，只是我把具体的物象做了一些我个人的处理，比如把鸟画成机械的，把石头的切面处理得比较冷硬，有点像现代建筑，整个画面完全没有了宋画的意韵，反而透着一种未来感，数字感。所以说一切都是原来的布局，原来的画面秩序，只是我把它原有的意境和精神给抽离了，换成了一种不带生命温度，不带人类情绪，又没有时间维度的一种超越历史和现实的"异化"图像。

M: 这可以看作是一种对传统的解构吗？

S: 我的方法是解构，但是解构并不是我的目的。或者说，我想做的只是去提示一种新的可能，这并不仅仅是对传统的反叛，而是在尝试提示一种对历史和当下的全面反思。我不想解构什么，也不是在重构什么。我是学国画出身的，父母也是画国画的，但是传统国画中的那种诗情画意的笔墨趣味，在我看来已经和当下的现实生活没有什么关系了，所以我只是借用了传统的图式，然后把我个人对当下世界的感知置换到了画面里。作为一个生活在当代的人，我可以在我的画里连结传统，也可以连结未来。我觉得艺术上很多东西是不可言说的，作品本身在说话，所以说解构也好，重构也罢，其实并不重要，对于画家来说，作品画完了，就交给了观众，不用给它那么多定义，不同的人按照自己的理解去感受它就好了。所以我的画一直都在做减法，把抒情、意趣包括附加的精神属性等统统都去掉，只剩下最冷静的画面，最本真的"器物"。

M: 如果把笔墨意味和精神志趣都摒除的话，您为什么还要沿用水墨这种材质呢？因为似乎水墨自带一种非理性的意趣的属性。

S: 因为我学的就是国画，水墨是我最熟悉的媒材。我没必要刻意回避它，水墨所谓的材质属性，其实也只是一种既定认知。其实没有什么是固定不变的，不可打破的，它只是一种工具，要为我所用，而不是被它的材质属性绑架。另外我很喜欢纸的质感，我对纸一直情有独钟，所以就算是水墨在表现力上不及别的材料，但是它在纸上完全可以达到我想要的效果。

M: 所以您不仅仅是为了获得一个图像的结果？因为如果仅仅需要图像，在今天已然变得非常容易。

S: 对，虽然我不追求笔墨趣味，但是我依然是个画家，要通过一遍一遍的笔墨渲染，来建构我的画面，这是一个画家必然要做的工作。当然，今天新的科技可以很快捷地生成一个图像，比如用 AI 技术，或者什么新的数字技术，但是可能我对新技术关注得不是那么多，了解得也不深入，我依然认为绘画需要有"人"的深度介入。虽然我的画面似乎是摒除人的痕迹的，是消除手感的，但是它的的确确是我染了十几二十画画出来的。当然，我并不排斥新技术，或者我以后的创作也可能会受到 AI 的影响，谁知道呢？未来是不确定的。

M: 通过"人"的深度介入和在场，来获得一个"人"不在场的结果，这像是一个悖论。

S: 人的在场不需要画面和图像来证实，图像要完成的是一种对"真实"的隐喻。人的在场是靠"欲望"来支撑的。转化到创作上，就是那无数遍的渲染和描画。虽然过程是安静的，但是内心却有"欲望"在持续涌动。

临弘仁山水册页 4 号 水墨纸本 86cm×56cm 2021

临宋人册页 10 号 水墨纸本 74cm×74cm 2017

临南宋马远《寿椿图》 水墨纸本 70cm×70cm 2021

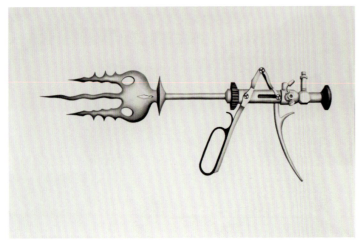

虚构 14 号 水墨纸本 56cm×86cm 2016　　　　　　　　　　虚构 13 号 水墨纸本 56cm×86cm 2016

M: 您近些年的作品中，好像一直没画过"人"，画得都是一些动物、植物、器物。

S: 对，我还没想好怎么去处理"人"这个题材，相对动物、植物或器物，画"人"会复杂很多。或许是因为"人"本身就是异化的动物，所以我还在琢磨如何去表达这个变化无常的异化命题。

M: 虽然没有"人"在画面中出现，但是那些动物、植物，其实就是人的化身。

S: 对，它可以看成一种象征和隐喻，无论是撕咬的犀牛、斑马，还是流淌的刀片，或者长了器官的草莓、西红柿，它们不都是这个异化世界中的"人"吗。

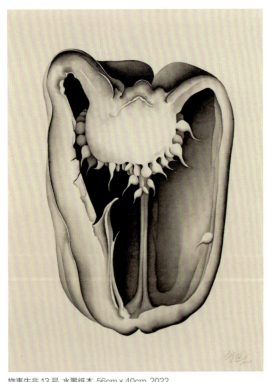

物事生非 13 号 水墨纸本 56cm×40cm 2022　　　　　　　物事生非 4 号 水墨纸本 56cm×40cm 2022

临宋人册页《桑果山鸟图》 水墨纸本 172cm×172cm 2020

"我也开始有欲望了"，这既是对自我历史的哀悼，也是对当下和未来及其不确定性的一种永恒预警。就像疫情期间完成的"物事生非"系列，刀片、打火机、西红柿、扑克牌、灯泡、别针、火柴盒、眼镜等，这些被放大数倍、数十倍的日常物如田野标本一样，悉数展现在我们的面前。在艺术家的笔下，这些原本依附于我们生活的物件已然变异，并远离了日常，但同时，它们又在传递着某种隐隐的不安和危险，仿佛随时会刺伤我们。在这个意义上，可以说不是这些画中物，而是绘画一物本身作为主体，占有了艺术家以及我们的感知领地；不是艺术家的欲望，而是绘画本身的欲望，将艺术家以及我们带到险境当中。

—— 鲁明军

陈苏平　CHEN SUPING

1957 年生，鲁迅美术学院中国画系教授，现居沈阳。

图片 / 由艺术家提供　编辑 / 徐小禾

起风了 纸本水墨 46cm×76cm 2023

荷塘 纸本水墨 46cm×76cm 2023

林子深处 纸本水墨 76cm×46cm 2021

雨后 纸本水墨 46cm×76cm 2023

旧雨

文－陈苏平

去年底今年初的时候，画这些叫作"旧雨"的东西，是老早想画的东西了，但也老是拖着不画！直到那天，偶然翻到过去的速写……因为这个缘因就开始画了，里边的意思也说不大清爽。

要说全无意思那也不是！

那些速写，也是老早年的了，大概是中学的时候吧，发黄的新闻纸，简单的炭笔线条，一无是处，农村和矿区交杂错落，反正就是那些东西，没什么特别，画得严肃却又简单潦草，虽然这也很有趣味。然而……让我觉得有意思的还不是这个，而是它勾起的昔我之感，有点像回忆，又有点寂寞与疏远……那种熟悉又陌生的感觉，让我心动。不知道别人是不是也常有这样的一念呢，要是有就好了，希望这不只是私念，因为我现在对普遍性这件事又觉得有意思了。

这不是回忆，而是我的"现实题材"，所用的材料似乎也没有边界，勉强说有的话，那就是内容与材料间的支离或者不切题会更好玩一点。重要的是我感觉到了什么，而非画了什么，至于外在的形式方法，又不是现在感兴趣的东西了。

"旧雨"是喜欢的词，光看字面就觉得有意思，有言外之意似的……正是熟悉而且陌生的感觉，可惜不能恰当地说它出来。

钟声 纸本水墨 46cm×76cm 2023

池塘 纸本水墨 46cm×76cm 2023

喧草 纸本水墨 46cm×76cm 2024

风筝 纸本水墨 46cm×76cm 2024

蔷薇粉 纸本水墨 46cm×76cm 2024

彩旗 纸本水墨 46cm×76cm 2024

雷子人
LEI ZIREN

图片 / 由艺术家提供 编辑 / 徐小禾

1989 年起本科、硕士、博士均毕业于中央美术学院，2008 年入清华大学美术学院史论系从事博士后研究工作，2012 年入职中国人民大学，任艺术学院绘画系副主任、东方艺术研究所所长、教授、博士生导师。曾任中国时代经济出版社（原中国审计出版社）记者、编辑，江西画院院长、江西省美术馆馆长。2013 年调入中国美术学院，任中国画学院教授、视觉中国协同创新中心副主任。主要从事中国画创作及理论研究、当代中国乡村社会视觉生产及图像叙事研究等。艺术实践包括当代水墨等架上绘画、陶瓷创作等。

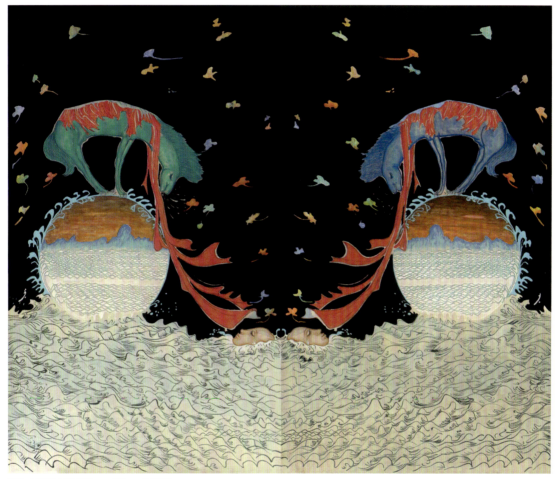

潮汐 木板综合材料 200cm×120cm×2 2022

雷子人在看似优美，亦不乏豪放；看似温和，亦不乏激荡的视觉讲述中，剥离了人为的虚情假意，还原了生命的本真状态。

——— 冀少峰

寒春 木板综合材料 235cm×360cm 2022

寒春（局部之一）木板综合材料 235cm×360cm 2022　　　　寒春（局部之二）木板综合材料 235cm×360cm 2022　　《寒春》创作现场

虚 境——读雷子人的画

文 – 冀少峰

  雷子人的视觉图像世界不仅提供了一种观看的视角，更有着一种唤醒的作用。他以底层叙事的文化视角，以非现实的理想化的艺术虚境营构了一个激变的社会发展现实中的生活实境，扑面而来的是一种传统与当代的矛盾，历史、现在与未来的交织、混杂、混搭。传统的图式修辞，传达出的是一种难以遏制的当代的情理与韵致，弥漫其间的是一种游戏人生的心理。在看似轻松、随性、随意地表述中，表露出的却是雷子人对激变的社会发展现实所带来的生存的焦虑、生存的困惑的清醒思考和洞察性表达。

  一方面，雷子人在看似回归传统的图像间，实则以一种当代艺术的问题意识、立场意识来挪用古代的传统图像，表现出一种当代的戏仿与调侃。在看似轻松随意的涂抹中，却把当代人的生活窘境及无所适从尽显其图像间，弥漫其间的是肉体上的欢愉及精神上的痛苦，对现实的逃避，还有自我精神上的孤独及欢愉背后的苦痛与悲伤。在看似并不完美和崇高，甚至有些情色的荒诞、冷峻和疏离地表述间，把自我真实的愿望和幻境般的非现实场景黏合在了一起，进而形成了一种精神上的想象。这种立足传统的新古意表达，唤醒的是一种对美好生活的向往与憧憬，及久居封闭环境对现代性的一种渴望，实则是传统秩序坍塌瓦解，新的秩序尚在建构中，难以回避的仍然是传统与现代的矛盾及艺术的现代性和被丢弃的传统间的冲突与对立。

  雷子人遵循着自我内心的感受，以一种直面现实的沉着、冷静，描述出另一种梦幻般的、非现实的、理想化的生活虚境，并将自我的真情实感、真诚思考注入图像间，充斥图像间的又是雷子人的个人趣味与公共话题的碰撞，雷子人的私人困惑与公共话语的交织。在如梦境般的田园牧歌式的描述中，试图唤醒阅读者在大众文化泛滥、图像时代来临、物质主义时代人们对现代生活的向往与幻想，隐匿图像间的又是行为方式和生活方式及对物质欲望的诱惑与幻想的交融。由此，阅读者可以清晰地体察到雷子人的自由自在心灵及他所排斥的现实世界。雷子人以一种贴近生活本身，却又游离于现实之外，在笔情墨意间，在图像修辞中，不间断向社会发问：图像中的真实与生活中的真实，同样是令人难以捉摸和难以理解，但即使空荡荡，他仍然希望回到真实……但真实在哪？能回到真实吗？真实和真相究竟是什么？

  雷子人在看似优美，亦不乏豪放；看似温和，亦不乏激荡的视觉讲述中，剥离了人为的虚情假意，还原了生命的本真状态。虽然有着情色的描述，但又没有丝毫的色情之意和低级趣味之境。但视觉图像所传达出的那种来自内心深处的痛苦与忧伤，悲悯与伤痛，孤寂、茫然与对未来的期许，的确又令阅读者久久难忘……

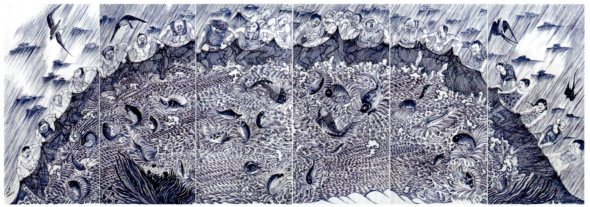

谷雨 青花瓷板 111cm×336cm 2023

光明顶 青花釉下五彩瓷板 115cm×336cm 2023

在我看来，绘画用来满足视觉审美是最低要求，我更希望它是一种对话传统和当下的方式，在"呼吸"间寻找那些隐秘的色空。流泪的面具有扎心的感觉，接近真实不一定要呐喊。

———— 雷子人

《移动的桃花源》创作现场

杜曦云对话雷子人

杜：你的画面中是各种活色生香、盛世繁华，但却散发着悲苦之气，这悲苦从何而来？

雷：小时候生活在农村，上世纪六七十年代物质相对匮乏，但阳光日暖，自由与孤独并行，记忆中的童年像一粒尘埃，借着光照能看见它起落升腾，更多时候只能凭感觉凝视它。从识字读书到日后为生存而做的一切，不是因为伟大的目标和纯粹的理想，而是像尘埃一样的飘忽附着，偶尔地停歇，一次次被吹起，再沉下又上扬。伴随着对脆弱个体的无尽同感，底层生活经验给了我关于生命底色的情绪理解，用画去面对眼见的世界，有希望看到的"理想国"，有难以排解的虚妄，反反复复便接受了其中的"真实"——痛感是表达必要的催化剂，我信任这种对话方式。

杜：你的作品中，人世亦真亦幻，各色人等在世俗欲望中变形变相，似乎被有形或无形的鬼魅能量牵制，

无力挣脱涛涛浊世，索性共谋。你相信生命有归宿吗？

雷：我并不喜欢阴暗物质，"牧童的歌声"和"在希望的田野上"是我更怀念的日常。上世纪八十年代末我离开故土，有放大眼睛看北京的冲动。大一期间第一次在王府井老中央美院U字楼教室感受过"沙尘暴"，屋里与屋外的颜色强烈置换了，印象中仅仅只是好奇，丝毫没有伤感、忧虑，更没有对生存环境或者未来的所谓关切，就像自己从来不知道什么叫"青春期"。对一个野蛮生长的生命，定义其意义不是它本身的需要。"欲望"是生命的原动力，"希望"是赋予生活美好的托词，有时虚幻，有时实显，回望中的风景与图像追寻的梦想有时会重合，有时则背离，向左向右并不完全由自己掌握，我的创作命题多有"青空""浮云""妙果""无往无来"等，大概是对生命意识的潜在回应，沿着不确定的路径把际遇呈现出来，这大概是绘画能做到的事情。

移动的桃花源（局部之一） 木板综合材料 243cm×594cm 2022

移动的桃花源（局部之二） 木板综合材料
243cm×594cm 2022

移动的桃花源（局部之三） 木板综合材料
243cm×594cm 2022

移动的桃花源（局部之四） 木板综合材料
243cm×594cm 2022

杜：你的作品和中国本土、传统、典故等关系密切，全球化似乎让当代中国人有了更多的可能性，你认为呢？

雷：现代美术教育中的中国画专业学习，最频繁出现的关键词就是"传统"，事实上与此相关的知识生产或视觉生产，几乎无法离开这一中心话题，"本土、传统、典故"等等都有底色的意味，在此基础上的所有努力不妨看作是调和色，生长、变异是必然的，并因此形成新的传统和再生发展。我比较注意与之相关的符号、修辞、语法等等要素，借此能在画里获得"呼吸感"。在我看来，绘画用来满足视觉审美是最低要求，我更希望它是一种对话传统和当下的方式，在"呼吸"间寻找那些隐秘的色空。

流泪的面具有扎心的感觉，接近真实不一定要呐喊。

杜："空"归向何处？

雷：着实相而存于无名处。再现或虚拟物质世界的视觉游戏服从知识链的传递，实践或批评的动力来自游戏参与者的规则设计和规训法则，在图像或文本阅读中产生认同、沿袭、误解、隐藏、挪用、改编、修正……从这个意义上来说，绘画艺术没有纯粹的创新，最多只有超凡的更新，我疑问从古典式的模仿到后现代意义上的解构是否始终存有一个潜在的成象坐标，指向人与色空万象的各种悲欣交集，画不过是人所过往之迹，于虚空中的短暂停歇。

鹊华春色 纸本设色 76cm×280cm 2023

杜：不戴面具的面孔也在悄然淌泪，那些殷红的细线或直或曲，把烟火尘世的男男女女交织起来，仿佛有宿命感。你读《金瓶梅》吗？

雷：《金瓶梅》里的情色只是表象，更深刻的是情色背后关乎人性和社会的隐指，性的欢愉本质上是生命消散的过程之一。

有人就有是非，身体哲学所涉及到的命题可解但不会终结，情爱、性爱借肉身部分表达所见，纠结、苦痛也同样部分还原肉身的本能，精神在同情肉身的负载，超脱是一种极致的诱惑。对历史、他者或自我的注视，像一幕幕舞台剧，无论怎么妆饰或本色出演，都有原形毕露的宿命，正因此，需要用爱和同情去灌注生命，流泪是一种坦然地释放。

罗汉样 纸本设色 83cm×60cm×18 2022

仁者寿 纸本设色 240cm×200cm 2021

虚妄的底色

文 — 胡少杰

雷子人的绘画中一直有一种现实底色。这种底色长期被趣味与图式掩藏，在变幻的形色与情态间，在荒诞与疏离的面目背后，底色不显，但是一直存在。

中国的水墨绘画为了从历史现实的枷锁中挣脱出来，新世纪以后纷纷走向了解构现实的道路，题材多是百无聊赖的生活日常、新都市的绮情迷梦。看多了满纸轻飘的荒唐笔墨、形色游戏，再看雷子人笔下带着现实底色的虚妄与荒诞，不免会有一丝悲切。在被现实围困的当下，我们习惯了把绘画当成一种逃逸的手段。假意或真心，没有人在意，只要能够从现实中短暂地游离，就是慰藉。但是雷子人不甘于此，他始终不曾从他的底色中抽离，不曾完全脱离开他的生命经验。这也是为什么在他的绘画中，那些修辞是轻的，虚妄却是重的。

在雷子人的作品中，我们虽然看到的常常是一些陌生场景，但是画中透出的虚无与纠结、爱欲与失落，都是真实的。我们在绘画中获取真实，这像是一个悖论。现实世界就在我们的眼前，可触可感，可爱可恨，但有时就是觉得虚假。而画中的世情男女，山川烟云，明知是绘者点染勾画而来，但是却能够捕捉到一种心意相通的真实之感。这应该就是因为绘画的底色蕴含着一种普遍性的真实，它来自我们共通的情感、共通的生存经验，以及对这个世界共性的认知。

在现实中发现虚妄，然后用艺术的方式呈现虚妄，揭示真实。这在中国的艺术传统中有着深远的脉络。其中最具代表性的一定就是《金瓶梅》与《红楼梦》了。风月与情爱、世情与幻梦，看似写满了无尽的虚妄，但是又真真切切地触动人心。我们虽然不能说《金瓶梅》与《红楼梦》写的就是现实，但是它们的确有着现实的底色，在底色之上，那如飘萍般的命运，才有了分量，有了根脚。

同样，雷子人画中的男女，在"桃花源"中的寻觅与漂流，在"寒春"中困居，在"云境"中显隐，他们与那些鸟兽一样来历不明；那些山川与河流、房屋与道路，自然也不是现实中的场景，但是那些混杂与陌生的图景中透出的情感和温度都是真切的，困惑与失落、疏离与狂喜，爱与恨、喜与悲，在荒诞与虚妄中愈加真实。而这虚妄中的真实让雷子人的绘画有了真正的底色，有了根脉。它来自《金瓶梅》《红楼梦》的深远传统，也来自雷子人对现实世界的省悟与体察，同时也来自他的性情与本真。如此一来，荒诞与虚妄不再只是虚浮的图景，它们有了底色，有了重量。

而对于一个以"真实"为底色的艺术家来说，虚妄的重量，就是生命的重量。在一个把虚妄当成"真相"的时代，雷子人用绘画的方式持续发掘虚妄背后真正的"真相"，或许这不是一个聪明的选择，但却是最有尊严的选择。终有一日，这场共谋的情景喜剧会收场，那些假笑也注定会消散。

踏歌行 纸本设色 248cm×125cm 2021

云境 纸本设色 240cm×200cm 2023

云境（局部之一）纸本设色 240cm×200cm 2023

云境（局部之二）纸本设色 240cm×200cm 2023

黄红涛
HUANG HONGTAO

1983 年生于黑龙江省克山县，现生活于中国北京。天津美术学院中国画学院讲师，美术学博士。中国美术家协会会员、中国工笔画学会会员、中国国家画院青年画院画家。

图片 / 由艺术家提供 编辑 / 雯子

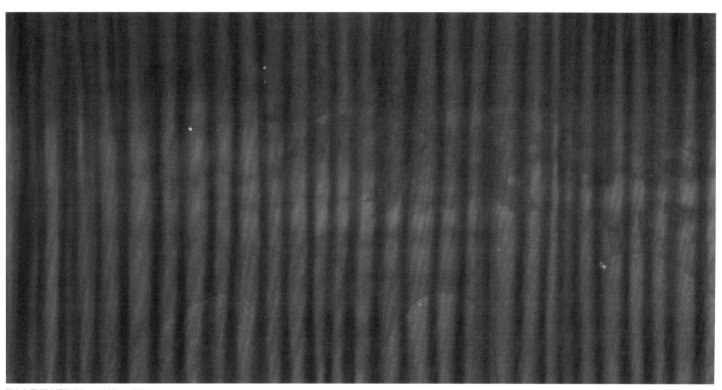

隐入尘烟 纸本设色 73cm×135cm 2024

我更喜欢从绘画本身考虑问题，至于说是不是当代绘画，我觉得也不重要。今天的绘画已经没有了那么多框架和边界，无论是什么媒介、题材、方式，都可以被接受。但是，我觉得绘画最重要的不是这些外在的形式，重要的还是本体的问题。一张好画，可以很当代，也可以很传统。所以说，今天对绘画的解读是多重性的，标准也是多重性的。

————— 黄红涛

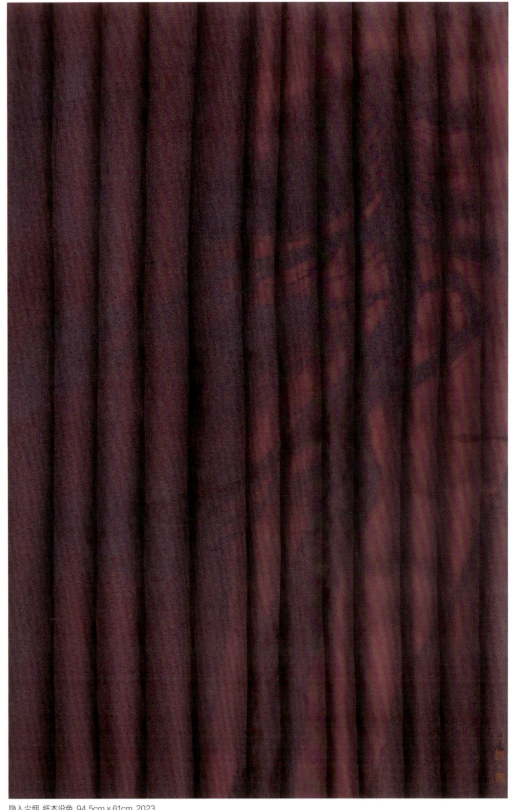

隐入尘烟 纸本设色 94.5cm×61cm 2023

黄红涛：走出无名山

采访 – 胡少杰

漫艺术 =M：您这次个展的名字叫"自生长"，这指的是您的创作状态？还是说它是对您既往创作的一个整体性的总结？

黄红涛 =H：展览的名字是学术主持徐涟院长取的，当时她到我工作室看画，了解到我的创作状态，以及我从"无名山"系列一路走到现在的创作经历，然后就提出了"自生长"这个概念。我非常认同。我之前没有主动去梳理和总结自己创作的习惯和意识，但是我确实就是处在一个"自生长"的状态之中。看似没有什么规划，想到什么就画什么，但是如果追溯起来，我的创作中确实隐藏着一条内在的线索，只是我没有刻意去强调，大部分时候就是跟着内在的逻辑"自然生长"。

M：那么"无名山"系列可以看作是这条线索的源头，或者说母体？

H：对，从最早的"无名山"系列开始，之后一直在演变、扩展，从单纯的山水题材，不断生发，也加入了更多的符号、图式。在"无名山"系列之后，其实我已经不再满足于这种单纯的山水形式的表达，我开始想在绘画上实现更多的想法。我去了更远的地方，看了更多的风景，也有了一些新的思考，虽然是碎片化的，但是这些阅历、见闻、思考让我开始审视我自己，审视我的来处。所以在我后来的作品中，有很多是处在一种局外人的观看视角去反观那座"无名山"。它成了舞台上的景观，有的时候会被帷幕遮蔽，有的时候变得模糊。

M：为什么会被遮蔽？这是一种隐喻？

H：因为我们永远看不清过去的自己。画面上的不透明的帷幕制造出了不同的空间和时间，它定格在打开和关闭的一瞬间，制造出一种间离的舞台效果。而到了后来画面中出现了那些半透明的帷幕，时间就是那层帷幕，我们隔着时间帷幕回看自己，看到的大多是半遮半掩的自己，也或者是一些隐隐约约的影子。其实艺术创作很多时候就是在审视过去的自己，不断地和过去的自己进行对话，这是一种内心需要，也是对当下的自己进行一种提示和映照。

M：这是您对您个人的过往和来路进行的一种对望或者审视，其实在您的近作中，您对更宏观的绘画传统也进行了一种对望，那些纱帘背后经典的山水图式，隔着千百年的时间帷幕，若隐若现。这种和古人的隔帘相望，也是一种内心需要吗？或者您有着更宏观的思考？

H：我们创作的时候往往要面对两条线索，一条就是个人的成长线索，它很个体，每个人都不同。另外一条线索就是我们的文化传统，它是宏观的，是集体的文化基因形成的源头。我们从传统中来，但是我们对传统的认知往往是模糊的，甚至是有偏差的。我们透过时间的帷幕去看那些山水画大家，不就是隔帘相望吗？我们带着今天的认知和眼光去回望《千里江山图》，回望倪瓒，你能获得什么？这其实挺值得我们思考的。当然，也有人觉得我是在表现一种中国式的美学，我不否认，但是我希望观众能从我的画里体会出更深层的思考。

浮云若梦 纸本设色 32cm×60cm 2022

浮云若梦 纸本设色 31cm×40cm 2022

展览现场

对望 纸本设色 73cm×135cm 2024

M: 您警惕您的绘画落入到一种审美情趣中吗？

H: 也不是警惕，我希望我的绘画能够提供多重的解读性，而不是单一的提供美学价值。当然，我也不排斥美学，因为美学是很多元与宽泛的，它本身是多重性的。不同的人有不同的进入绘画的方式，我都不拒绝。其实我在画面中加了一些奇奇怪怪的符号，比如纸飞机、箭头、捆绑的太湖石等等，就是想着能够打破单一的形式审美，制造一些陌生感，也提供了多重解读的可能性。

M: 在画面中叠加一些多重意涵的符号或者图式，它提供了解读的多重性之后，是否同时也要面临一个问题，就是这些符号怎么和画面达成一种平衡，或者说这些符号在提供了陌生感之后，怎么能够不显得那么突兀？

H: 先说一下我画画的过程，其实我大部分的创作并不是一次性完成的，很多时候是拉锯战，从开始到最终完成，中间不知道反反复复地经历了多少次的修改、重画，甚至有的是已经放弃了，但是隔了几年又拿出来画完的。所以说，我画画的过程不是有了一个完整的画稿儿，然后按计划完成。很多时候是突然有了一个想法，然后就画一个特别粗略的手稿，真正开始画的时候，可能又有了新的想法，就这样老的想法和新的想法同时出现在画面上，有的时候确实是冲突的，那么我要做的就是怎么调和它们之间的关系。画画很大程度上就是处理关系，疏密、黑白、色彩，包括符号和图式等等，这就是绘画的本体问题，解决好这个问题，才能更进一步地表现所谓的观念、思考、情绪。

你比如说我处理画中密集的 LV 符号和"无名山"的图式之间的关系，其实就是在处理一种典型的疏密关系的对比。然后在颜色上，我在画面的上半部分用了大片的橙黄色，下半部分则用了整片的蓝色，让他们之间形成一种补色的对比关系，在形成一种视觉张力的同时又能互相映衬。包括挂在走廊里的那幅《枪钓》，那是这个系列的第一张画。当时就是有一天突然想画一支手枪，然后就在纸上涂了一个手枪的形状放在那儿了，后来隔一段时间我就把它挂在墙上，看着它思考，该怎么画下去，就这样过了两三年，一直没再动笔。后来我也不知道是怎么想明白的，反正就是忽然开窍了。其实手枪就是一个图式，而"无名山"则是我创造的符号，它代表着"我"，我可以把"无名山"附着在各种图式上。这样想的话就豁然开朗了，所以我之后就用这种方式画了一系列作品，比如可口可乐、手提包等等。随着我在世界各地的游历，"无名山"不再是一处没有名字的野山，它可以出现在任何事物上，可以和这个多元的、开阔的世界进行碰撞、交流、融合。

M: 所以您的创作方式，包括您秉持的这种方法论，其实更接近当代绘画。

H: 我更喜欢从绘画本身考虑问题，至于说是不是当代绘画，我觉得也不重要。今天的绘画已经没有了那么多框架和边界，无论是什么媒介、题材、方式，都可以被接受。但是，我觉得绘画最重要的不是这些外在的形式，重要的还是本体的问题。一张好画，可以很当代，也可以很传统。所以说，今天对绘画的解读是多重性的，标准也是多重性的。

无名山 纸本设色 124cm×180cm 2022

飘 纸本设色 100cm×175cm 2023

春雨欲来 纸本设色 244cm×99cm 2023

M：您对一些既定的标准，比如美术史上对经典的认定，会有怀疑吗？就像您对望倪瓒一样，那种模糊是代表一种质疑吗？

H：不是质疑，我画那个系列，只是为了提示出一种观看历史的角度，而不是做评判。倪瓒当然就是经典，这个无可置疑。只是说，我们回望的时候，穿过历史的尘烟，肯定会有不同于当时的解读和认知。至于说美术史，我不会花费太多时间和经历去研究它，因为它的形成肯定有历史的偶然性，那些解读作品、定义作品的文本，我觉得了解一下就好，不用被它们束缚和限制，还是自己用眼睛、用心去看，去体会，这样肯定更有收获，也更有价值。

M：所以说在作品"隐入尘烟"中，挡在倪瓒的山水前的那一层纱帘不仅仅是时间，还有过多的文本解读形成的观看迷障？

H：也可以这么理解。但是我依然要说的是，我不是在质疑什么，我只是想表达我们面对历史时的一种模糊不清的状态。同样我也可以用这种方法来表达未来，因为未来也是模糊不清的。没有人能够看清过去，也没有人能够看清未来。只有时间知道答案。

M：不仅仅是看不清过去和未来，也看不清当下，因为当局者迷嘛。所以在您的"看风景"系列中，设置了一些局外之人。

H：对，那些后脑勺可以是观众，也可以是我自己。其实就是我和观众一起审视自己。那些观看者没有身份，可以是任何人。当这些作品挂在展厅里，站在画外的观看者看画的时候，它形成了一种多重观看的效果，这很有意思。

M：对，很有意思，就像卞之琳诗中的"你站在桥上看风景，看风景的人在楼上看你"。不过同样是多重观看，您画里那些后脑勺比诗句中的意境要幽默很多。其实您的很多画都有一种幽默感，但是这并不妨碍您表达一些严肃的问题。

H：我觉得应该是我性格的原因，我的性格中有两个面向，一个是轻松的、诙谐的，另一个是严肃的、沉静的、深刻的。这种双面性肯定也反映在了我的绘画上，比如说我的一部分绘画有一些"荒诞"的意味，但是我的本意并不是去调侃或者消解严肃。而当我面对严肃的问题时，我也不希望画面过于沉重，我倾向于用举重若轻的方式表现它。

浮云若梦 纸本设色 27.5cm×72cm 2022

纸飞机 纸本设色 25.5cm×73cm 2022

作为"80后"艺术家，黄红涛成长于2000年以来中国全面融入世界，中国政治、经济、文化全面发展的新世纪，他们是互联网的原住民、是全球化进程的见证者，是中国改革开放所取得的巨大成就的受益者。同时，他们也是中国人以文化自信的姿态站上世界舞台的年轻一代。黄红涛自如地思考、吸收中华优秀传统文化，学习和研究世界各地的艺术资源、观念与问题，并将这一切与中国人骨子里追求和谐美好的传统艺术精神相融合。

————— 徐涟

对望千里江山 纸本设色 50cm×220cm 2024

M: 这种两面性应该也反映在了您生活和创作的关系上，您在生活中的兴趣非常广泛，也积极地参与一些社会公益事务，但是这种丰富的生活和社会经历并没有直接反应在您的画面上，无论生活多么丰富多彩，画面一直保持着沉静和内敛。

H: 虽然看似我的生活和我的绘画没有直接的关联，但其实我的绘画一直在从我的生活和丰富的阅历中汲取能量和给养。我不会直接表现我的生活，我去骑行也不是为了所谓的写生采风，但是我游历所得的见闻和对这个世界的认知方式，都和我的绘画息息相关。我如果一天天地躲在画室里凭着想象去画画，我不可能画出这些作品来。世界是丰富多彩的，但也是残酷的，只有真正地去生活，去体会，才能在绘画中表达出深度与广度，才能体现出所谓的多重性的意涵。也只有这样才能画出自我、活出自我。

M: 所以说您画中的"无名山"就是那个不被定义，拥有无限

可能的内在自我？

H: 对，只有不被命名，不被定义，才能持续地生长。

M: 那么这是否意味着在您之后的创作中一直会有"无名山"的图式存在？

H: 不会，我说的只是一种象征性，是一种不被定义的状态，而不是说要把"无名山"当成一个枷锁一直背在身上。我当然可以继续使用"无名山"的图式，也可以不使用，这完全取决于我表达的需要。

M: 在"隐入尘烟"中已经没有了。

H: 对，我现在已经从"无名山"中走出来了……

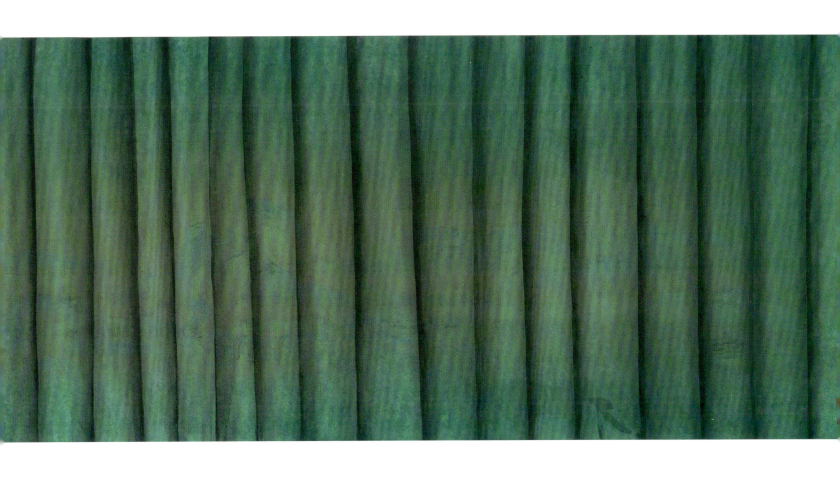

纸飞机 纸本设色 94cm×246cm 2024

2023

年度艺术机构档案

龙美术馆（西岸馆）

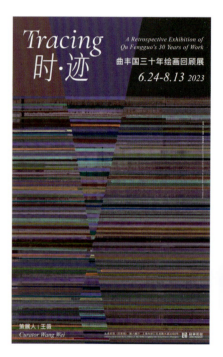

作为中国极少数以私人收藏为展陈基础的美术馆之一，龙美术馆（西岸馆）在 2023 年也推出了多场国内外大型主题展览，可谓硕果累累。2023 年 2 月 19 日至 4 月 18 日，美国艺术家乔尔·梅斯勒的亚洲首场美术馆个展"乔尔·梅斯勒：灵性之旅"在龙美术馆（西岸馆）呈现；2023 年 2 月 25 日至 5 月 3 日，龙美术馆（西岸馆）推出了艺术家张季（b.1993）的最新个展"张季：火焰"；2023 年 3 月 4 日至 5 月 7 日，龙美术馆（西岸馆）隆重呈现了艺术家张晓刚的最新个展"张晓刚：蜉蝣"；2023 年 3 月 5 日至 5 月 7 日，施拉泽·赫什阿里在中国的首次大型美术馆个展"根茎"于龙美术馆（西岸馆）拉开帷幕；2023 年 3 月 18 日至 5 月 28 日，英国艺术家瑞秋·琼斯（Rachel Jones）个展"断裂之根"在龙美术馆（西岸馆）西楼展厅举办；2023 年 4 月 28 日至 7 月 9 日，龙美术馆（西岸馆）呈现了艺术家臧坤坤的最新个展"臧坤坤：行走此时此地"；2023 年 5 月 27 日至 8 月 13 日，龙美术馆（西岸馆）举办了日本艺术家六角彩子在中国的首次大型个展"靠近你的宝藏"；2023 年 6 月 24 日至 8 月 13 日，龙美术馆（西岸馆）举办了曲丰国三十年绘画回顾展"时·迹"；2023 年 7 月 22 日至 10 月 8 日，龙美术馆（西岸馆）以艺术与诗歌结合的形式，呈现黄锐个展"缺为名"；2023 年 8 月 20 日至 10 月 22 日，龙美术馆（西岸馆）举办艺术家段建伟最新个展"到新店去"；2023 年 8 月 26 日至 10 月 22 日，龙美术馆（西岸馆）在第二展厅呈现艺术家徐渠首个美术馆个展"降临"；2023 年 8 月 26 日至 10 月 25 日，龙美术馆（西岸馆）推出了艺术家冈瑟·弗格（Günther Förg）在亚洲的首场大型回顾性展览"路与径"；2023 年 10 月 26 日至 2024 年 1 月 1 日，艺术家黄宇兴 30 年绘画回顾展"穹宇之下"在龙美术馆（西岸馆）盛大启幕；2023 年 10 月 29 日至 2024 年 1 月 1 日，高露迪的首个美术馆个展"覆写"在龙美术馆（西岸馆）开放；2023 年 11 月 8 日至 2024 年 1 月 14 日，龙美术馆（西岸馆）举办了艺术家张恩利的大型回顾展"张恩利：表情"。

松美术馆

松美术馆作为中国最具代表性的民营美术馆之一，2023年举办了包含青年艺术家合作项目及公益性儿童美育项目在内共8场高质量展览，吸引了数以万计的观众前来观展。2023年3月11日至4月16日举办艺术家夏禹、季鑫双个展；2023年5月1日，"云雕塑——首届学术邀请展"隆重开幕；年度重磅个展"毛焰"于9月23日盛大开幕；李尤松、李化帅、王陆三人展"严谨背后的松弛"于2023年11月25日在松美术馆东区2号馆开幕；2023年12月30日，松美术馆推出"年末群展：景柯文、李青、王茜瑶"。

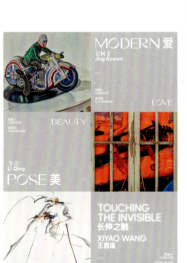

当代唐人艺术中心

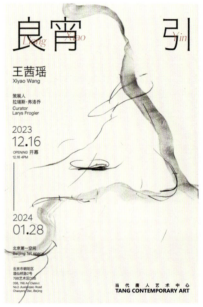

2023 年当代唐人艺术中心的展览呈现出多元化的特点，涵盖了国内外不同艺术家的作品，涉及多种艺术形式和主题。这些展览不仅为观众带来了丰富的视觉体验，也为艺术的交流与探讨提供了重要的平台，有力地推动了当代艺术的发展。

主要展览有 2023 年 4 月 29 日在北京第二空间举办的"绘画社会学"朱金石个展；2023 年 7 月 11 日在北京第二空间举办的"山海渡" 琼娜·瓦斯康丝勒个展；2023 年 9 月 28 日在北京第一空间开展的"圆室" 杨伯都个展；2023 年 9 月 28 日于北京第二空间呈现的"阈限之维"全光荣个展；2023 年 11 月 5 日至 12 月 10 日在北京第一 、第二空间展出的"所念皆山" 许江个展；2023 年 12 月 16 日在北京第二空间举办的"自然的档案" 薛峰个展；2023 年 12 月 16 日在北京第一空间揭幕的"良宵引"王茜瑶个展；包括 2023 年 9 月 5 日在首尔空间呈现的岳敏君同名个展"岳敏君"，2023 年 12 月 1 日在首尔空间举办的"再画"谭平个展等海外空间的多个大型展览。

当代唐人艺术中心全年四地 7 个空间共举办了 49 个展览（北京 19 个，香港 15 个，曼谷 8 个，首尔 7 个），是中国当代艺术领域最为活跃的机构之一。

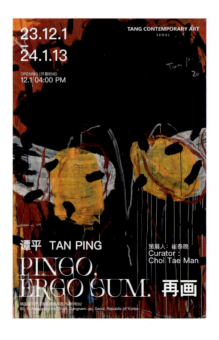

蜂巢当代艺术中心

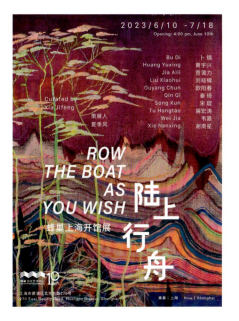

2023 年是蜂巢当代艺术中心成立十周年。蜂巢 | 北京、蜂巢 | 上海、蜂巢 · 生成 | 上海三个空间年度内分别呈现五档共二十个高质量的展览。蜂巢 | 北京呈现 8 个展览，包括主题群展"皮肤地形""造与势""聚合宇宙"，国际艺术家个案包括"大竹茂夫：芳集托皮亚""伊藤彩：魔法垂涎""崔珉荣：迷逐幻影"，青年艺术家个案包括"王文婷：虹""王赫：极目之游"。蜂巢 | 上海 6 月开馆，分别以"陆上行舟""璀璨的轮廓""全息之境"三档群展呈现 70、80、90 三个不同代际艺术家的精彩作品，之后分别呈现艺术大师林寿宇的同名个展、以及作为华裔艺术家个案研究的"杜京泽：灰域"。"蜂巢 · 生成"(Hive Becoming) 项目至今亦有十年历史，本年度首次以独立空间的形式落户上海，与"蜂巢 | 上海"仅百米之隔。"蜂巢 · 生成"项目于北京呈现两位年轻艺术家个展："卢豫：伊壁鸠鲁的花园""王鑫焱：鸟圆之影"。"蜂巢 · 生成 | 上海"呈现四位年轻艺术家个展："曹舒怡：软流""张铭轩：穴""裴彦清：石头、树、人""詹姆斯 · 帕派彤：喃喃"。至今"蜂巢 · 生成"项目共推出四十六回展览项目。作为上海"生成"空间的年终展，"蜂巢 · 生成 | 上海"近期特别呈现群展"旅行者 1 号"。

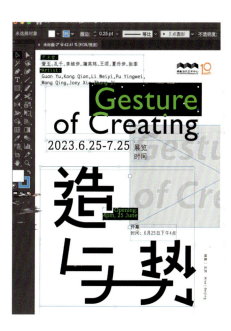

合美术馆

合美术馆是由中电光谷集团创办的公益性社会美术馆，坐落于武汉洪山区南湖大道与中环线之间，野芷湖畔。2023 年，合美术馆为大家呈现了 11 场艺术展览，无论是社会影响还是学术质量都保持了较高的水平。作为中部地区首屈一指的民营美术馆，合美术馆一直稳健发展，成为武汉，甚至是全国重要的艺术展览平台。2023 年，合美术馆的主要展览有 6 月 29 日开幕的"自然建筑"朱锫个展；2023 年 7 月 8 日至 2024 年 2 月 29 日展出的"俯仰之间——姜杰"个展；2023 年 11 月 18 日开幕的"打草稿——8 人展"等。

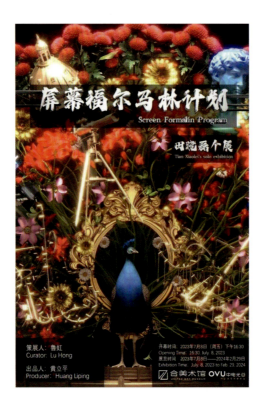

西海美术馆

西海美术馆坐落在青岛西海岸，是一家公益性艺术机构，西海美术馆为青岛城市的公共文化设施提供了有力的补充，更是极大丰富了城市人文旅游资源，在充分满足城市居民精神生活的基础上，使美术馆成为公众了解当代艺术发展和国际文化交流的重要窗口。2023 年隆重呈现了十场当代艺术大展：2022 年 11 月 05 日至 2023 年 3 月 28 日，呈现了艺术家个案研究性展览"在世界之间行走：刘商英"；2022 年 11 月 5 日至 2023 年 3 月 28 日，举办了摄影媒介和动态影像的实践性展览"黎晓亮：三个展——摇摇晃晃的白光，与黑舞台"；2023 年 4 月 15 日至 5 月 14 日，举办庆祝中德建交五十周年，聚焦旅德中国艺术家群体的"游目骋怀：旅德中国艺术家作品展"；2023 年 4 月 28 日至 12 月 10 日，呈现了西海美术馆首个西方当代艺术家个展"安东尼·葛姆雷：有生之时"；2023 年 4 月 28 日，第 17 届"中法文化之春"项目——"姜明姬：天地"展览开幕；2023 年 5 月 20 日，具有权威影响力的国际绘画奖项首次落户青岛，"第七届约翰·莫尔绘画奖（中国）作品展"开幕；2023 年 8 月 12 日，艺术家在中国的首场美术馆个展"希拉里·佩西斯：惬游"启幕；2023 年 8 月 12 日，首届"TAG·击浪奖"获奖者个展"李维伊：险作"开幕；2023 年 10 月 14 日，"亚洲铜"——全新艺术项目"三人展（艺术家：邬建安 陈哲 王思顺）"开幕；2023 年 12 月 24 日至 2024 年 3 月 17 日，举办了第二届关注青年艺术家群体的艺术项目"TAG·新当代 – 离岸"。

中央美术学院美术馆

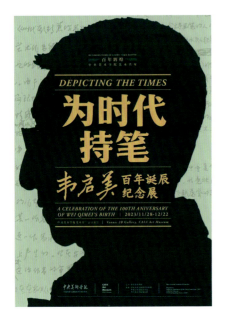

　　中央美术学院美术馆作为国家重点美术馆之一，它秉承"兼容并蓄、继古开今"的学术理念，2023年举办了多个重要展览。2023年2月26日"文本、代码与感知的回声——艺术实践中的三种媒介视角"展览开幕；2023年9月15日举办的"纵浪大化——袁运生与壁画梦"开展；2023年9月19日"摄影小史：菲利普斯赠书摄影文献展"启幕；2023年11月17日举办了"照常进行——广军画展"；2023年恰逢韦启美先生诞辰百年，11月28日中央美术学院策划的"为时代持笔——韦启美百年诞辰纪念展"隆重开幕，集中呈现他的艺术人生和艺术成就，致敬美院先生。

　　作为中央美术学院的窗口平台，美术馆还举办了一系列和教学相关的展览活动，比如央美毕业生大展、研究生毕业大展等，都引起了业界以及社会上的强烈反响。

清华大学艺术博物馆

2023 年清华艺博举办了十余场精心策划的展览，它们如同一扇扇窗户，带领观众领略古今中外的艺术精品，不仅丰富了视觉体验，更激发了人们对美的无限向往。2023 年 1 月分别举办了"交织的轨迹德国现代设计 1945—1990""攻金之工亚欧大陆早期金属艺术与文明互鉴"；2023 年 3 月 18 日"踵事增华：丘挺艺术展"拉开帷幕；2023 年 4 月 12 日举办了展览"将何之：李斛与 20 世纪中国绘画的现代转型"；2023 年 6 月 10 日呈现了"无界：闫振铎艺术展"；2023 年 7 月 12 日"凝固的韵律：国际当代陶艺作品展"开幕；2023 年 11 月 1 日举办了"出光华记：袁运甫艺术教育思想暨于会见、马泉、张大力、袁加作品展"。

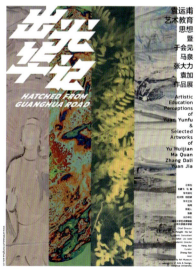

漫艺术编辑部

主　　　编　胡若冰
运 营 总 监　刘　雯
执 行 主 编　胡少杰
编　　　辑　徐小禾 左文文 陈　澍 李　沐 朱松柏
特 约 编 辑　马少琬 尹　菲

网　　　址　www.maanart.com
电　　　话　010 - 89284699
邮　　　箱　maanart@163.com

漫艺术微信平台